स्त्रियों की पराधीनता

जॉन स्टुअर्ट मिल

अनुवाद

प्रगति सक्सेना

ISBN : 978-81-267-2501-4

मूल्य : ₹199

पहला संस्करण : 2002
आठवाँ संस्करण : 2025

प्रकाशक : राजकमल प्रकाशन प्रा.लि.
1-बी, नेताजी सुभाष मार्ग, दरियागंज
नई दिल्ली-110 002
शाखाएँ : अशोक राजपथ, साइंस कॉलेज के सामने, पटना-800 006
पहली मंजिल, दरबारी बिल्डिंग, महात्मा गांधी मार्ग, प्रयागराज-211 001
1, अनमोल सोराबजी सन्तुक लेन, धोबी तलाव, मरीन लाइंस, मुम्बई-400 002
वेबसाइट : www.rajkamalprakashan.com
ई-मेल : info@rajkamalprakashan.com

मुद्रक : बी.के. ऑफसेट
नवीन शाहदरा, दिल्ली-110 032

THE SUBJECTION OF WOMEN
Essays by John Stuart Mill
Translated by Pragati Saxena

स्त्रियों की पराधीनता

निबन्ध

इस शृंखला के बारे में

स्त्रियों के उत्पीड़न और दासता का इतिहास उतना ही पुराना है जितना असमानता और उत्पीड़न पर आधारित सामाजिक संरचनाओं के उद्‌भव और विकास का इतिहास। प्राचीन साहित्य में ढेरों मिथक और कथाएँ मौजूद हैं जो पुरुष-स्वामित्व की सामाजिक स्थिति के विरुद्ध स्त्रियों के प्रतिरोध और विद्रोह का साक्ष्य प्रस्तुत करती हैं।

स्त्रियों की दासता और दोयम दर्जे की सामाजिक स्थिति का कई स्त्री-विचारकों ने (और कुछ पुरुष विचारकों ने भी) प्राचीन काल में साहसिक एवं तर्कपूर्ण प्रतिवाद किया था, इसके प्रमाण भारत और पूरी दुनिया के इतिहास और साहित्य में मिलते हैं। मध्यकाल के शताब्दियों लम्बे गतिरोध के दौर में स्त्री-मुक्ति की वैचारिक पीठिका तैयार करने की दिशा में उद्यम लगभग रुके रहे और प्रतिरोध की धारा भी अत्यन्त क्षीण रही। आधुनिक विश्व-इतिहास की ब्राह्म वेला में, पुनर्जागरण काल के महामानवों के मानवतावाद ने और धर्मसुधार आन्दोलनों ने पितृसत्तात्मकता की दारुण दासता के विरुद्ध स्त्री-समुदाय में भी नई चेतना के बीज बोये जिनका अंकुरण प्रबोधन काल में साफ-साफ दिखने लगा। जो देश औपनिवेशिक गुलामी के नीचे दबे होने के चलते मानवतावाद और तर्कबुद्धिसंगति के नवोन्मेष से अप्रभावित रहे और जहाँ इतिहास की गति कुछ विलम्बित रही, वहाँ भी राष्ट्रीय जागरण और मुक्ति संघर्ष काल में स्त्री समुदाय में अपनी मुक्ति की नई चेतना संचरित हुई, हालाँकि उसकी अपनी इतिहास-जनित विशिष्ट कमजोरियाँ थीं जो आज भी बनी हुई हैं और इन उत्तर-औपनिवेशिक समाजों के स्त्री आन्दोलन को वैचारिक सबलता और व्यापक आधार देने का काम किसी एक प्रबल वेगवाही सामाजिक झंझावात को आमंत्रण देने (उसकी तैयारी करने) के दौरान ही पूरा किया जा सकता है।

हमारा यह प्रस्तुत उपक्रम भी इस कार्यभार को पूरा करने के अनगिन

और बहुरूपी प्रयासों में से एक है, चाहे यह एक बेहद अदना-सी पहल ही क्यों न हो! हम समझते हैं कि स्त्री-मुक्ति के प्रश्न को भारतीय सन्दर्भ में भली-भाँति समझने और उसे जन-मुक्ति के व्यापक प्रश्न से जोड़ने के लिए, अध्ययन व प्रयोग के अन्य बहुतेरे उपक्रमों के साथ-साथ, इस प्रश्न की विश्व-ऐतिहासिक पृष्ठभूमि से अवगत होना भी बहुत जरूरी है।

स्त्री-मुक्ति के प्रश्न पर चिन्तन और वैचारिक संघर्षों की शुरुआत, दो शताब्दियों से भी कुछ अधिक समय पहले, अमेरिकी और यूरोपीय बुर्जुआ जनवादी क्रान्तियों की पूर्ववेला में हुई थी, जब प्रबोधनकालीन आदर्शों से प्रभावित और जनान्दोलनों में सक्रिय जागरूक स्त्रियों ने मनुष्य के "प्राकृतिक" अधिकार और "स्वतंत्रता-समानता-भ्रातृत्व" की घोषणाओं को स्त्रियों के लिए भी लागू करने की माँग उठायी। तब से लेकर आज तक, विश्व के प्रायः सभी हिस्सों में, स्त्री-आन्दोलनों का, स्त्री-पुरुष समानता एवं स्त्री-अधिकारों के विविध पक्षों को लेकर चली बहसों का और स्त्री-प्रश्न पर चिन्तन का, सुदीर्घ इतिहास हमारे पीछे पसरा पड़ा है। जनवादी क्रान्तियों, सर्वहारा क्रान्तियों, राष्ट्रीय मुक्ति संघर्षों में स्त्रियों की भागीदारी और विभिन्न सामाजिक क्रान्तियों के बाद स्त्रियों की स्थिति में आये परिवर्तन तथा स्त्री-प्रश्न के नये-नये आयामों का उद्घाटन भी इतिहास का सच है।

स्त्री-प्रश्न स्त्री-प्रश्नों पर केन्द्रित विमर्श-शृंखला है। हमारी कोशिश है कि विगत दो शताब्दियों से भी कुछ अधिक समय के दौरान, पूरी दुनिया में स्त्री की सामाजिक स्थिति और पुरुष-वर्चस्ववाद के दर्शन, अर्थशास्त्र, राजनीति एवं संस्कृति पर, स्त्री-प्रश्न के विविध पक्षों-आयामों पर तथा स्त्री-मुक्ति-परियोजना के विभिन्न प्रारूपों-प्रकल्पों पर जो कुछ भी महत्त्वपूर्ण लिखा गया है, उसका एक प्रतिनिधि चयन हिन्दी पाठकों के समक्ष प्रस्तुत करें।

स्त्री-दासता या स्त्री-पुरुष असमानता के ऐतिहासिक कारणों पर, स्त्री-उत्पीड़न के राजनीतिक अर्थशास्त्र और विशेषकर घरेलू श्रम की प्रकृति पर, पुरुष-वर्चस्ववाद के दर्शन और मनोविज्ञान पर, सामाजिक-आर्थिक संरचना के साथ यौन-उत्पीड़न के अन्तर्सम्बन्धों पर, यौनिक विभेद और यौन-राजनीति की भूमिका पर तथा स्त्री-आन्दोलन की दिशा और स्वरूप से जुड़े प्रश्नों पर, विशेषकर बीसवीं शताब्दी के दौरान घनघोर बहसें चली हैं।

विशेष तौर पर, सामाजिक संरचना और स्त्री की स्थिति के बीच के रिश्तों को लेकर तथा वर्ग और पुरुष सत्ता के बीच के रिश्तों को लेकर नारीवाद की विविध रैडिकल बुर्जुआ धाराओं और मार्क्सवाद की विविध धाराओं के बीच तनाव और टकराव लगातार मौजूद रहे हैं। द्वितीय विश्वयुद्धोत्तर

धाराओं के बीच तनाव और टकराव लगातार मौजूद रहे हैं। द्वितीय विश्वयुद्धोत्तर काल में नारीवाद की विविध सरणियों और मार्क्सवाद की विविध सरणियों के बीच लम्बी बहसें चलती रही हैं जो आज भी जारी हैं। हमारे सामने बीसवीं शताब्दी के प्रारम्भिक समाजवादी प्रयोगों के दौरान स्त्रियों की जीवन स्थितियों में आये परिवर्तनों के अनुपेक्षणीय तथ्य भी हैं, कुछ अनसुलझे प्रश्न भी हैं, कुछ प्रयोग भी हैं और कुछ फूटती दिशाएँ भी हैं।

भारत में उन्नीसवीं शताब्दी के पूर्वार्द्ध से कुछ पुरुष सुधारकों ने स्त्रियों की दारुण-बर्बर स्थिति में सुधार की माँग करने की शुरुआत की और शताब्दी के अन्तिम दशकों में कुछ जागरूक स्त्रियों ने भी परिवर्तन की पुरजोर आवाज उठायी। परम्परा, नैतिकता, धर्म, आचार और प्राकृतिक न्याय को लेकर बहसें चलीं। पर कहीं न कहीं विमर्श और सुधार आन्दोलनों का यह पूरा परिदृश्य औपनिवेशिक सामाजिक-आर्थिक पारिस्थितिकी से अनुकूलित था। बीसवीं शताब्दी में, राष्ट्रीय जागरण के उन्मेष में स्त्री-जागृति की धारा भी शामिल थी और स्त्री-प्रश्न भी नये रूप में एजेण्डे पर उपस्थित था, लेकिन राष्ट्रीय आन्दोलन की विभिन्न संघटक धाराओं की वैचारिक निर्बलताओं-विचलनों से स्त्री-मुक्ति विमर्श भी मुक्त या अप्रभावित नहीं था।

बीसवीं शताब्दी के अन्तिम चतुर्थांश में भारत में स्त्री-जागृति की एक नई लहर वैचारिक धरातल पर भी उठी और आन्दोलनात्मक धरातल पर भी। स्वाभाविक तौर पर बहस का माहौल भी काफी उग्र था और विभ्रम भी पर्याप्त मौजूद थे। कमोबेश यही स्थिति आज भी है। भारतीय नारी आन्दोलन आज परिपक्वता के दौर में प्रविष्ट हो चुका है, लेकिन इसका वैचारिक आधार अब भी कमजोर है।

प्रस्तुत शृंखला स्त्री-प्रश्न के विविध पक्षों पर बहस को संवेग और सार्थक दिशा देगी तथा एक सही-सार्थक परिप्रेक्ष्य और स्त्री-मुक्ति के व्यावहारिक कार्यक्रम तक पहुँचने में सहायक बनेगी, हमें इसकी पूरी उम्मीद है।

— सम्पादक

सम्पादकीय प्रस्तावना

उन्नीसवीं शताब्दी में स्त्री-प्रश्न और जॉन स्टुअर्ट मिल

इक्कीसवीं सदी के इन प्रारम्भिक वर्षों में, जिनका आशावाद और जिनकी परिवर्तनकामी सकर्मक चेतना क्षरण-विघटन से बची हुई है, वे तमाम लोग यदि मानव-मुक्ति की किसी नई परियोजना के निर्माण और क्रियान्वयन के बारे में सोचते हैं तो उनके एजेण्डे पर स्त्री-प्रश्न एक अनिवार्य आधारभूत प्रश्न के तौर पर उपस्थित रहता है।

बेशक, इस प्रश्न पर बाल की खाल निकालने वले अकर्मक विमर्शों और पाठों-कुपाठों का तथा उग्र-तप्त लफ्फाजी का भी काफी बोलबाला है। समस्या यह भी है कि जब स्त्री-उत्पीड़न को ढँके हुए तमाम नैतिक-वैधिक-सांस्कृतिक रहस्यावरण स्वतः तार-तार हो रहे हैं तो नये-नये बौद्धिक रहस्यावरण खड़े किये जा रहे हैं और मूल प्रश्न को दृष्टिओझल करने या अमूर्त बनाने के प्रयत्न भी जारी हैं। लेकिन पूरे परिदृश्य का सकारात्मक पक्ष यह है कि आज श्रमजीवी वर्ग और निम्न मध्यवर्ग की स्त्री पूँजी के जुवे तले निकृष्टतम कोटि के उजरती गुलाम के रूप में जुती हुई, भूमण्डलीकरण के दौर में, स्त्री-मुक्ति-प्रश्न और श्रमिक-मुक्ति-प्रश्न के अन्तर्सम्बन्धों को नये यथार्थ के आलोक में देखती हुई अपनी भूमिका निर्धारित करने की दिशा में आगे बढ़ रही है। दूसरी ओर, बौद्धिक तबके की मुक्तिकामी स्त्रियाँ (और पुरुष भी) अर्थ-भेद के साथ-साथ यौन-भेद पर भी आधारित असमानता-उत्पीड़न के तमाम रूपों-पद्धतियों की शिनाख्त कर रही हैं ताकि स्त्री-मुक्ति के प्रश्न को व्यावहारिक-वैज्ञानिक रूप में जाना-समझा जा सके।

यह नई शुरुआत अभी एकदम नई है। और आज ही यह सबसे अधिक जरूरी है कि स्त्री-प्रश्न के इतिहास का पुनरावलोकन किया जाये और इसे समझने और हल करने के उद्यमों-उपक्रमों के इतिहास का भी। जब परिदृश्य जटिल हो और प्रश्न उलझे-उलझे ढंग से सामने आ रहे हों तो इतिहास को नये परिप्रेक्ष्य में फिर से देखना जरूरी हो जाता है। इस दृष्टि से सिंहावलोकन करते हुए हमें बीसवीं शताब्दी के स्त्री-आन्दोलनों और स्त्री-मुक्ति की विभिन्न विचार-सरणियों का नये सिरे से अध्ययन करना होगा। यही नहीं, उससे भी पहले जाना होगा। जरूरी है कि प्रबोधन काल (एज

ऑफ एनलाइटेनमेण्ट) और पूँजीवादी जनवादी क्रान्तियों से लेकर समूची उन्नीसवीं सदी के दौरान के स्त्री-मुक्ति विषयक विचारों और आन्दोलनों का अध्ययन किया जाये। स्त्री समुदाय की दोयम दर्जे की सामाजिक स्थिति, उसके कारणों और उनके समाधान की सम्भावनाओं के बारे में **मेरी वोल्सटनक्राफ़्ट, जॉन स्टुअर्ट मिल, चेर्नीशेव्स्की, मार्क्स-एंगेल्स, बेबेल** आदि से लेकर **लेनिन, क्लारा ज़ेटकिन, अलेक्सान्द्रा कोल्लोन्ताई, सीमोन द बोउवा, बेट्टी फ्रीडन, जर्मेन ग्रीयर** आदि-आदि तक के विचारों का, नये सिरे से अध्ययन-मूल्याँकन करना होगा।

'अर्द्धांश' शृंखला के अन्तर्गत स्त्री-मुक्ति के वैचारिक इतिहास की इस प्रस्तुति की एक बेहद जरूरी प्रारम्भिक कड़ी है **जॉन स्टुअर्ट मिल** की 1869 में प्रकाशित पुस्तक *'दि सब्जेक्शन ऑफ विमेन'*। इसी ऐतिहासिक कृति का हिन्दी अनुवाद *'स्त्री की पराधीनता'* शीर्षक से आपके सामने है।

इस पुस्तक का परिचय देते हुए, जरूरी है कि पृष्ठभूमि के तौर पर हम स्त्री-प्रश्न पर चिन्तन-विमर्श के इतिहास की कुछ चर्चा करें और साथ ही, जॉन स्टुअर्ट मिल के समय और चिन्तन की भी।

प्रबोधनकालीन यूरोप में स्त्री-प्रश्न

सीधे-सरल शब्दों में स्त्री-प्रश्न को यदि परिभाषित करना हो तो कहा जा सकता है कि परिवार, मातृत्व और शिशुपालन सहित समस्त सामाजिक गतिविधियों एवं संस्थाओं में स्त्रियों की भूमिका, अन्य सामाजिक-आर्थिक शोषण-उत्पीड़न के साथ ही यौन-भेद पर आधारित स्त्री-उत्पीड़न की विशिष्टता और स्त्री-मुक्ति से जुड़ी सभी समस्याओं का जटिल समुच्चय है—स्त्री-प्रश्न।

स्त्री-प्रश्न के चाहे जितने भी समाधान और चाहे जितनी भी व्याख्याएँ आज प्रस्तुत की जा रही हों, इतिहास की यह सच्चाई निर्विवाद है कि परस्पर-विरोधी वर्गों वाली सभी सामाजिक संरचनाओं में, समाज और परिवार में स्त्री की स्थिति मातहत की रही है और इसे धर्म की स्वीकृति प्राप्त रही है। यह भी इतिहास का एक तथ्य है कि पूँजीवादी उत्पादन ने ऐसी स्थितियाँ पैदा कीं कि सामाजिक उत्पादन में स्त्री मजदूरों की और अन्य नौकरीपेशा स्त्रियों की भागीदारी बढ़ती चली गयी, लेकिन उनकी श्रमशक्ति सबसे सस्ती थी और उनकी पहले से कायम 'घरेलू गुलामी' भी बरकरार थी। इस बुनियाद पर यौन-भेद और यौन-उत्पीड़न तथा यौनिक आधार पर पार्थक्य, निर्वासन और उपनिवेशन के जटिल सांस्कृतिक-सामाजिक मूल्यों-संस्थाओं का एक समूचा तंत्र निर्मित-विकसित हुआ है।

पूँजीवाद के अन्तर्गत सामाजिक उत्पादन में स्त्रियों की भागीदारी और उनकी अधिकारविहीनता की निरन्तरता के चलते बुर्जुआ समाज में स्त्रियों के प्रति एक

अन्तरविरोधी रुख विकसित हुआ। बुर्जुआ जनवादी क्रान्तियों के मुकम्मल होने के बाद, एक ओर जहाँ बुर्जुआ वर्ग की ओर से पुरुष-स्वामित्ववाद के नये-नये रूपों के संघटन के साथ ही पुराने "धर्मसम्मत" रूपों को भी कायम रखने की हरचन्द कोशिशें होती रहीं, वहीं खासकर बीसवीं शताब्दी के दौरान मजदूर आन्दोलन, सर्वहारा क्रान्तियों और व्यापक जनवादी आन्दोलनों के, कुल मिलाकर अग्रवर्ती विकास के परिवेश में, स्त्रियों की सामाजिक-वैधिक स्थिति में महत्त्वपूर्ण सुधार भी हुए। लेकिन विशेषकर बीसवीं शताब्दी के अन्तिम दो दशकों में, विश्व-ऐतिहासिक विपर्यय, गतिरोध और प्रतिगामी पुनरुत्थान के माहौल में, धार्मिक कट्टरपन्थ और रंग-बिरंगी नवफासीवादी शक्तियों के उभार के साथ ही बहुसंख्यक आम स्त्रियों की सामाजिक स्थिति में भी नकारात्मक बदलाव आये हैं और बाजार की शक्तियों ने उनकी भौतिक-आत्मिक पराधीनता के नये-नये रूपों का निर्माण किया है।

महान फ्रांसीसी क्रान्ति के विचारधारात्मक अग्रधावक—प्रबोधनकाल के विचारकों ने स्त्रियों की उत्पीड़ित स्थिति को मनुष्य के प्राकृतिक अधिकारों का उल्लंघन माना था। **जाँ आँतुआँ कोन्दोर्से** (1743-94) प्रबोधन काल के एक ऐसे विचारक थे जो धर्म के आलोचक, अन्धविश्वासों के विरोधी और वैज्ञानिक प्रगति के पक्षधर थे। वे इतिहास को मानव-तर्कबुद्धि की उपज और बुर्जुआ समाज-व्यवस्था को तर्कबुद्धिसंगति और "नैसर्गिकता" का चरम बिन्दु मानते थे। "आदर्श" समाज की अपनी इसी अवधारणा के चलते कोन्दोर्से ने सामाजिक श्रेणियों का विरोध किया और राजनीतिक समानता का उत्कट समर्थन किया। अपने इसी विश्वास के तहत वे स्त्रियों की समानता के प्रबल पक्षधर थे। उनकी मान्यता थी कि स्त्रियों के बारे में समाज में मौजूद गहरे पूर्वाग्रह उनकी असमानतापूर्ण सामाजिक स्थिति के मूलभूत कारण हैं। प्रबोधन काल के अन्य विचारकों की ही तरह कोन्दोर्से स्त्री-प्रश्न के वर्गीय एवं आर्थिक संरचनागत आधारों को देखने में विफल रहे और जाहिर है कि, यह स्वाभाविक ही था। इतिहास-निर्माण के मनोगत उपादानों पर मुख्यतः जोर देने वाले निजी स्वामित्व एवं सम्पत्तिगत असमानता को प्राकृतिक एवं लाभदायी मानने वाले इन महान तर्कणावादी और मानवतावादी दार्शनिकों की यह सीमा ऐतिहासिक थी। गौरतलब है कि आगे चलकर, उन्नीसवीं सदी के उत्तरार्द्ध में कोन्दोर्से के विचारों को ही अधिक तर्कसम्मत रूप में प्रस्तुत करने का उद्यम हमें जॉन स्टुअर्ट मिल की कृति में दिखाई देता है।

उल्लेखनीय है कि संगठित नारी आन्दोलन की शुरुआत भी फ्रांसीसी क्रान्ति के दौरान ही हुई थी जब स्त्रियाँ भी समस्त राजनीतिक जन-कार्रवाइयों में खुलकर हिस्सा ले रही थीं। उसी समय स्त्री-अधिकारों के लिए संघर्ष को समर्पित पहली पत्रिका का प्रकाशन शुरू हुआ था और 'विमेन्‌'स रिवोल्यूशनरी क्लबों' का भी गठन हुआ था जो

सम्भवतः आधुनिक विश्व इतिहास के प्रथम स्त्री-संगठन थे। इन संगठनों ने क्रान्तिकारी संघर्षों में भाग लेते हुए यह माँग की कि स्वतंत्रता, समानता और भ्रातृत्व के सिद्धान्तों को किसी किस्म के लिंगभेद के बिना लागू किया जाना चाहिये। *'मनुष्य और नागरिक के अधिकारों की घोषणा'* के मॉडल पर **ओलिम्पी दि गूजे** (1748-93) ने *'स्त्री और स्त्री-नागरिक के अधिकारों की घोषणा'* तैयार की और उसे 1791 में राष्ट्रीय असेम्बली के समक्ष प्रस्तुत किया। इस घोषणापत्र में "स्त्रियों पर पुरुषों के शासन" का विरोध किया गया था और सार्विक मताधिकार को अमल में लाने के लिए स्त्री-पुरुष के बीच पूर्ण सामाजिक-राजनीतिक समानता की माँग की गयी थी। यहाँ यह उल्लेख कर देना जरूरी है कि इससे भी पहले, अमेरिकी क्रान्ति के दौरान **मर्सी बारेन** और **एबिगेल एडम्स** के नेतृत्व में स्त्रियों ने मताधिकार और सम्पत्ति के अधिकार सहित सामाजिक समानता की माँग करते हुए **जार्ज वाशिंगटन** और **टॉमस जैफर्सन** पर दबाव डाला कि इन्हें संविधान में शामिल किया जाये, पर बुर्जुआ वर्ग के एक बड़े हिस्से के विरोध के कारण यह सम्भव नहीं हो सका। बुर्जुआ जनवादी क्रान्तियों के इस दौर में स्त्री आन्दोलन का सर्वाधिक महत्त्वपूर्ण दस्तावेज **मेरी वोल्सटनक्राफ़्ट** की पुस्तक *'स्त्रियों के अधिकारों का औचित्य-प्रतिपादन'* (ए विण्डिकेशन ऑफ दि राइट्स ऑफ विमेन, 1792) था। यह पुस्तक ओलिम्पी दि गूजे के दस्तावेज की स्थापनाओं को ही उन्नत और विस्तृत रूप में प्रस्तुत करती है। उन्नीसवीं-बीसवीं शताब्दी के नारीवादी आन्दोलन की बुनियादी रूपरेखा इस पुस्तक में ही दीख जाती है।

हालाँकि फ्रांसीसी क्रान्ति के नेतृत्व ने स्त्री-पुरुष समानता और स्त्रियों के समान अधिकारों के विचार को अस्वीकार कर दिया, लेकिन इस युगान्तरकारी क्रान्ति ने सामन्ती सम्बन्धों पर सांघातिक चोट करने के साथ ही स्त्रियों की कानूनी स्थिति में कई महत्त्वपूर्ण बदलाव किये। 1791 के एक कानून द्वारा स्त्री-शिक्षा का प्रावधान, 1792 की एक आज्ञप्ति द्वारा स्त्रियों को कई नागरिक अधिकार प्रदान करना तथा 1794 में कन्वेंशन द्वारा पारित एक कानून द्वारा तलाक की प्रक्रिया को आसान बना देना ऐसे कुछ प्रमुख कदम थे। लेकिन *थर्मिडोरियन प्रतिक्रिया* के दौरान स्त्री आन्दोलन की ये उपलब्धियाँ एक बार फिर छिन गईं। 1804 के *नेपोलियानिक कोड* और अन्य यूरोपीय देशों की ऐसी ही बुर्जुआ नागरिक संहिताओं ने एक बार फिर स्त्रियों के नागरिक अधिकारों को अति सीमित कर दिया तथा परिवार, शादी, तलाक, अभिभावकत्व और सम्पत्ति के अधिकारों के मामलों में उन्हें एक बार फिर वैधिक तौर पर पूरी तरह पुरुषों के अधीन कर दिया।

उन्नीसवीं शताब्दी का पूर्वार्द्ध : प्रबोधनकालीन आदर्शों का निराशाजनक व्यंग्यचित्र

बेशक प्रबोधन काल के जिन क्रान्तिकारी महापुरुषों ने भावी फ्रांसीसी क्रान्ति के लिए

लोगों को तैयार किया था, उन्होंने "तर्कबुद्धि के राज" और मनुष्य के "प्राकृतिक" अधिकारों में सम्पूर्ण निष्ठा रखते हुए स्त्री-अधिकारों के प्रश्न को उठाया था, पर उनका आदर्श जब यथार्थ में रूपान्तरित हुआ तो एक निराशाजनक व्यंग्यचित्र के रूप में।

तब पता चला कि *"बुद्धि का यह राज बुर्जुआ वर्ग के आदर्शकृत राज के अलावा और कुछ नहीं था,"* और यह स्वाभाविक था, क्योंकि *"18वीं शताब्दी के महान चिन्तक अपने पूर्वजों की भाँति उन सीमाओं से आगे नहीं बढ़ सके, जो उनके युग ने उनके लिये खड़ी की थीं।"* (फ्रेडरिक एंगेल्स : *ड्यूहरिंग मत-खण्डन* की भूमिका)

उन्नीसवीं सदी के पूर्वार्द्ध का गतिरोध और स्त्री-प्रश्न

यह इतिहाससिद्ध तथ्य है कि प्रबोधनकाल की भौतिकवादी और मानवतावादी शिक्षाएँ आगे चलकर काल्पनिक समाजवाद और फिर वैज्ञानिक समाजवाद के तर्कसंगत आधार के रूप में विकसित हुईं (मार्क्स-एंगेल्स : *पवित्र परिवार*), लेकिन उन्नीसवीं सदी के बुर्जुआ जनवादी गणराज्यों ने इन आदर्शों के साथ तथा मुक्ति के सपने सँजोती आम मेहनतकश आबादी और स्त्री-समुदाय के साथ विश्वासघात ही किया, एक ऐसा विश्वासघात जो स्वाभाविक था, अवश्यम्भावी था और इतिहास की गति के नियमानुकूल था। 18वीं सदी के अन्त से लेकर 19वीं सदी के पूर्वार्द्ध के दौरान घटित इस युग-परिवर्तन का ब्योरा *एंगेल्स* ने बहुत सटीक और सूत्रबद्ध रूप में यूँ प्रस्तुत किया है : *"...जब फ्रांसीसी क्रान्ति ने इस तर्कबुद्धिसंगत समाज तथा इस तर्कबुद्धिसंगत राज्य को मूर्त रूप दिया, तो नई संस्थाएँ पूर्ववर्ती व्यवस्थाओं की तुलना में अपनी सारी तर्कबुद्धिसंगतता के बावजूद पूर्ण तर्कबुद्धिसंगत कदापि नहीं सिद्ध हुईं। तर्कबुद्धिसंगत राज्य पूरी तरह ढह गया। रूसो की सामाजिक संविदा ने आतंक के शासन के दौरान मूर्त्त रूप प्राप्त कर लिया, जिससे घबराकर अपनी राजनीतिक क्षमता में विश्वास खो बैठे बुर्जुआ वर्ग ने पहले डायरेक्टरेट की भ्रष्टता की शरण ली और फिर नेपोलियनीय निरंकुशता की छत्र छाया में पहुँच गया। जिस शाश्वत शान्ति का वचन दिया गया था, वह अन्तहीन कब्जाकारी युद्धों में बदल गयी। तर्कबुद्धि पर आधारित समाज का हाल इससे बेहतर नहीं रहा। अमीर तथा गरीब के बीच के अन्तरविरोध आम समृद्धि में विलय होने के बजाय शिल्पसंघों के तथा अन्य विशेषाधिकारों के, जिन्होंने इन विशेषाधिकारों पर मानो सेतुबन्धन का काम किया था, हटाये जाने से तथा चर्च की दानशील संस्थाओं के खत्म किये जाने से, और अधिक तीक्ष्ण हो गये। [सामन्ती बेड़ियों से "सम्पत्ति की स्वतंत्रता" जो अब वस्तुतः सम्पन्न हो चुकी थी, छोटे बुर्जुआ तथा किसान के लिए, जिन्हें बड़ी पूँजी तथा बड़े भूस्वामित्व की ओर से प्रचण्ड प्रतियोगिता ने कुचल दिया था, ठीक इन्हीं महाप्रभुओं को अपनी छोटी सम्पत्ति बेचने की स्वतंत्रता सिद्ध हुई; यह "स्वतंत्रता" इस प्रकार छोटे बुर्जुआ और किसान के लिए*

सम्पत्ति से स्वतंत्रता में बदल गयी] पूँजीवादी आधार पर उद्योग के तीव्र विकास ने मेहनतकश जनसाधारण की गरीबी और कष्टों को समाज के अस्तित्व की आवश्यक शर्त बना दिया। (नकद भुगतान, कार्लाइल के शब्दों में, अधिकाधिक मात्रा में इस समाज का एकमात्र सम्बन्धसूत्र बनता चला गया) अपराधों की संख्या वर्ष प्रति वर्ष बढ़ती गयी। पहले सामन्ती दुराचार दिन-दहाड़े होता था; अब वह एकदम समाप्त तो नहीं हो गया था, पर कम से कम पृष्ठभूमि में जरूर चला गया था। उसके स्थान पर बुर्जुआ अनाचार, जो इसके पहले पर्दे के पीछे हुआ करता था, अब प्रचुर रूप में बढ़ने लगा था। व्यापार अधिकाधिक धोखाधड़ी बनता गया। क्रान्तिकारी आदर्श-सूत्र के "बन्धुत्व" ने होड़ के संघर्ष की ठगी तथा प्रतिस्पर्धा में मूर्त रूप प्राप्त किया। बल द्वारा उत्पीड़न का स्थान भ्रष्टाचार ने ले लिया। सामाजिक सत्ता का उत्तोलक तलवार के स्थान पर सोना बन गया। नववधू के साथ पहली रात को सोने का अधिकार सामन्ती प्रभुओं से पूँजीवादी कारखानेदारों के पास पहुँच गया। वेश्यावृत्ति में इतनी वृद्धि हो गयी, जो पहले कभी सुनी नहीं गयी थी। स्वयं विवाह-प्रथा पहले की तरह अब भी वेश्यावृत्ति का कानूनी मान्यता प्राप्त रूप तथा उसकी सरकारी आड़ बनी हुई थी, और इसके अलावा व्यापक परस्त्रीगमन उसके अनुपूरक का काम कर रहा था। संक्षेप में, दार्शनिकों ने जो सुन्दर वचन दिये थे, उनकी तुलना में "तर्कबुद्धि की विजय" से उत्पन्न सामाजिक तथा राजनीतिक संस्थाएँ घोर निराशाजनक व्यंग्यचित्र प्रतीत होती थीं।" (ड्यूहरिंग मत-खण्डन)

यह विस्तृत उद्धरण यहाँ देने के पीछे हमारा उद्देश्य उन ऐतिहासिक स्थितियों को स्पष्ट करना है जिनके अन्तर्गत उन्नीसवीं शताब्दी के पूर्वार्द्ध में स्त्रियों के सामाजिक अधिकारों के आन्दोलन को गतिरोध और उत्क्रमण का शिकार होना पड़ा। यह सत्तासीन बुर्जुआ वर्ग द्वारा प्रबोधनकालीन आदर्शों को तिलांजलि देने और जनता के साथ विश्वासघात करने का परिणाम था। स्त्रियों की पुरुष सत्ताधीनता को जिन बुर्जुआ विचारकों-लेखकों से सैद्धान्तिक आधार तथा तर्क प्राप्त हुए उनमें फ्रांसीसी दार्शनिक और प्रत्यक्षवाद (पॉज़िटिविज़्म) का प्रवर्तक **ओग्यूस्त कोम्त** (1798-1857) सबसे आगे था। कोम्त के समाजशास्त्रीय मत ने सामाजिक संरचना की व्याख्या करने में अविज्ञानसम्मत जैविक रुख अपनाया और एक स्थापना यह प्रस्तुत की कि नारी समुदाय की असमानतापूर्ण सामाजिक स्थिति का मूल कारण "नारी शरीर की प्राकृतिक दुर्बलता" में निहित है, स्त्रियाँ स्वाभाविक और प्राकृतिक तौर पर पारिवारिक जिम्मेदारियों, प्रजनन और शिशुपालन आदि के लिए ही बनी हैं और कभी भी वे सामाजिक तौर पर पुरुषों के समकक्ष नहीं हो सकतीं। स्त्री-पुरुष असमानता का यह जीवशास्त्रीय सिद्धान्त न केवल उन्नीसवीं शताब्दी का सर्वाधिक प्रभावशाली बुर्जुआ पुरुष स्वामित्ववादी सिद्धान्त था, बल्कि आज भी इसका प्रभाव बड़े पैमाने पर मौजूद है और विशेषकर

फासीवादी विचार-सरणियाँ बढ़-चढ़कर इस सिद्धान्त की वकालत करती हैं।

बुर्जुआ वर्ग के सत्ता-सुदृढ़ीकरण के बाद, तत्कालीन नारी आन्दोलन के बुर्जुआ चरित्र की सीमाएँ भी क्रमशः ज्यादा से ज्यादा स्पष्ट होती चली गयीं। यह स्पष्ट हो गया कि बुर्जुआ अभिजन समाज की स्त्रियाँ बुर्जुआ समाज के फ्रेमवर्क के भीतर ही महज अपने वर्ग के पुरुषों के साथ समानता चाहती हैं। इस तरह उन्नीसवीं सदी के पूर्वार्द्ध में बुर्जुआ स्त्री आन्दोलन के भागीदारों ने स्त्री प्रश्न की अवधारणा को ही संकुचित बना दिया। मध्य-शताब्दी तक आते-आते इतना परिवर्तन अवश्य आया कि सम्पत्तिवान वर्गों की स्त्रियाँ काम के अधिकार की माँग ज्यादा से ज्यादा मुखर होकर करने लगीं।

उन्नीसवीं सदी के प्रारम्भिक तीन दशकों के दौरान यूरोप में सक्रिय स्त्री स्वच्छन्दतावादी (रोमाण्टिक) लेखिकाओं के लेखन को यदि देखा जाये तो उनमें उस समय के नारी आन्दोलन का प्रगतिशील पहलू और उसकी सीमाएँ—दोनों ही स्पष्ट नजर आती हैं। **अन्ना सीवार्ड, हेलेन मारिया विलियम्स, मेरी हेज़ अन्ना बार्बोल्ड, जोआन्ना बेली, हन्ना मोर, मेरी रॉबिन्सन, फेनी बर्नी, जेन टेलर, डोरोथी वर्ड्सवर्थ, मेरी लैम्ब, मेरी रसेल, मिटफोर्ड, मेरी शेली, क्लेयर क्लेयरमॉण्ट** और **फ्रान्सिस ट्रोलोपी** आदि चर्चित-अचर्चित स्त्री-स्वच्छन्दतावादी लेखिकाएँ स्त्री-शिक्षा, स्त्रियों की पारिवारिक-सामाजिक स्थिति आदि प्रश्नों को उठाती हुई एक ओर जहाँ मेरी वोल्सटनक्राफ़्ट की परम्परा को विस्तार दे रही थीं, वहीं दूसरी ओर उनके लेखन में स्त्री-समुदाय की मुक्ति-आकांक्षाओं को विश्वासघाती ढंग से कुचल देने वाले बुर्जुआ वर्ग के सामाजिक राजनीतिक वर्चस्व के प्रति रूढ़िवादी और प्रगतिवादी—दोनों ही प्रतिक्रियाएँ नजर आ रही थीं। एक ओर यदि वे स्त्री की स्वतंत्र अस्मिता के प्रश्न को तथा नैतिकता और परिवार आदि से जुड़े मुद्‌दों को उठाकर ऐतिहासिक तौर पर प्रगतिशील भूमिका निभा रही थीं, दूसरी ओर उनके सरोकार काफी कुछ अभिजन समाज तक सिमटे हुए थे। उजरती गुलामी और घरेलू गुलामी के पाटों के बीच पिसती व्यापक मेहनतकश वर्गों की स्त्रियों के जीवन तक उनकी सोच की पहुँच नहीं थी और यदि कहीं थी भी तो महज धार्मिक-नैतिक सदाशयता और दयालुता के रूप में ही।

उन्नीसवीं शताब्दी के प्रारम्भिक तीन दशकों के दौरान जब स्त्री-अधिकारों की अनुपस्थिति की वैधिक और वास्तविक स्थिति को ओग्यूस्त कोम्त के प्रतिक्रियावादी समाजशास्त्रीय विचारों का आधार मिल रहा था और शैशवकाल बीतते ही स्त्री आन्दोलन गतिरोध और उत्क्रमण की भँवरों में जा फँसा था, उस समय सैंत-सीमोन, रॉबर्ट ओवेन और चार्ल्स फूरिये जैसे काल्पनिक समाजवादी चिन्तक और कतिपय अन्य क्रान्तिकारी जनवादी सिद्धान्तकार स्त्री की दोयम दर्जे की सामाजिक स्थिति के सिद्धान्तों का तर्कपूर्ण खण्डन प्रस्तुत कर रहे थे तथा बुर्जुआ समाज की प्रकृति और

नारी उत्पीड़न के अन्तर्सम्बन्धों को उजागर कर रहे थे। चार्ल्स फूरिये की तो यह मान्यता थी कि किसी भी समाज में आजादी का एक बुनियादी पैमाना यह है कि उस समाज-विशेष में स्त्रियाँ किस हद तक आजाद हैं। दरअसल, वस्तुगत तौर पर, पूँजीवादी समाज के विकास के नियम और विज्ञान, तकनोलॉजी एवं संस्कृति के विकास, तथा उस विकास के नतीजे के तौर पर उत्पादक कार्रवाइयों और सांस्कृतिक-सामाजिक गतिविधियों में स्त्रियों की बढ़ती भागीदारी के चलते स्त्रियों की पराधीनता के आधार-सिद्धान्तों की आधारहीनता स्वतः स्पष्ट होती जा रही थी।

1830 और 1840 के दशक में, क्रान्तिकारी बुर्जुआ यथार्थवाद के उत्कर्षकाल में, विशेष तौर पर फ्रांसीसी कथा-साहित्य में स्त्रियों की पारिवारिक गुलामी के विरुद्ध विद्रोह का स्वर काफी व्यापक अर्थों में मुखर होकर उभरा। यह काफी हद तक बुर्जुआ वर्गीय सीमान्तों का अतिक्रमण भी करता था और इसमें अभिजन स्त्रियों की संकुचित बुर्जुआ प्रवृत्तियों की आलोचना भी प्रायः नजर आ जाती थी। इनमें खासतौर पर लेखिका **जॉर्ज साँद** के उपन्यासों को रेखांकित किया जा सकता है। यह समय था जब अमेरिका और ब्रिटेन में स्त्री-मताधिकार आन्दोलन शुरू हो रहा था। सार्वजनिक जीवन में स्त्रियों की भागीदारी बढ़ती जा रही थी। इसके सर्वाधिक ज्वलन्त उदाहरण के तौर पर इन दो तथ्यों की चर्चा की जा सकती है कि 1830 के दशक में अमेरिका में अश्वेत दासों की मुक्ति के संघर्ष में स्त्रियों की सौ से अधिक दासता-विरोधी सोसायटियों ने हिस्सा लिया था और ब्रिटेन में मजदूरों के ऐतिहासिक चार्टिस्ट आन्दोलन में तथा अनाज कानूनों के उन्मूलन के संघर्ष में स्त्रियों की भागीदारी बहुत अधिक थी।

1840 के दशक का अन्त आते-आते पूरे यूरोप के राजनीतिक-सामाजिक परिदृश्य पर उठ खड़े हुए झंझावातों का प्रभाव नारी आन्दोलन पर भी पड़ा। दो महत्त्वपूर्ण परिवर्तन हुए—एक का फौरी, आन्दोलनात्मक महत्त्व था और दूसरे का दूरगामी विचारधारात्मक महत्त्व था।

पहला परिवर्तन यह हुआ कि 1848-49 की क्रान्तियों तथा जून 1848 के पेरिस मजदूर विद्रोह के बाद महाद्वीपव्यापी मजदूर उभार ने स्त्रियों के राजनीतिक एवं नागरिक अधिकारों के संघर्ष को नया संवेग प्रदान किया। 1848 में ही फ्रांस में फिर से नारी क्लबों का गठन हुआ जिन्होंने स्त्रियों के समान राजनीतिक अधिकारों का संघर्ष नये सिरे से शुरू किया। इसी वर्ष फ्रांस में स्त्री मजदूरों के पहले स्वतंत्र संगठन की स्थापना हुई। स्त्रियों के राजनीतिक अधिकारों के लिए संघर्ष के उद्देश्य से जर्मनी और आस्ट्रिया में भी स्त्री यूनियनें गठित हुईं। जुलाई, 1848 एक सुनिश्चित कार्यक्रम के आधार पर नारीवादी आन्दोलन का प्रस्थान-बिन्दु बना, जब सेनेका फॉल्स, न्यूयार्क में **एलिजाबेथ कैण्डी स्टैण्टन** और **लुकेसिया कफिन मोट** आदि की पहल पर प्रथम नारी

अधिकार कांग्रेस का आयोजन हुआ और नारी स्वतंत्रता का घोषणापत्र जारी किया गया जिसमें पूर्ण कानूनी समानता, पूर्णतः समान शैक्षिक एवं व्यावसायिक अवसर, समान वेतन, मजदूरी कमाने के अधिकार तथा वोट देने के अधिकार की माँग की गयी थी।

दूसरा परिवर्तन, जिसका युगान्तरकारी महत्त्व आगे सामने आना था, वह था **मार्क्स** और **एंगेल्स** के सैद्धान्तिक-व्यावहारिक कार्यों के प्राथमिक चरण की परिणति के तौर पर, वैज्ञानिक समाजवाद की विचारधारा का जन्म, जिसने सम्पूर्ण मानव इतिहास की व्याख्या और सर्वहारा क्रान्ति की अवधारणा के साथ ही स्त्री-प्रश्न की भी एक नई, सांगोपांग ऐतिहासिक-वैज्ञानिक व्याख्या तथा इसके समाधान की एक ठोस रूपरेखा प्रस्तुत की।

ऐतिहासिक भौतिकवादी विश्व-दृष्टिकोण से मार्क्स-एंगेल्स ने सभी सामाजिक-आर्थिक संरचनाओं और सांस्कृतिक-वैधिक-नैतिक अधिरचनाओं की व्याख्या करते हुए नारी प्रश्न के वर्ग-मूलों और इतिहास-पीठिका को उद्घाटित किया और यह स्पष्ट किया कि निजी सम्पत्ति पर आधारित सामाजिक सम्बन्धों-संस्थाओं-मूल्यों के अस्तित्व में आने के साथ ही स्त्री समुदाय की दासता की शुरुआत हुई। उन्होंने बताया कि बेबस स्त्रियों और बच्चों की सस्ती श्रमशक्ति की लूट पूँजीवादी समृद्धि की अट्टालिका की एक महत्त्वपूर्ण आधारशिला है। पूँजीवादी समाज में मेहनतकश स्त्रियाँ निकृष्टतम कोटि की उजरती गुलाम होने के साथ ही यौन आधार पर शोषण-उत्पीड़न का शिकार होती हैं और सम्पत्तिशाली वर्गों की स्त्रियाँ भी सामाजिक श्रम से कटी हुईं या तो घरेलू दासता और पुरुष-स्वामित्व के बोझ से दबी हैं या फिर बुर्जुआ समाज में स्त्रियों के लिए आरक्षित कुछ खास अपमानजनक पेशों में लगी हुई पुरुष-स्वेच्छाचारिता की शिकार हैं। वैज्ञानिक समाजवाद के प्रवर्तकों ने परिवार संस्था के नारी-विरोधी चरित्र के तमाम आदर्शीकरण को छिन्न-भिन्न करते हुए पूँजीवादी समाज में विवाह को नैतिक-वैधिक मान्यताप्राप्त संस्थाबद्ध वेश्यावृत्ति करार दिया और 'घरेलू गुलामी' को स्त्री-प्रश्न का बुनियादी संघटक तन्तु बताया। इन स्थापनाओं की तार्किक परिणति यह निष्कर्ष था कि माल-उत्पादन और उजरती श्रम की व्यवस्था के रहते स्त्री-प्रश्न का अन्तिम समाधान असम्भव है। उत्पादन के साधनों पर स्वामित्व के समाजीकरण के साथ ही "स्त्रियोचित" कार्यों का भी समाजीकरण हो सकता है और स्त्री-उत्पीड़क सम्बन्धों-संस्थाओं के न्यायपूर्ण विकल्प खड़े हो सकते हैं। यानी स्त्री समुदाय की सच्ची मुक्ति की दिशा में **पहला कदम** पूँजीवादी व्यवस्था का खात्मा है। आधी आबादी की सक्रिय पहलकदमी और भागीदारी के बिना सर्वहारा वर्ग अपना ऐतिहासिक मिशन पूरा नहीं कर सकता और उस ऐतिहासिक मिशन को पूरा करने में भागीदारी के बिना स्त्री-मुक्ति महज एक 'यूटोपिया' ही बना रह जायेगा। पूँजीवादी समाज के अन्तर्गत संगठित संघर्ष के द्वारा स्त्रियाँ केवल अपने अर्जित अधिकारों की सुरक्षा कर सकती

हैं या उनमें कुछ मात्रात्मक बढ़त हासिल कर सकती हैं। अतः उन्हें अपने फौरी संघर्षों को व्यापक ढाँचा-परिवर्तन की दिशा में अग्रसर करना चाहिये।

उन्नीसवीं शताब्दी में मार्क्स-एंगेल्स ने पृथक रूप से नारी मुक्ति की कोई सम्पूर्ण-सांगोपांग थीसिस नहीं प्रस्तुत की। उनके समग्र कृतित्व (मुख्यतः *'कम्युनिस्ट घोषणापत्र'*, *पूँजी-खण्ड-1* तथा *'परिवार, निजी सम्पत्ति और राज्यसत्ता की उत्पत्ति'*) में स्त्री-प्रश्न को देखने का एक नजरिया और कुछ ऐतिहासिक सामाजिक-आर्थिक प्रस्थापनाएँ मौजूद थीं, जिन्हें उत्तरवर्ती काल में, विशेषकर बीसवीं सदी में सर्वहारा क्रान्तियों के नेताओं-सिद्धान्तकारों और मार्क्सवादी बुद्धिजीवियों तथा स्त्री-संगठनकर्ताओं ने आगे विकसित किया। उन्नीसवीं शताब्दी में ही स्त्री-प्रश्न पर मार्क्सवादी दृष्टि से लिखी गयी पहली कृति **बेबेल** की *'नारी और समाजवाद'* (1879) थी।

मार्क्स-एंगेल्स का विचार था कि स्त्री-मुक्ति की दिशा में पहला कदम यह होना चाहिये कि स्त्री-मजदूरों की वर्ग-चेतना को उन्नत किया जाये, सामाजिक-राजनीतिक जीवन में उनकी भागीदारी लगातार बढ़ायी जाये और उन्हें मजदूरों के संघर्षों-आन्दोलनों में शामिल किया जाये। उन्होंने प्रूधों और उनके अनुयायियों के वैचारिक दिवालियेपन को अनावृत किया जो सामाजिक समानता की बात करते हुए भी स्त्रियों की प्रमुख जिम्मेदारी परिवार और बच्चों की देखभाल मानते थे और सामाजिक रूप से उपयोगी श्रम में उनकी भागीदारी का विरोध करते थे। स्त्री-मजदूरों के श्रम-संरक्षण सम्बन्धी, पहले इण्टरनेशनल के दो प्रस्तावों ने आगे चलकर सर्वहारा नारी आन्दोलन के विकास का सैद्धान्तिक आधार तैयार करने में एक महत्त्वपूर्ण भूमिका निभाई।

उन्नीसवीं शताब्दी के मध्य में जब सर्वहारा आन्दोलन की पहली लहर उभार पर थी और सर्वहारा क्रान्ति का विज्ञान भी अस्तित्व में आ चुका था तथा मजदूर आन्दोलन में वैज्ञानिक समाजवाद को स्वीकारने वाली धारा लगातार मजबूत होती जा रही थी; ठीक उसी समय स्त्री आन्दोलन भी गतिरोध से उबरकर नया संवेग ग्रहण कर रहा था। **एलिजाबेथ कैण्डी स्टैण्टन** और **सूसन ब्राउनवेल एन्थनी** के नेतृत्व में अमेरिका में तेजी से फैलता हुआ स्त्री आन्दोलन यूरोपीय महाद्वीप तक आ पहुँचा।

उन्नीसवीं सदी का उत्तरार्द्ध : नये विचारों, नये संघर्षों के आवेगमय दौर में स्त्री-प्रश्न

स्त्री-आन्दोलनों तथा विभिन्न जनवादी और सर्वहारा आन्दोलनों के दबाव के साथ ही पूँजीवादी उत्पादन की अपनी जरूरतों और तकाजों ने भी स्त्री-शिक्षा और स्त्री-श्रम सम्बन्धी कानूनों के निर्माण तथा स्त्रियों की कानूनी स्थिति के आम सुधार में एक अहम भूमिका निभाई। 1847 में ब्रिटेन में स्त्रियों के लिए दस घण्टे का कार्यदिवस निर्धारित किया गया, जिसे मार्क्स-एंगेल्स ने मजदूर वर्ग की एक महान विजय बताया था। स्त्री-मजदूरों के संरक्षण सम्बन्धी कुछ और भी कानून पारित हुए। उन्नीसवीं

शताब्दी के उत्तरार्द्ध में यूरोप और अमेरिका में स्त्रियों की कई यूनियनें गठित हुईं, जिनमें जर्मनी की *जनरल विमेन्स यूनियन* (1865) प्रमुख थी। इन यूनियनों का लक्ष्य स्त्री-शिक्षा के लिए और स्त्री-श्रम पर पाबन्दियों के विरुद्ध संघर्ष करना था। ब्रिटेन की स्त्रियाँ 1860 तक शिक्षण के अतिरिक्त अन्य कई पेशों का अधिकार हासिल कर चुकीं थी। 1858 में उन्हें पहली बार तलाक लेने का भी अधिकार मिल गया (हालाँकि 1938 तक यह सीमित रूप में ही लागू था)। 1860 तक आते-आते न सिर्फ ब्रिटेन में बल्कि कमोबेश पूरे यूरोप और अमेरिका में स्त्री आन्दोलन की मुख्य धार मताधिकार के प्रश्न पर केन्द्रित हो चुकी थी।

ब्रिटेन में **जॉन स्टुअर्ट मिल**, जो उस समय तक स्त्री-अधिकारों के मुखर पक्षधर के रूप में प्रसिद्ध हो चुके थे, स्त्रियों को वयस्क मताधिकार के दायरे में शामिल करने की जोरदार तरफदारी कर रहे थे। 1867 में उन्होंने संसद में इस आशय का प्रस्ताव रखा जो पारित नहीं हो सका। इसकी देशव्यापी तीव्र प्रतिक्रिया हुई और बहुतेरे शहरों में *स्त्री मताधिकार सोसायटियों* का गठन हो गया। बाद में इन सबने मिलकर *राष्ट्रीय एसोसिएशन* का गठन किया। अमेरिका में दो स्त्री मताधिकार संगठन 1869 में गठित हुए और 1890 में स्त्री मताधिकार संगठनों का राष्ट्रीय महासंघ अस्तित्व में आया। फ्रांस में इसी उद्‌देश्य से 1882 में *फ्रांसीसी स्त्री अधिकार लीग* का गठन हुआ।

उन्नीसवीं सदी के मध्य में और उसके बाद, फ्रांस, जर्मनी और ब्रिटेन में स्त्रियों की जो स्वतंत्र यूनियनें गठित हुई थीं, वे पूँजीपतियों के विरुद्ध आम मजदूरों के संघर्षों से अपने को अलग रखती थीं। दूसरी ओर, मजदूर आन्दोलन के क्रान्तिकारी धड़े भी स्त्रियों की स्वतंत्र यूनियनों के विरोधी थे। पर 1860 के बाद स्थिति में परिवर्तन आया। फ्रांस और ब्रिटेन के स्त्री-कामगारों के कई संगठन पहले इण्टरनेशनल में शामिल हुए। बहुसंख्यक जर्मन कामगार स्त्रियाँ *इण्टरनेशनल प्रोफेशनल एसोसिएशन ऑफ मैन्युफैक्चरी, इण्डस्ट्रियल ऐण्ड हैण्डीक्राफ्ट वर्कर्स* में शामिल हो गईं जिसकी स्थापना 1869 में क्रिमित्स्चू (सैक्सनी) में हुई थी और जो इण्टरनेशनल के विचारों से प्रभावित था। 1871 में पेरिस कम्यून में स्त्रियों की शौर्यपूर्ण भागीदारी ने पूरे यूरोप की आम स्त्रियों को गहराई से प्रभावित किया। एक ओर, राजनीतिक-सामाजिक आन्दोलनों में उनकी भागीदारी बढ़ गयी, दूसरी ओर उनके स्वतंत्र संगठनों के निर्माण की प्रक्रिया भी तेज हो गयी।

उन्नीसवीं सदी के उत्तरार्द्ध के स्त्री आन्दोलन के परिदृश्य का चित्रण हमें उसी समय तक सीमित रखना होगा, जिसके जॉन स्टुअर्ट मिल अपने जीवन-काल में साक्षी बने थे। हमारा बुनियादी उद्‌देश्य स्त्री-प्रश्न पर चिन्तन और स्त्री आन्दोलन के उस समग्र परिवेश को उपस्थित करना था, जिसमें मिल के स्त्री-मुक्ति विषयक विचार निर्मित हुए थे और जो विरासत उन्हें हासिल हुई थी। हमने कोशिश की है कि प्रबोधन

काल और फ्रांसीसी क्रान्ति से लेकर 1848-49 की यूरोपीय क्रान्तियों तथा उनके उत्तरवर्ती काल का राजनीतिक परिदृश्य भी पाठकों के दिमाग में मोटे तौर पर मौजूद रहे। जॉन स्टुअर्ट मिल के चिन्तन और कर्म का दायरा केवल स्त्री-प्रश्न के इर्द-गिर्द केन्द्रित नहीं रहा है। वे अपने समय के एक प्रमुख दार्शनिक, अर्थशास्त्री और बुर्जुआ उदारपन्थी, उग्र-सुधारवादी राजनीतिज्ञ थे। यह वह समय था जब यूरोप-अमेरिका में पूँजीवादी-जनवादी क्रान्ति के अन्तिम दौर के कार्यभारों को अंजाम दिया जा रहा था। बहुतेरे भलेमानस बुर्जुआ बुद्धिजीवियों-दार्शनिकों को पूँजीवाद को "मानवीय" बनाने की अभी भी काफी उम्मीदें थीं और "स्वतंत्र प्रतियोगिता" के शैशवकाल में सत्तारूढ़ बुर्जुआ को प्रबोधनकालीन आदर्शों का झण्डा फेंककर बर्बर उजरती गुलामी और राजकीय उत्पीड़न का डण्डा उठाते देखकर वे दुखी थे। दूसरी ओर "गँवार-अशिक्षित" सर्वहारा के प्रति भी उनका गहरा अविश्वास था, हालाँकि वे उसके प्रति भी जनकल्याणकारी भावनाओं से भरे थे और चाहते थे कि क्रान्ति और प्रगति के फल उसे भी चखने को मिलें। जॉन स्टुअर्ट मिल एक ऐसे ही बुर्जुआ सुधारवादी थे जो पूँजीवादी व्यवस्था की तमाम बुराइयों (मुद्रा की पूजा, असमानता, मेहतनकशों की नारकीय जिन्दगी, स्त्रियों की स्थिति आदि) के कटु आलोचक थे और यह मानते थे कि सामाजिक बुनियाद में कहीं कोई दिक्कत है, पर सामाजिक ढाँचे के पुनर्गठन के बारे में सोचते हुए वे समाजवाद के निष्कर्षों तक नहीं पहुँचे। (यहाँ यह उल्लेख जरूरी है कि मिल मार्क्स और एंगेल्स के समकालीन थे, और उनसे कुछ वरिष्ठ थे) वे पूँजीवादी जनवाद के वास्तविक वर्गीय चरित्र के प्रति विभ्रमों के चलते संसदीय व्यवस्था और कानूनों के द्वारा परिवर्तन में आजीवन आस्थावान बने रहे। इसका कारण उनकी दार्शनिक अवस्थिति की विसंगतियों तथा क्लासिकी बुर्जुआ राजनीतिक अर्थशास्त्र की स्थापनाओं में सुधार की उनकी पल्लवग्राही सतही कोशिशों में निहित है।

लेकिन इतना विश्वासपूर्वक कहा जा सकता है कि मिल के रैडिकल सुधारवाद ने, वस्तुगत तौर पर इतिहास के उस दौर में कई मायनों में महत्त्वपूर्ण सकारात्मक भूमिका निभाई और इसमें स्त्री-मुक्ति का प्रश्न भी शामिल था। मिल के अन्तरविरोध उनके समय के अन्तरविरोध थे। उनकी सीमाएँ, उनकी तमाम सदिच्छाओं के बावजूद, रैडिकल बुर्जुआ सुधारवाद की सीमाएँ थीं। इन बातों को ध्यान में रखकर ही उनके अवदानों का सही, वस्तुपरक मूल्यांकन किया जा सकता है।

जॉन स्टुअर्ट मिल : व्यक्तित्व और विचार

मिल की पुस्तक और स्त्री-प्रश्न पर उनके विचारों की चर्चा के पहले उनकी राजनीतिक-वैचारिक अवस्थितियों से एक संक्षिप्त परिचय जरूरी है, क्योंकि स्त्री-प्रश्न पर उनके विचार उनकी बुनियादी सैद्धान्तिक धारणाओं के ही अंग और उत्पाद थे।

जॉन स्टुअर्ट मिल अपने समय के एक प्रसिद्ध राजनीतिक व्यक्ति थे, लेकिन सबसे पहले वे एक दार्शनिक, राजनीतिक विचारक और अर्थशास्त्री थे। वे एक ऐसे समय में वैचारिक रूप से सक्रिय हुए थे जब यूरोप में बुर्जुआ जनवादी क्रान्तियाँ निर्णायक विजय हासिल कर रही थीं, बुर्जुआ सत्ताएँ स्वयं को सुदृढ़ीकृत कर रही थीं तथा पूँजीवादी सामाजिक-आर्थिक संरचनाएँ तेजी से अपना वर्चस्व स्थापित कर रहीं थीं। पूँजीवाद अभी इतिहास को आगे ले जाने की क्षमता रखता था, अभी पूँजीवादी उत्पादन-सम्बन्धों के सीमान्तों में उत्पादक शक्तियों के विकास का 'स्कोप' बचा हुआ था, लेकिन पूँजीवाद का शोषक-उत्पीड़क चरित्र और उसके सभी अन्तरविरोध भी एकदम उजागर हो चुके थे। यह साफ हो चुका था कि बुर्जुआ वर्ग प्रबोधनकालीन आदर्शों को त्यागकर, मुक्ति और समता के लाल झण्डे को धूल में फेंक चुका है और मेहनतकशों को हर कीमत पर निचोड़ना माल-उत्पादन की नई व्यवस्था की बुनियादी शर्त है। बुर्जुआ वर्ग अभी सामन्ती अभिजनों से लड़ाई समाप्त भी नहीं कर पाया था कि उजरती गुलामों ने धूल में पड़ा मुक्ति का झण्डा उठाकर उसके विरुद्ध लड़ना शुरू कर दिया।

जॉन स्टुअर्ट मिल के चिन्तन में तत्कालीन पूँजीवाद के सभी अन्तरविरोध स्पष्टतः परिलक्षित होते हैं—पूँजीवाद की बची हुई ऐतिहासिक ऊर्जस्विता भी और उसकी प्रतिगामिता भी। उनके दार्शनिक और आर्थिक विचार प्रत्यक्षवादी दर्शन और क्लासिकी बुर्जुआ अर्थशास्त्र में कुछ जोड़ने-सुधारने के उपक्रम के तौर पर, सार रूप में प्रतिगामी थे। पर समसामयिक राजनीतिक-सामाजिक मसलों पर वे आमूलगामी सुधारों के उत्कट पक्षधर थे। पूँजीवादी आर्थिक-सामाजिक ढाँचे की तमाम बुराइयों (पैसे की पूजा, सम्पत्ति की असमानता, मेहनतकशों का नारकीय जीवन आदि) के वे मुखर आलोचक थे और यदा-कदा पूरे ढाँचे में कुछ बुनियादी बदलावों की बात भी करते थे, लेकिन पूँजीवाद की ऊर्जस्वी तरुणाई के प्रतिनिधि विचारक के रूप में वे यह विश्वास रखते थे कि पूँजीवाद को ''सुधारकर'' जनकल्याणकारी बनाया जा सकता है। मजदूर वर्ग, उसके संघर्षों, संगठनों और विचारों (उस समय भाँति-भाँति के समाजवादी विचारों से आगे मार्क्स-एंगेल्स प्रवर्तित वैज्ञानिक समाजवाद का विचार अस्तित्व में आ चुका था) की ओर उनका कोई झुकाव नहीं था। समाजवाद को उन्होंने कभी भी विकल्प के रूप में नहीं देखा। पूँजीवादी संसदीय प्रणाली और वैधिक मार्ग से परिवर्तन के प्रति वे आस्थावान थे। उनका विचार था कि समाज की चेतना उन्नत करके और जनमत का दबाव बनाकर तथा सार्विक मताधिकार को सच्चे अर्थों में प्रभावी बनाकर पूँजीवादी जनवाद को आदर्श जनवाद बनाया जा सकता है। इस दिशा में अपने उद्यमों-उपक्रमों का वैचारिक आधार वे क्लासिकी बुर्जुआ अर्थशास्त्र और प्रत्यक्षवाद (पॉज़िटिविज़्म) के दर्शन में ढूँढ़ते थे और जहाँ इन्हें नाकाफी पाते थे वहाँ भ्रमरवृत्ति से या बहुविचारग्राही (एक्लेक्टिक) ढंग से इनमें कुछ ''संशोधन'' की

कोशिश भी करते थे।

जॉन स्टुअर्ट मिल प्रख्यात ब्रिटिश इतिहासकार, दार्शनिक और अर्थशास्त्री **जेम्स मिल** के पुत्र थे और दर्शन एवं अर्थशास्त्र में उन्हीं की विचार-परम्परा को कुछ रैडिकल सुधारवादी ढंग से आगे विकसित करने वाले योग्य शिष्य भी। उनका जन्म 20 मई, 1806 को लन्दन में हुआ और मृत्यु 8 मई, 1873 को एवीन्यॉन (फ्रांस) में हुई, पेरिस कम्यून के ठीक दो वर्ष बाद। उनकी वैचारिक-राजनीतिक सक्रियता का पूरा दौर यूरोपीय इतिहास का एक अत्यन्त उथल-पुथल भरा कालखण्ड था।

स्टुअर्ट मिल का प्रारम्भिक वैचारिक प्रशिक्षण पिता जेम्स मिल के मार्गदर्शन में हुआ था। पितः के ही माध्यम से वे बेन्थम, ह्यूम, बर्कले और हार्टले के दर्शन, राजनीतिक विचार और इतिहास दृष्टि से तथा रिकार्डो के राजनीतिक अर्थशास्त्र से प्रभावित हुए।

स्टुअर्ट मिल ने परिघटनाशास्त्रीय प्रत्यक्षवाद (फेनॉमेनॉलाजिकल पॉज़िटिविज़्म) की सापेक्षतः अधिक वैज्ञानिक अवस्थिति अपनाकर इंग्लैण्ड के दार्शनिक हलकों में प्रचलित प्रागनुभववाद (अप्रॉयरिज़्म) का खण्डन किया। कोम्त के प्रत्यक्षवाद की बहुतेरी दार्शनिक और तार्किक निष्पत्तियों से सहमत होते हुए भी मिल उनके सामाजिक-राजनीतिक विचार-समुच्चय में अन्तर्निहित आध्यात्मिक और राजनीतिक निरंकुशतंत्र की पक्षधरता तथा मानव-स्वतन्त्रता और व्यक्ति की स्वतंत्र अस्मिता या वैयक्तिकता की अवहेलना के प्रखर विरोधी थे। इसी की तार्किक परिणति के तौर पर, कोम्त द्वारा स्त्रियों की सामाजिक-घरेलू दासता के जैविक-समाजशास्त्रीय आधार पर औचित्य-प्रतिपादन के ठीक विपरीत, मिल ने स्त्रियों को पुरुषों के समान सामाजिक-राजनीतिक अधिकार देने की पुरजोर और तर्कपूर्ण वकालत की।

नीतिशास्त्र के क्षेत्र में मिल **बेन्थम** के प्रत्यक्षवाद से प्रभावित थे जिनका मानना था कि मानव-व्यवहार का नैतिक मूल्य इसके द्वारा प्राप्त होने वाले आनन्द से तय होता है। अपने पूर्ववर्ती प्रत्यक्षवादियों की ही तरह मिल ने भी नैतिक अनुभूतियों-आदर्शों के प्रयोगात्मक मूल की अवधारणा से ही प्रस्थान किया लेकिन व्यक्ति की समाज-विमुखता का विरोध करते हुए उन्होंने यह स्थापना दी कि विकसित नैतिक अनुभूति का प्रकटीकरण अधिकतम व्यक्तिगत सुख की कामना में नहीं बल्कि ''सर्वाधिक साझा भलाई'' की कामना में होता है।

अपने इन्हीं गहरे और 'जेनुइन' मानवतावादी सरोकारों के चलते मिल पूँजीवादी समाज की उन तमाम बुराइयों और मानवद्रोही प्रवृत्तियों के विरोधी थे जो उनके समय में एकदम नग्न रूप में सामने आ रहीं थीं। पर वे ''अशिक्षित-असंस्कृत'' मजदूरों की इतिहास-निर्माण को सर्जनात्मक शक्ति के प्रति संशयालु थे और उन्हें विश्वास था कि जनवाद के प्रबोधनकालीन आदर्शों को लागू करके तथा क्लासिकी पूँजीवादी

अर्थशास्त्र के मूल सिद्धान्तों में कुछ सुधार करके पूँजीवादी उत्पादन और विनिमय के उस "मेकेनिज़्म" को ठीक किया जा सकता है जो तमाम बुराइयों की जड़ में है। इसी दृष्टि से क्लासिकी बुर्जुआ राजनीतिक अर्थशास्त्र के तमाम अन्तर्निहित अन्तरविरोधों के समाधान के लिए उन्होंने **जे.बी.से.**, **एन. सीनियर** और **माल्थस** के सिद्धान्तों के सरलीकृत संस्करणों से कुछ पैबन्द लगाने की कोशिशें भी कीं और श्रम-मूल्य के क्लासिकी सिद्धान्त के स्थान पर लागत-कीमत के भोंड़े सिद्धान्त की प्रतिष्ठापना की। इस सतही पल्लवग्राहिता के लिए कार्ल मार्क्स ने उनकी आलोचना भी की है।

बुर्जुआ उदारतावादी मिल अपने इरादों में निहायत नेक और व्यवहार में आदर्शवादी थे। प्रबोधनकालीन आदर्शों के प्रति वे आस्थावान थे और उनके विचार और व्यवहार में इतिहास का वह कालखण्ड अपने समस्त अन्तरविरोधों सहित प्रतिबिम्बित हो रहा था जब एक ओर यूरोप में, पूँजीवादी जनवादी क्रान्ति के बचे-खुचे कार्यभार पूरे किये जा रहे थे, दूसरी ओर बुर्जुआ सत्ताएँ मेहनतकशों के आन्दोलनों के उभार को पूरी ताकत लगाकर कुचल रही थीं।

मिल अपने समय के यूरोप के उन तमाम तर्कणावादियों, मानवतावादियों और रैडिकल सुधारवादियों की सीमाओं और अन्तरविरोधों से मुक्त नहीं थे जिनके जनवादी विचारों के अमल की चौहद्दी "विकसित विश्व" से बाहर उपनिवेशों के "अँधेरे" में जी रहे लोगों तक कतई नहीं जाती थी। गौरतलब है कि अमेरिका में, जो ब्रिटेन की औपनिवेशिक दासता से मुक्त एक स्वतंत्र पूँजीवादी देश बन चुका था, जब दासता-विरोधी संघर्ष चल रहा था तो मिल ने इसका पुरजोर समर्थन किया। अमेरिकी गृहयुद्ध में दक्षिण के विरुद्ध उत्तर का समर्थन करते हुए वे पूँजीवादी जनवादी क्रान्ति के समर्थक थे; लेकिन भारत में, जो ब्रिटेन का उपनिवेश था, ईस्ट इण्डिया कम्पनी के शासन काल के किसान संघर्षों और 1857 के प्रथम स्वाधीनता-संघर्ष के सन्दर्भ में उनका यही रुख नहीं दीखता। स्पष्ट है कि उन्नीसवीं सदी के तमाम मानवतावादी, आमूलगामी सुधारवादी ब्रिटिश चिन्तकों की तरह मिल के मानस की निर्मिति भी यूरोकेन्द्रित थी। उपनिवेशों के लोगों तक "ज्ञान-विज्ञान" का आलोक फैलाना वे भी किसी न किसी रूप में "गौरांगों का उत्तरदायित्व" मानते थे और अंग्रेजों द्वारा भारत की अकूत लूट और भारतीयों पर ढाये जा रहे जुल्म के तथ्यों को नजरअन्दाज करने के आरोप से भी उन्हें मुक्त नहीं किया जा सकता।

अपने पिता की ही तरह जॉन स्टुअर्ट मिल भी 1823 से 1858 तक ब्रिटिश ईस्ट इण्डिया कम्पनी के मुलाजिम रहे। 1856 में वे इण्डिया हाउस में 'एक्जामिनर्स ऑफिस' के प्रमुख थे। 1857 के भारतीय स्वाधीनता संघर्ष के कुचले जाने के बाद, 1858 में विक्टोरिया की घोषणा द्वारा जब भारत को सीधे ब्रिटिश साम्राज्य में उपनिवेश के रूप में शामिल कर लिया गया और ईस्ट इण्डिया कम्पनी भंग कर दी

गयी, तो नवगठित कौंसिल में भी मिल को स्थान प्रस्तावित किया गया जिसे उन्होंने अस्वीकार कर दिया और पेंशनयाफ्ता जीवन बिताते हुए सैद्धान्तिक कार्यों पर ज्यादा समय खर्च करने लगे। मिल की अवकाश-प्राप्ति के तत्काल बाद ही उनकी पत्नी श्रीमती हैरियट का एवीन्यॉन (फ्रांस) में देहान्त हो गया। इसके बाद मिल ने अपने जीवन का अधिकांश समय एवीन्यॉन के ही नजदीक सैंत-वीरों में बिताया। बीच-बीच में, हर साल वे कुछ समय के लिए ब्लैकहीथ स्थित अपने घर आते रहते थे।

1865 से 1868 के बीच मिल 'हाउस ऑफ कामन्स' के सदस्य रहे। इस दौरान उन्होंने विविध उदारवादी और जनवादी सुधारों का समर्थन किया जिसके चलते आम नागरिकों के बीच उनकी लोकप्रियता काफी व्यापक हो गयी। वैसे पहले से ही उनके सम्मान और लोकप्रियता का आलम यह था कि वेस्टमिन्स्टर से चुनाव लड़ते समय समर्थकों के लाख आग्रह के बावजूद उन्होंने न तो अपना चुनाव-प्रचार किया, न ही इसके लिये कोई एजेण्ट नियुक्त किया, अपने चुनाव क्षेत्र के व्यापारियों की मीटिंग में भाग लेने का अनुरोध भी उन्होंने ठुकरा दिया, लेकिन इसके बावजूद वे विजयी रहे।

बाद में मिल के रैडिकल विचारों से, और फ्रीथिंकर और रैडिकल राजनीतिज्ञ चार्ल्स ब्रैडलाफ का चुनावी खर्च उठाने के उनके फैसले से तथा जमैका के गवर्नर ई. जे. आयर की उनके द्वारा आलोचना से बुर्जुआ अभिजनों की सख्त नाराजगी के कारण 1868 के चुनाव में उन्हें पराजय का सामना करना पड़ा। इसके बाद राजनीतिक सक्रियता से अवकाश लेकर मिल एवीन्यॉन में रहते हुए दार्शनिक विषयों पर अपने चिन्तन और लेखन के कार्य में आखिरी साँस तक लगे रहे। साथ ही, मानवीय सरोकारों से प्रेरित उनकी छिटपुट गतिविधियाँ भी जारी रहीं, जिनमें स्त्रियों के अधिकारों के लिए जारी आन्दोलनों को उनका समर्थन भी प्रमुख था।

'हाउस ऑफ कॉमन्स' की अपनी सदस्यता के दौरान मिल ने 1867 में स्त्रियों को मताधिकार देने का प्रस्ताव रखा था जो पारित नहीं हुआ। इसके तुरन्त बाद, 1867 में श्रीमती पी.ए. टेलर, एमिली डेवीज़ आदि के साथ मिलकर पहली *स्त्री मताधिकार सोसाइटी* की स्थापना भी मिल ने ही की थी। इसके बाद जल्दी ही यह एक देशव्यापी लहर बन गयी।

अपनी पुस्तक **'स्त्रियों की पराधीनता'** मिल 1861 में लिख चुके थे, लेकिन 1869 में वह पहली बार प्रकाशित हुई। प्रकाशित होते ही यह पुस्तक व्यापक चर्चा और विवाद का विषय बन गयी और कुछ ही वर्षों के भीतर पूरे यूरोप के पैमाने पर स्त्री आन्दोलन को एक नया संवेग देने में इसने सफलता हासिल की।

मिल की आखिरी सार्वजनिक गतिविधि *भूमि काश्तकारी सुधार एसोसियेशन* की स्थापना और भूमि-सुधारों के पक्ष में लेखन और भाषण देने जैसी कार्रवाइयाँ थीं जो उनकी मृत्यु के कुछ माह पहले तक चलती रहीं। उल्लेखनीय है कि अपने भूमि-कार्यक्रम

में मिल ने भूमि पर अनर्जित बढ़ोत्तरी का राज्य द्वारा अधिग्रहण कर लेने तथा सहकारी खेती को बढ़ावा देने का प्रस्ताव रखा था जिसे वे पूरे यूरोप में आसन्न श्रम और पूँजी के बीच के संघर्ष को देखते हुए एक "समयानुकूल समझौता" मानते थे।

यह पुस्तक और स्त्री-मुक्ति के बारे में जॉन स्टुअर्ट मिल के विचार

मिल ने अठारह वर्ष की आयु में स्त्री-अधिकारों के प्रश्न पर अपना पहला निबन्ध लिखा था। अन्य कारणों के साथ ही, इसके पीछे शायद उनके किशोर मन-मस्तिष्क पर पड़ा वह प्रभाव भी था, जो चौदह वर्ष की आयु में काल्पनिक समाजवादी विचारक सैंत-सीमोन ने डाला था जब 1820 में फ्रांस-यात्रा के दौरान वे उनसे मिले थे।

चौबीस वर्ष की आयु में मिल की मित्रता श्रीमती हैरियट टेलर से हुई। श्रीमती हैरियट टेलर मिल से एक वर्ष छोटी थीं। उनकी प्रतिभा, योग्यता, रचनाशीलता और सौन्दर्य ने मिल के जीवन पर गहरा प्रभाव डाला। उन्होंने स्वयं स्वीकार किया है कि राजनीतिक अर्थशास्त्र के क्षेत्र में अपनी धारणाओं-अवधारणाओं के निर्माण में उन्हें हैरियट से काफी मदद मिली। हैरियट के जीवन और विचारों ने मिल की इस धारणा को मजबूत बनाया कि स्त्रियाँ बौद्धिक क्षमता में पुरुषों से कदापि पीछे नहीं हैं और यह उनकी सामाजिक पराधीनता ही है जो उनके स्वतंत्र व्यक्तित्व और सर्जनात्मकता को कुचलकर रख देती है। हैरियट के साथ मिल का भावनात्मक जुड़ाव और बौद्धिक साझेदारी न सिर्फ बनी रही, बल्कि लगातार बढ़ती चली गयी। 1849 में हैरियट के पति जॉन टेलर की मृत्यु हो गयी। 1851 में 46 वर्ष की उम्र में मिल ने हैरियट से शादी की। कहा जा सकता है कि विचारक मिल ने जितनी प्रखरता से स्त्री-प्रश्न पर सोचा, उससे भी कहीं अधिक गहराई से, एक सच्चे प्रेमी की तरह एकनिष्ठ जुड़ाव, आत्मत्याग और उच्च नैतिक आदर्शों के साथ प्यार भी किया। महज सात वर्षों के ही वैवाहिक जीवन के बाद 1858 में हैरियट की मृत्यु हो गयी। 1861 में लिखी गयी इस पुस्तक *'स्त्रियों की पराधीनता'* को स्त्री-प्रश्न पर केन्द्रित ऐतिहासिक रचना की ख्याति तो बाद में मिली, मिल ने जब इसे लिखा था तो स्त्री-मुक्ति के लक्ष्य के प्रति उनकी प्रतिबद्धता की अभिव्यक्ति के साथ ही यह अपनी जीवन-संगिनी के प्यार की अमिट स्मृतियों का एक स्मारक भी था।

स्त्रियों की पराधीनता पुस्तक में मिल पुरुष-वर्चस्ववाद की स्वीकार्यता के आधार के तौर पर काम करने वाली सभी प्रस्तरीकृत मान्यताओं-संस्कारों-रूढ़ियों को, और स्थापित कानूनों को तर्कों के जरिये प्रश्नचिह्नों के कठघरे में खड़ा करते हैं। निजी सम्पत्ति और असमानतापूर्ण वर्गीय संरचना के इतिहास के साथ सम्बन्ध नहीं जोड़ पाने के बावजूद, मिल ने परिवार और विवाह की संस्थाओं के स्त्री-उत्पीड़क, अनैतिक चरित्र के ऊपर से रागात्मकता के आवरण को नोंच फेंका है और उन नैतिक

मान्यताओं की पवित्रता का रंग-रोगन भी खुरच डाला है जो सिर्फ स्त्रियों से ही समस्त एकनिष्ठता, सेवा और समर्पण की माँग करती हैं और पुरुषों को उड़ने के लिए लीला-विलास का अनन्त आकाश मुहैया कराती हैं।

पुरुष-वर्चस्ववाद की सामाजिक-वैधिक रूप से मान्यता-प्राप्त सत्ता को मिल ने मनुष्य की स्थिति में सुधार की राह की सबसे बड़ी बाधा बताते हुए स्त्री-पुरुष सम्बन्धों में पूर्ण समानता की तरफदारी की है। स्त्री-पुरुष समानता के विरोध में जो उपादान काम करते हैं, उनमें मिल प्रचलित भावनाओं को प्रमुख स्थान देते हुए उनके विरुद्ध तर्क करते हैं। वे बताते हैं कि (उन्नीसवीं शताब्दी में) समाज में आमतौर पर लोग स्वतंत्रता और न्याय की तर्कबुद्धिसंगत अवधारणाओं को आत्मसात कर चुके हैं लेकिन स्त्री-पुरुष सम्बन्धों के सन्दर्भ में उनकी यह धारणा है कि शासन करने, निर्णय लेने और आदेश देने की स्वाभाविक क्षमता पुरुष में ही है।

इसका एक कारण मिल यह मानते हैं कि अठारहवीं शताब्दी के 'तर्कबुद्धिसंगति के राज्य' के विपरीत उन्नीसवीं शताब्दी में 'नैसर्गिक मूल मानवीय प्रवृत्तियों' पर जोर देने की एक अतिरेकी परिणति यह हुई कि हम अपनी खामियों-कमजोरियों को भी 'प्रकृति की इच्छा' या 'ईश्वर का आदेश' मानकर सहज-स्वाभाविक मान लेते हैं। समाज के कायदे-कानून अनुभव के आधार पर अपनाये जाते हैं। और ऐसा कभी नहीं रहा कि पुरुष सत्ता और स्त्री सत्ता दोनों के तुलनात्मक अनुभव के बाद पुरुष-वर्चस्व के नियम-कायदे बने हों यानी स्त्री-अधीनस्थता की समूची सामाजिक व्यवस्था एकांगी अनुभव व सिद्धान्त पर आधारित है।

परिवार, निजी सम्पत्ति, शत्रुवत वर्ग-सम्बन्धों वाली सामाजिक संरचनाओं और राज्यसत्ता के उद्‌भव और विकास के इतिहास के एक 'फ्रेमवर्क' के अभाव में, मिल की यह मान्यता है कि मानव समाज के प्रारम्भिक दौरों में पुरुषों द्वारा दी गयी महत्ता और अपनी शारीरिक दुर्बलता के चलते स्त्रियाँ स्वतः पुरुषों के अधीन हो गईं और उनकी यह अधीनस्थता कालान्तर में विधिसम्मत हो गयी क्योंकि कानून और राज्य तंत्र के नियम मौजूदा वस्तुगत यथार्थ को ही संहिताबद्ध करने का काम करते हैं तथा व्यक्तियों के बीच मौजूद सम्बन्धों पर आधारित होते हैं। आगे चलकर, ये ही नियम-कानून स्त्रियों पर बलात् शासन के उपकरण बन गये।

मिल के अनुसार, प्राचीन काल में बहुत से स्त्री-पुरुष दास थे। फिर दास-प्रथा के औचित्य पर प्रश्न उठने लगे और धीरे-धीरे यह प्रथा समाप्त हो गयी लेकिन स्त्रियों की दासता धीरे-धीरे एक किस्म की निर्भरता में तब्दील हो गयी। मिल स्त्री की निर्भरता को पुरातन दासता की ही निरन्तरता मानते हैं जिस पर तमाम सुधारों के रंग-रोगन के बाद भी पुरानी निर्दयता के चिह्न अभी मौजूद हैं और आज भी स्त्री-पुरुष असमानता के मूल में 'ताकत' का वही आदिम नियम है जिसके तहत ताकतवर सब

कुछ हथिया लेता है।

पूँजीवादी जनवाद के प्रति अपनी निष्कपट आस्था के चलते मिल प्रतीतिगत यथार्थ से दिग्भ्रमित होकर अपने समय के बारे में यह मान्यता प्रस्तुत करते हैं कि 'ताकत' का नियम मानवीय सम्बन्धों और प्रायः राष्ट्रों के बीच के सम्बन्धों के बीच भी अब काम नहीं करता, बल पर आधारित शासन का दौर अब समाप्त हो चुका है, लेकिन सदियों पुराने इतिहास की जड़ता की शक्ति के सहारे बल पर आधारित सामाजिक संस्थाएँ टिकी हुई हैं और लोगों में यह भ्रान्त धारणा पैठ गयी है कि मानव समाज के अनुकूल और समाज के हित में होना इनके बने रहने का मुख्य कारण है। मिल मानव सभ्यता के इतिहास के हवाले से बताते हैं कि धार्मिक-सामाजिक-व्यक्तिगत स्तर पर सत्ता का खेल प्रत्यक्ष-परोक्ष रूप में युगों से सतत जारी है, हालाँकि इसका स्वरूप बदल चुका है। जीवन के अन्य क्षेत्रों में कोई गुट प्रतिद्वन्द्वी से संघर्ष करके सत्ता हासिल करता है, जबकि स्त्री-पुरुष सम्बन्धों में पुरुष को—और सभी वर्गों के पुरुष को, यह सत्ता स्वतः हासिल हो जाती है।

मिल के अनुसार, परिवार की संरचना ऐसी होती है कि जिसके पास ताकत है, उसे न केवल विरोधी स्वर को दबाने तथा चौकसी बरतने की तमाम सुविधाएँ हासिल होती हैं बल्कि 'प्रजा' को अपने 'शासक' से अन्तरंग सम्बन्ध रखना होता है, हर कीमत पर परिवार के मुखिया को प्रसन्न रखना होता है और उसकी नाराजगी से बचना होता है। अन्य सामाजिक-राजनीतिक दायरों से अलग यहाँ 'पराधीन उत्पीड़ितों' के पास 'शासक' के विरुद्ध एकजुट होने या उस पर दबाव बनाने का कोई रास्ता नहीं होता। ध्यान से देखने पर यह स्पष्ट हो जाता है कि जबरन एवं विशेषाधिकारप्राप्त पराधीनता की यह व्यवस्था, अपने तमाम रागात्मक-मानवीय आवरण और स्वाभाविकता की प्रतीति के बावजूद, वस्तुतः अधीनस्थ स्त्रियों को अन्य किसी भी व्यवस्था की अपेक्षा सर्वाधिक सख्ती से रखती है और इसमें निश्चित तौर पर अन्य अन्यायी सत्ता-व्यवस्थाओं की तुलना में टिके रहने की अधिक क्षमता है।

पुरुष-वर्चस्व को स्वाभाविक और प्रकृति के नियमों के अनुरूप मानने वालों से मिल का प्रश्न है कि क्या कभी ऐसा कोई शासक भी रहा है जिसे अपनी सत्ता अनौचित्यपूर्ण और अस्वाभाविक लगी हो? स्त्रियों पर पुरुषों का प्रभुत्व प्रत्यक्षतः बल पर आधारित नहीं प्रतीत होता और इस प्रभुत्व को स्त्रियाँ स्वतः स्वीकारती रही हैं। लेकिन मिल अपने समय के इस तथ्य की ओर इंगित करते हैं कि शिक्षा और अधिकार-सजगता बढ़ने के साथ ही, यूरोप, अमेरिका और रूस तक की स्त्रियाँ पुरुष-प्रभुत्व के दुरुपयोग के विरुद्ध आवाज उठाने लगी हैं, हालाँकि अभी भी ज्यादातर स्त्रियाँ न तो पति के अत्याचारों की शिकायत करती हैं, न ही अपनी सुरक्षा के लिए बनाये गये कानूनों के इस्तेमाल का साहस ही जुटा पाती हैं। मिल की यह धारणा

आज भी सर्वथा प्रासंगिक है कि सामाजिक परिवेश ऐसा नहीं है कि स्त्रियाँ पुरुष-अत्याचार के विरुद्ध मुखर हो सकें। साथ ही, बचपन से ही समर्पण, निर्भरता, त्यागपूर्ण प्रेम और वफादारी के आदर्शों व नैतिक शिक्षाओं से उनकी सोच को अनुकूलित करके उन्हें दिमागी गुलाम बनाने का पूरा प्रयास किया गया है। अन्य उत्पीड़ित समुदायों से उनकी स्थिति इस मायने में भी भिन्न है कि उनका 'मालिक' उनसे सिर्फ उनकी सेवाएँ और सम्पूर्ण आज्ञाकारिता ही नहीं बल्कि उनकी संवेदनाएँ और भावनाएँ भी चाहता है, वह उनसे सिर्फ गुलाम होने की नहीं बल्कि एक प्रिय गुलाम होने की अपेक्षा रखता है। यह भी पुरुषों का स्वार्थ ही है कि उन्होंने स्त्रियों के सामने विनम्रता, पूर्ण समर्पण और व्यक्तिगत इच्छा के हनन को यौन-आकर्षण के अभिन्न अंग के रूप में रखा ताकि मनोवैज्ञानिक रूप से स्त्रियाँ इतनी समर्पित हो जायें कि यौनिक स्वेच्छा और स्वतंत्रता के बारे में सोच भी न सकें और उन्हें अपनी पराधीनता में ही सुख अनुभव हो।

मिल का विचार था कि आधुनिक दुनिया प्राचीन दुनिया से इस मायने में भिन्न है कि अब मनुष्य जन्म से नहीं बल्कि अपनी योग्यताओं से समाज में स्थान बनाता है (हालाँकि मिल का यह पर्यवेक्षण प्राचीन दुनिया से तुलना के सन्दर्भ में सापेक्षतः ही सही है, यह आंशिक और सतही सच है। सच यह है कि उन्नततम पूँजीवादी जनवाद में भी योग्यता का उत्तोलक पूँजी की ताकत ही होती है) लेकिन अकेली स्त्रियाँ इसका अपवाद हैं, जिन्हें महज स्त्री के रूप में पैदा होने के चलते विशिष्ट काम सौंप दिये जाते हैं और जिन्हें अपनी योग्यता के आधार पर अपना कार्यक्षेत्र चुनने या समाज में स्थान बनाने का अवसर नहीं मिलता। प्रायः महिलाओं की अधीनस्थ स्थिति के पक्ष में यह तर्क दिया जाता है कि उनका स्वभाव ही 'घरेलू' होता है और राजनीति और जनकल्याण के बजाय उनकी क्षमता और रुचि खाना पकाने और घर सँभालने में होती है। मिल इसका प्रतिवाद करते हुए बताते हैं कि स्त्री-स्वभाव की यह धारणा गढ़ी हुई है जो कुछ अर्थों में बलात् दमन और कुछ अर्थों में अस्वाभाविक प्रोत्साहन का परिणाम है। वास्तविकता यह है कि विविध सामाजिक क्षेत्रों में स्त्रियों की रुचि और क्षमता को कभी परखा ही नहीं गया है; पीढ़ी-दर-पीढ़ी घरेलू कामों के लिए ही उन्हें तैयार किया गया है और बाहरी क्षेत्रों में रुचि तक के विरुद्ध तमाम सामाजिक-सांस्कारिक वर्जनाएँ आरोपित करके उनकी चेतना को अनुकूलित कर दिया गया है। सच तो यह है कि पुरुष अपने परिवार की स्त्री तक के चरित्र और स्वभाव को तो जान सकता है, पर उसकी योग्यता को नहीं। स्त्रियाँ अपने 'मालिक' से वफादारी और सेवा का रिश्ता निभाते हुए भी अपने बारे में कभी नहीं खुलतीं।

साथ ही, मिल अपने समय में आये इस परिवर्तन पर भी गौर करते हैं कि साहित्य के क्षेत्र में स्त्रियाँ मुखर होकर अपने को प्रकट कर रही हैं। साथ ही वे इस बात पर असन्तोष भी प्रकट करते हैं कि अपने खास ढंग के लालन-पालन के कारण

वे सीमित नजरिया ही पेश कर पा रही हैं।

स्त्रियों को मताधिकार का तर्क मिल इसी बुनियादी स्थापना से निगमित करते हैं कि पुरुष चूँकि स्त्रियों के बारे में लगभग कुछ नहीं जानते हैं, इसलिए वे स्त्रियों की योग्यता या कार्यों को निर्धारित करने वाले कानून बना ही नहीं सकते। जरूरी है कि स्त्रियों को अपने कार्य के चुनाव की स्वतंत्रता दी जाये। जब तक ऐसा नहीं होगा, तब तक विवाह के अतिरिक्त अन्य सभी विकल्पों के दरवाजे उनके लिये बन्द ही रहेंगे।

मिल यूरोप के इतिहास के उस दौर का हवाला देते हैं जब स्त्रियाँ पिता द्वारा पति के हाथों बेची जाती थीं। बाद में चर्च द्वारा इस स्थिति में 'सुधार' के बाद भी वास्तविकता यही है कि उसे पाल-पोस कर तैयार किया जाता है—यानी किसी पुरुष का घर सँभालने और सन्तानोत्पादन के लिये। उस घर में भी कानूनी तौर पर उसके कोई अधिकार नहीं होते। जो कुछ उसका होता है वह पति का होता है, लेकिन जो भी पति का होता है, वह सब कुछ उसका नहीं होता। बच्चे भी कानूनन पति के ही होते हैं। सारा जीवन वह एक ऐसे 'मालिक' की गुलाम होती है, जिसे बदलने तक का उसे हक नहीं होता। उसे अपनी पराधीनता का चुनाव करने तक की स्वतंत्रता भी हासिल नहीं होती। मिल दो-टूक शब्दों में बताते हैं कि जिस परिवार को सहानुभूति, कोमलता और 'स्व' की प्रेमपूर्ण विस्मृति की पाठशाला कहा जाता है, वह वास्तव में परिवार के मुखिया के लिए दुराग्रह, आत्ममुग्धता और स्वार्थ की पाठशाला होता है जिसमें मुखिया के छोटे-छोटे सुखों के लिए पत्नी और बच्चों को अपने सुखों का बलिदान करना होता है।

स्त्रियों में आत्मबलिदान के जिस विशिष्ट गुण का बहुत बखान किया जाता है, मिल उसे कृत्रिम और विवशताजन्य मानते हैं। उनका विचार है कि स्त्रियों को यदि बराबरी का हक मिल जाये तो इस ''स्त्रियोचित'' गुण में कमी आ सकती है। उनका विश्वास है कि स्त्री-पुरुष के बीच कानूनी समानता न केवल दोनों के लिए न्यायपूर्ण और सुखद होगी, बल्कि मनुष्य के दैनिक जीवन को अधिक नैतिक भी बनायेगी और केवल तभी परिवार सत्ता और आज्ञाकारिता के केन्द्र के बजाय स्वतंत्रता के गुणों का एहसास कराने वाली सामाजिक संस्था में रूपान्तरित हो सकता है। मजबूरी की, नकली आज्ञाकारिता के दबाव से स्त्री तभी मुक्त हो सकती है जब सम्पत्ति पर उसका वास्तव में समान अधिकार हो। इस आम स्थापना से आगे मिल ऐसी कानूनी तफसीलों की व्यावहारिक चर्चा भी करते हैं। सम्पत्ति पर समान अधिकार के साथ ही मिल स्त्री की आर्थिक स्वतंत्रता पर भी विशेष जोर देते हैं और इसे उसकी गरिमा और सम्मान को कायम रखने के लिए जरूरी बताते हैं। मिल तमाम लाभप्रद व्यवसायों और बौद्धिक कार्यों से स्त्रियों के पार्थक्य को असंगत और अन्यायपूर्ण बताते हुए स्त्रियों की योग्यता विषयक तमाम पूर्वग्रहों का तर्कपूर्ण खण्डन करते हैं। उनका मूल तर्क

यह है कि स्त्रियों को समाज अपनी योग्यता विकसित करने का अवसर ही नहीं देता रहा है। स्त्रियों की मूर्खता, कामुकता या ''ठण्डापन'' और चंचलता आदि के बारे में भी अलग-अलग देशों में व्याप्त पूर्वग्रही धारणाओं की वे चर्चा करते हैं। नैतिकता के मामले में भी पुरुषों की अपेक्षा स्त्रियों के श्रेष्ठ होने की धारणा के बारे में मिल का कहना है कि अधीनता गुलामों को अपेक्षाकृत कम भ्रष्ट बनाती है।

मिल सदियों पुराने पुरुष-वर्चस्ववादी मूल्यों-विचारों-संस्थाओं के टूटने की प्रक्रिया लम्बी मानते थे और इस प्रक्रिया की शुरुआत के लिए स्त्री-पुरुषों के बीच पूर्ण कानूनी समानता, स्त्रियों की आर्थिक स्वतंत्रता, शिक्षा और रोजगार के समान अवसर तथा सामाजिक-राजनीतिक सक्रियताओं में स्त्रियों की भागीदारी को अनिवार्य बुनियादी शर्त मानते थे। साथ ही उनका विशेष जोर इस बात पर था कि स्त्रियाँ व्यक्तिगत और समग्र रूप में अपने हालात के बारे में मुखर हों। स्त्रियों की उत्पीड़ित सामाजिक स्थिति के मद्देनजर उनका यह भी मानना था कि स्त्रियाँ अपनी मुक्ति के लक्ष्य के प्रति तब तक समर्पित नहीं हो सकतीं, जब तक पुरुष भी उनके आन्दोलन का समर्थन नहीं करेंगे।

राजनीति और अर्थशास्त्र की ही तरह, कुल मिलाकर, प्रत्यक्षवादी दर्शन पर आधारित मिल की समाजशास्त्रीय पद्धति में सुसंगत इतिहास-दृष्टि की कमी नारी-प्रश्न की उनकी विवेचना में भी स्पष्ट दीखती है, पर काफी हद तक यह इतिहास के रंगमंच की सीमा है और उस वर्ग की दृष्टि की भी जिसका दर्शन और राजनीति के क्षेत्र में मिल प्रतिनिधित्व करते थे। वे एक आमूलगामी सुधारवादी थे जो पूँजीवादी समाज की तमाम बुराइयों के प्रखर आलोचक थे और जनवाद को उसके आदर्श रूप में लागू करने का सपना पाले हुए थे। इसी दृष्टि से उन्होंने क्रान्तिकारी प्रखरता के साथ स्त्री-प्रश्न पर सोचा और इस प्रश्न पर सोचते हुए वे सर्वाधिक विसंगतिमुक्त होकर रैडिकल बदलाव के पक्ष में तर्क प्रस्तुत करने में सफल रहे।

आज पीछे मुड़कर देखने पर लगता है कि बीसवीं सदी के उत्तरार्द्ध में, घुमाकर नाक पकड़ने और बाल की खाल निकालने की आदी तमाम अकर्मक नारीवादी विमर्शकों से भी अधिक व्यापक परिप्रेक्ष्य में और अधिक व्यावहारिक-वैज्ञानिक ढंग से स्त्री-प्रश्न को लगभग डेढ़ सौ वर्षों पहले जॉन स्टुअर्ट मिल ने देखा-समझा था। स्त्री-प्रश्न पर मिल का चिन्तन स्त्री-मुक्ति के तमाम सच्चे पक्षधरों की क्रान्तिकारी विरासत है। स्त्री-मुक्ति-विमर्श की इतिहास-यात्रा में मेरी वोल्सटनक्राफ्ट की पुस्तक के बाद जॉन स्टुअर्ट मिल की यह पुस्तक दूसरा मील का पत्थर है, यह इतिहास का स्थापित तथ्य है।

— कात्यायनी

सत्यम

स्त्रियों की पराधीनता

इस लेख का उद्देश्य अपने एक मत के धरातल को अपनी सामर्थ्य के अनुसार स्पष्टतः व्यक्त करना है, जो मैं उस समय से रखता हूँ जब मैंने सामाजिक-राजनीतिक मामलात पर कोई स्पष्ट विचार नहीं बनाया था, और जो कमजोर होने या बदलने की बजाय मेरे जीवन की प्रगति, चिन्तन व अनुभवों से निरन्तर दृढ़ ही हो रहा है; कि स्त्री-पुरुष के बीच मौजूदा सामाजिक सम्बन्धों को जो सिद्धान्त नियंत्रित कर रहा है—यानी एक का दूसरे के कानूनी रूप से अधीन होना—स्वयं में ही गलत है और अब मानव विकास व सुधार की प्रक्रिया में मुख्य बाधा भी है, और यह कि अब इसका स्थान (स्त्री-पुरुष के बीच) पूर्ण समानता के सिद्धान्त को ले लेना चाहिये जो न तो एक पक्ष को कानूनी सत्ता या सुविधा दे, न ही दूसरे को अशक्त बनाए।

जिस कार्यभार को व्यक्त करने का जिम्मा मैंने उठाया है, उसके लिए जरूरी शब्द ही यह दिखलाते हैं कि यह कितना कठिन काम है। लेकिन यह मानना गलत होगा कि इस स्थिति में कठिनाई उस तर्क के धरातल की अपर्याप्तता या अस्पष्टता की वजह है जिस पर मेरा विश्वास टिका है। यह कठिनाई वैसी ही है, जैसी उन सभी स्थितियों में आती है, जहाँ एक जनसमूह की भावना से संघर्ष करना हो। जब एक विचार की जड़ें मजबूती से भावनाओं में निहित होती हैं, तो वह तर्क के प्रबल भार से और भी अधिक अस्थिर हो जाता है; क्योंकि अगर उसे तर्क के परिणामस्वरूप स्वीकार किया जाये, तो उस तर्क का खण्डन उस विश्वास की दृढ़ता को ही हिला सकता है; लेकिन जब यह विश्वास पूरी तरह से भावना पर ही आधारित हो, तो तर्कयुक्त बहस में उस विश्वास की जितनी बुरी हालत हो, उसे मानने वाले उतनी ही प्रबलता से यह सोचने लगते हैं कि उनके विश्वास का धरातल कहीं बहुत गहरा है, जहाँ तक तर्क नहीं पहुँचते। और जब तक यह एहसास रहता है, वह पुराने विश्वास में आयी किसी भी दरार को पाटने के लिए तर्क की नई मोर्चाबन्दी करता रहता है। इस विषय से सम्बन्धित भावनाओं को पुरानी संस्थाओं व रीति-रिवाजों में सबसे अधिक प्रबल और गहन बनाने के इतने कारण हैं, कि हमें यह जानकर हैरानी नहीं होनी चाहिये कि वे महान आधुनिक आध्यात्मिक व सामाजिक परिवर्तन की प्रगति में बाधक अन्य कारणों से कम दुर्बल या शिथिल नहीं हुए है; न ही यह मान लेना चाहिये कि मनुष्य जिस बर्बरता का पालन प्राचीनतम समय से करता चला आ रहा है, वह उन बर्बरताओं से कम ही होगी, जिनको उसने पहले ही तिलांजलि दे दी।

हर तरह से, बोझ उन्हीं पर अधिक होता है जो लगभग एक सार्वभौमिक मत पर आक्षेप करते हैं। यदि उनकी कोई सुनवाई होती है तो निश्चय ही वे बहुत भाग्यशाली और असाधारण रूप से योग्य होंगे। किसी भी अभियुक्त को फैसला पाने में जितनी कठिनाई होती है, उससे कहीं ज्यादा मुश्किल ऐसे लोगों को सिर्फ सुनवाई का एक मौका पाने में आती है। और अगर उन्हें ऐसा मौका मिल भी जाता है तो उन पर ऐसी तार्किक शर्तें रखी जाती हैं, जो अन्य लोगों के सामने रखी शर्तों से कतई अलग होती हैं। अन्य सभी केसों में सबूत जुटाने का जिम्मा सकारात्मक पक्ष का होता है। यदि एक व्यक्ति पर हत्या का आरोप है तो उसके अपराध का सबूत देने की जिम्मेदारी उन लोगों की होती है, जिन्होंने वह आरोप लगाया है, उस व्यक्ति पर अपनी निर्दोषता साबित करने का जिम्मा नहीं होता। यदि एक कथित ऐतिहासिक घटना की वास्तविकता पर वैचारिक मतभेद है, जिसमें सामान्य व्यक्ति की ज्यादा दिलचस्पी नहीं है, मसलन ट्रॉय की लड़ाई, तो जो लोग यह मानते हैं कि यह घटना हुई, उन लोगों से यह अपेक्षा की जाती है कि वे दूसरे पक्ष को मानने वाले लोगों के सामने अपने सबूत रखेंगे। दूसरे पक्ष के लोग कुछ भी कह सकते हैं; और किसी भी समय वे यह कह सकते हैं कि दूसरे पक्ष द्वारा दिखलाये गये प्रमाणों की कोई अहमियत नहीं है। एक बार फिर, व्यावहारिक मामलात में, प्रमाण लाने का जिम्मा उनका माना जाता है जो स्वतंत्रता के विरुद्ध हैं; जो मानवीय गतिविधि की सामान्य आजादी पर प्रतिबन्ध या निषेध के लिए या फिर दूसरे लोगों की तुलना में एक व्यक्ति या एक तरह के व्यक्तियों को प्रभावित करने वाले विशेषाधिकार की असंगति या अयोग्यता के पक्ष में संघर्ष करते हैं। प्राथमिक मान्यता आजादी और निष्पक्षता के पक्ष में ही होती है। ऐसा माना जाता है कि ऐसा कोई प्रतिबन्ध नहीं होना चाहिये। सामान्य हित में जिसकी आवश्यकता न हो, और यह कि कानून द्वारा किसी को भी विशेष सुविधा नहीं दी जानी चाहिये बल्कि सभी को समदृष्टि से देखना चाहिये, सिवाय उन स्थितियों के जहाँ न्याय अथवा नीति के सकारात्मक उद्देश्य से विशेष व्यवहार की आवश्यकता हो। लेकिन प्रमाण के इन नियमों का लाभ उन लोगों को नहीं मिलेगा, जो मेरे मत से सहमत हैं। मेरा यह कहना व्यर्थ है कि जो लोग इस सिद्धान्त के पक्षधर हैं कि पुरुषों को आदेश देने का हक है और महिलाओं को उसका पालन करना ही चाहिये, या यह कि पुरुष शासन करने के लिए योग्य हैं और महिलाएँ नहीं, उन्हें यह मानने के लिए सकारात्मक प्रमाण दिखाने पड़ेंगे, या अपनी मान्यताओं को तिलांजलि देनी होगी। मेरा यह कहना भी इतना ही व्यर्थ होगा कि जो लोग पुरुषों को दी गयी आजादी या सुविधा स्त्रियों के लिए निषेध मानते हैं, तो उन्हें यह दुहरा अनुमान लगाते हुए कि वे आजादी के विरुद्ध हैं और पक्षपात का अनुमोदन कर रहे हैं, इस केस का सबसे प्रबल प्रमाण अपने पास रखना चाहिये। और जब तक उनकी

सफलता इतनी मजबूत न हो कि उसमें किसी भी शक की गुंजाइश न रहे, तब तक फैसला उनके विरुद्ध ही होना चाहिये। किसी भी सामान्य केस में ये बहुत अच्छी दलीलें मानी जायेंगी, लेकिन इस केस में नहीं।

इससे पहले कि मैं राय रखने की उम्मीद भी कर पाऊँ, मुझसे यह अपेक्षा की जायेगी कि मैं न सिर्फ उन लोगों द्वारा कही गयी सभी बातों का उत्तर दूँ जो इस प्रश्न के दूसरे पहलू के पक्षधर हैं, बल्कि उन सब बातों का भी तर्कपूर्ण जवाब दूँ जो उनके द्वारा कही जा सकती थीं; उन सभी तर्कों का सकारात्मक रूप से खण्डन करने के साथ ही मुझसे यह माँग की जायेगी कि एक नकारात्मक तर्क को सिद्ध करने के लिए मैं अजेय सकारात्मक तर्क प्रस्तुत करूँ। और अगर मैं ऐसा कर भी लूँ, विरोधी पक्ष के सामने उनके खिलाफ अनेक अनुत्तरित तर्क रखूँ और अपने पक्ष में एक भी ऐसा तर्क न छोड़ूँ, तो भी माना जायेगा कि मैंने उस उद्देश्य के लिए कुछ नहीं किया जिसे एक ओर तो सार्वभौमिक व्यवहार का समर्थन प्राप्त है और दूसरी ओर लोकप्रिय भावना के प्रबल प्रचलन का भी। ऐसी स्थिति में सामान्य धारणा इसके पक्ष में ही होती है और यह ऐसे किसी भी विश्वास से ऊँची होती है जो सिर्फ उच्च श्रेणी की बौद्धिक क्षमता में ही तर्क को प्रभावित कर सकता है।

मैं इन कठिनाइयों का जिक्र शिकायती लहजे में नहीं कर रहा; पहली बात तो, इनका इस्तेमाल करना ही व्यर्थ होगा; क्योंकि लोगों की समझ, उनके विद्वेष, भावनाओं व व्यावहारिक प्रवृत्तियों से संघर्ष करने की प्रक्रिया में ये कठिनाइयाँ अपरिहार्य हैं। और वाकई, इससे पहले कि मनुष्यों से अपने तर्कों पर भरोसा करने के लिए कहा जाये ताकि वे उन व्यावहारिक सिद्धान्तों को त्याग सकें जिनके बीच उनका लालन-पालन हुआ है और जो मौजूदा दुनिया में प्रचलित हैं, उनकी समझ को बहुत पोषित करने की जरूरत होती है। इसलिए मैं उनसे इस बात पर नहीं लड़ूँगा कि उन्हें तर्क पर बहुत कम भरोसा है बल्कि इस बात पर बहस करूँगा कि उन्हें सामान्य भावनाओं और रीति-रिवाजों पर बहुत अधिक भरोसा है। यह अठारहवीं सदी के विरुद्ध उन्नीसवीं सदी का एक विशिष्ट पूर्वाग्रह है—मनुष्य स्वभाव के असंगत तत्वों को वह अमोघत्व दे देना, जो 18वीं सदी में मनुष्य के तर्कसंगत तत्वों को दे दिया गया था। हमने तर्क के स्थान पर नैसर्गिक स्वभाव का देवत्वीकरण कर दिया है; और हम उस तत्व को नैसर्गिक स्वभाव कह देते हैं, जो हममें है लेकिन हमें उसका तार्किक आधार नहीं मालूम। यह मूर्तिपूजा, जो पहले की अपेक्षा कहीं अधिक अमानवीय है और जो मौजूदा आस्थाओं में सर्वाधिक झूठी व विनाशकारी है, तब तक हमारे बीच गहरे पैठी रहेगी जब तक कि एक ठोस मनोविज्ञान उन सभी तत्वों की जड़ों को उघाड़ नहीं देता जिन्हें प्रकृति की इच्छा या ईश्वर का आदेश मान कर स्वीकार कर लिया गया है। उपस्थित प्रश्न के सन्दर्भ में, मैं उन सभी प्रतिकूल परिस्थितियों को स्वीकार करूँगा जो पूर्वाग्रह

से जनित हैं। मैं मानता हूँ कि स्थापित प्रथा और सामान्य भावनाएँ मेरे विरुद्ध निर्णायक समझी जायें, बशर्ते उस प्रथा व भावना की सदियों से मौजूदगी उसके उचित होने के बजाय अन्य कारणों से बताई जा सके और यह दिखाया जा सके कि उस प्रथा की ताकत का आधार मनुष्य स्वभाव के अच्छे नहीं बल्कि बुरे पहलू में निहित है। मैं चाहता हूँ कि फैसला मेरे विरुद्ध जाये बशर्ते कि मैं यह दिखा सकूँ कि मेरे न्यायाधीश के साथ इस सम्बन्ध में कोई साँठ-गाँठ की गयी है। यह रियायत इतनी बड़ी नहीं है जितनी यह सम्भवतः दिख सकती है, क्योंकि यह साबित करना तो मेरे कार्य का सबसे सरल भाग है।

कुछ केसों में एक रिवाज की व्यापकता इस दृढ़ परिकल्पना को जन्म देती है कि यह हमेशा से या कभी, सकारात्मक उद्देश्यों के अनुकूल रहा है। यह ऐसा ही केस है, जिसमें ऐसे ही किसी उद्देश्य को पाने के साधन के रूप में यह प्रचलन आरम्भ हुआ और बाद में जारी रहा, तथा अनुभव के आधार पर वह तरीका अपनाया गया जिसके माध्यम से ये उद्देश्य सबसे प्रभावपूर्ण रूप में पाये जा सकें। अगर पहलेपहल स्त्री पर पुरुष की सत्ता समाज के प्रशासन की इन दो प्रणालियों में एक ईमानदार तुलना का परिणाम होती; अगर सामाजिक संस्थाओं के अन्य तरीकों को आजमाने के बाद–महिलाओं का पुरुषों पर प्रशासन, दोनों के बीच समानता, और प्रशासन के ऐसे ही मिश्रित व भिन्न तरीकों को देख लेने के बाद–यह निश्चित किया जाता, कि अनुभव के आधार पर जिस प्रणाली में महिलाएँ पूर्णतः पुरुषों के अधीन रहती हैं, सार्वजनिक मामलात में उनकी कोई भागीदारी नहीं होती, और जिसमें व्यक्तिगत रूप से प्रत्येक महिला कानूनी तौर पर उस पुरुष का आज्ञापालन करती है, जिससे उसका भाग्य जुड़ा है, वही व्यवस्था स्त्री-पुरुष दोनों की खुशी व कल्याण के सर्वाधिक अनुकूल है; तब इस प्रचलन की व्यापकता को प्रमाणस्वरूप माना जा सकता था, कि जिस समय यह आरम्भ हुई उस वक्त यही व्यवस्था सर्वश्रेष्ठ थी। हालाँकि तब भी, जिन विचारों के मद्देनजर इस व्यवस्था को स्वीकार किया गया था, वे आरम्भिक समाज के अन्य महत्त्वपूर्ण तथ्यों की तरह ही समय के साथ-साथ धीरे-धीरे खत्म हो गये। लेकिन स्थिति हर तरह से ठीक इससे उलट है। पहले तो, मौजूदा व्यवस्था के पक्ष में मत, जो स्त्री को पूर्णतः पुरुष के अधीन मानता है, केवल सिद्धान्त पर आधारित है क्योंकि किसी अन्य व्यवस्था को तो कभी परखा ही नहीं गया। इसलिए यह बहाना भी नहीं किया जा सकता कि अनुभव, जिसे ऊपरी तौर पर सिद्धान्त के उलट माना जाता है, ने इस सम्बन्ध में कोई स्पष्ट निर्णय दिया है। दूसरे, इस असमानता की व्यवस्था का पालन करने के पीछे कोई विचार-विमर्श या सामाजिक सोच या यह बोध नहीं था कि मानवता के कल्याण या समाज की सद्व्यवस्था के लिए क्या अनुकूल रहेगा। सिर्फ इस तथ्य से ऐसी व्यवस्था ने जन्म

लिया कि मानव समाज के उदय से ही, हर स्त्री, पुरुषों द्वारा उसके साथ कुछ मूल्य जोड़ दिये जाने के कारण (साथ ही शारीरिक बल में तुलनात्मक रूप से कम होने की वजह से) किसी न किसी पुरुष के अधीन ही रही। राज्य व्यवस्था के नियम-कानून हमेशा उन सम्बन्धों को मान्यता देकर ही आरम्भ होते हैं, जो व्यक्तियों के बीच पहले से ही विद्यमान हों। राज्यव्यवस्था महज ऐसे तथ्यों को कानूनी अधिकार में तब्दील कर देती है, सामाजिक स्वीकृति प्रदान करती है और सैद्धान्तिक तौर पर शारीरिक बल के अवैध व अनियमित संघर्ष के बजाय इन्हीं अधिकारों की सुरक्षा व इन्हें दृढ़ करने के सार्वजनिक व व्यवस्थित साधनों का प्रयोग करती है। इस तरह, जो लोग पहले ही हुक्मबरदारी के लिए बाध्य हैं, अब कानूनी रूप से भी इसके लिए विवश हो जाते हैं। दास प्रथा, जो मालिक व गुलाम के बीच केवल बल-प्रयोग का सम्बन्ध थी, वैध हो गयी और यह मालिकों के बीच एक संविदा बन गयी। ये मालिक सामूहिक सुरक्षा के लिए एक-दूसरे से जुड़ गये तथा इनकी संगठित शक्ति, जिनमें दास भी शामिल थे इसकी गारण्टी बन गयी। पुराने जमाने में, ज्यादातर दास पुरुष थे, और लगभग सभी स्त्रियाँ भी। बहुत से युग बीते, जिनमें ऐसे युग भी थे जिनमें मनुष्य ने काफी तरक्की की, तब कहीं जाकर विचारक इतना साहस जुटा सके कि दोनों प्रकार की दासता के औचित्य व उसकी सामाजिक आवश्यकता पर प्रश्नचिह्न लगा सकें। धीरे-धीरे ऐसे विचारकों की संख्या व प्रबलता बढ़ी; और (समाज के सामान्य विकास के सहयोग से भी) पुरुषों की दासता, कम से कम क्रिश्चियन यूरोप में तो (हालाँकि, एक देश में अभी कुछ वर्षों पहले ही) लगभग खत्म कर दी गयी है और स्त्रियों की दासता को धीरे-धीरे नरम किस्म की निर्भरता में बदल दिया गया है। लेकिन यह निर्भरता जो अब मौजूद है, वह मौलिक प्रथा नहीं है। न्याय व सामाजिक कार्यसाधकता के मद्देनजर, उन्हीं वजहों से लगातार सुधारों व नरमी के जरिये, जिनके परिणामस्वरूप मानवीय सम्बन्ध मानवता के प्रभाव में तथा न्याय के नियंत्रण में भी आये हैं, स्त्रियों की निर्भरता दासता की आदिम अवस्था का ही एक रूप है। इसमें मौलिक पाशविकता का ऐब आज भी है। इसलिए इसकी मौजूदगी के तथ्य से इसके पक्ष में कोई धारणा नहीं बनाई जा सकती। सिर्फ एक ही धारणा इसके पक्ष में हो सकती है, वह भी इस आधार पर कि यह अब तक चली आ रही है जबकि ऐसे ही घृणित स्रोत से जन्मी अनेक ऐसी चीजों को तिलांजलि दे दी गयी है। दरअसल यही ऐसी चीज है जो सामान्यतः सुनने में अजीब लगती है--इस बात पर जोर देना कि स्त्री व पुरुष के बीच अधिकारों की असमानता का स्रोत केवल ताकत का नियम ही है।

इस कथन में विरोधाभास झलकता है--इसका श्रेय कुछ हद तक सभ्यता के विकास और मानवता की नैतिक भावनाओं में सुधार को जाता है। हम, यानी विश्व

के एक या दो सर्वाधिक विकसित देश ऐसी अवस्था में रह रहे हैं जिसमें लगता है कि ताकत के नियम को, अर्थात जो सबसे ताकतवर है, वही शासन करेगा—इस नियम को विश्वस्तरीय मुद्दों का नियमन करने वाले सिद्धान्त के रूप में त्याग दिया गया है; न तो कोई इसका समर्थन करता है और, अधिकतर मानवीय सम्बन्धों के सन्दर्भ में, न ही किसी को इसका आचरण करने की इजाजत है। जब कोई ऐसा करने में सफल हो जाता है तो सामान्यतः वह ऐसा किसी वृहत सामाजिक हित के बहाने की आड़ में करता है। चूँकि स्पष्टतः स्थिति ऐसी है, अतः लोग ये सोच कर खुश हो लेते हैं कि मात्र बल का शासन अब समाप्त हो गया है; कि बल का नियम किसी भी उस चीज के अस्तित्व का कारण नहीं हो सकता जो वर्तमान समय तक पूरी तरह से प्रचलन में है। वे सोचते हैं, कि हमारी मौजूदा प्रथाएँ कैसे भी शुरू हुई हों, वे विकसित सभ्यता के मौजूदा समय तक संरक्षित हैं तो इसलिए कि वे धीरे-धीरे सामान्य हित के अनुकूल हुई हैं। वे इन प्रथाओं की महान ऊर्जा और स्थायित्व को नहीं समझते जो अधिकार को बल के पक्ष में रखता है; वे यह नहीं समझते कि इन प्रथाओं से लोग कितनी निष्ठा के साथ जुड़े रहते हैं; कि जिनके पास सत्ता होती है उनके अच्छे व बुरे मत भी सत्ता की पहचान व उसे बनाये रखने के साथ जुड़ जाते हैं; कि किस तरह बुरी प्रथाएँ धीरे-धीरे एक-एक करके खत्म होती हैं, सबसे कमजोर सबसे पहले खत्म होती है। इनमें सबसे पहले उन प्रथाओं की बारी आती है जो रोजमर्रा के जीवन से बहुत कम जुड़ी होती हैं। लोग यह नहीं समझते कि बहुत कम ऐसा होता है कि जिनके पास बल के चलते कानूनी ताकत आती है वे तब तक उस सत्ता पर अपनी पकड़ नहीं खोते जब तक कि उनके बल पर विरोधी पक्ष का कब्जा न हो जाये। चूँकि महिलाओं के सन्दर्भ में बल का ऐसा स्थानान्तरण नहीं हुआ है, अतः इस सन्दर्भ की अन्य विशेषताओं के साथ मिलकर यह शुरू से ही निश्चित हो गया था कि बल पर टिकी अधिकार व्यवस्था की यह शाखा, हालाँकि आरम्भिक काल के इसके पाशविक दोष अब काफी हद तक मृदुल बना दिये गये, सबसे अन्त में खत्म होगी। यह तो अपरिहार्य ही था कि बल पर टिकी सामाजिक सम्बन्ध की यह स्थिति उन प्रथाओं की कई पीढ़ियों तक शेष रहेगी जो समान न्याय पर आधारित हैं, और उनके नियम व रीतिरिवाजों के बीच लगभग एक अकेला अपवाद रहेगी; लेकिन जो, जब तक अपने ही मूल स्रोत की घोषणा नहीं करती, और चूँकि विचार-विमर्श से भी इसका वास्तविक चरित्र सामने नहीं आया है, आधुनिक सभ्यता के ठीक उलट महसूस नहीं की जायेगी, वैसे ही जैसे ग्रीक सभ्यता में घरेलू दास प्रथा उनके स्वतंत्र जन होने की धारणा से टकराती थी।

सच तो यह है कि आज की और पिछली दो-तीन पीढ़ियों ने मानवता की आदिम अवस्था का व्यावहारिक बोध लगभग खो दिया है। सिर्फ वे लोग जिन्होंने इतिहास

का गम्भीर अध्ययन किया है या विश्व के उन भागों में गये हैं जहाँ प्राचीन समय के प्रतिनिधि आज भी रहते हैं, कल्पना कर सकते हैं कि उस वक्त समाज कैसा था। लोग यह नहीं जानते कि पुराने समय में किस तरह जिसकी लाठी उसकी भैंस का नियम ही पूरी तरह से जीवन का तरीका था; किस तरह सार्वजनिक व खुले तौर पर इसे स्वीकार किया जाता था। मैं बेशर्मी से या 'कटुता से' शब्दों का प्रयोग नहीं कर रहा हूँ क्योंकि इन शब्दों से जाहिर होता है कि इस आचरण में शर्मिन्दगी की कोई भावना थी। उस युग में किसी दार्शनिक अथवा सन्त के अतिरिक्त इस तरह की कोई भावना किसी व्यक्ति में नहीं पायी जाती थी। इतिहास मानव स्वभाव के निर्दयी अनुभवों का साक्षी है कि किस तरह किसी भी वर्ग के लोगों की सम्पत्ति, खुशी इत्यादि इस बात से मापी जाती थी कि उनके पास क्या-क्या लागू करने की सत्ता थी; किस तरह वे सब जो किसी भी तरह सत्ता का विरोध करते थे, चाहे कारण कितना भी भयानक और बड़ा हो, न सिर्फ बल का नियम बल्कि अन्य सभी कानून व सामाजिक दायित्व की सभी धारणाएँ उनके विरुद्ध होती थीं; और जिनका वे विरोध करते थे, उनकी निगाह में वे न सिर्फ अपराधी होते थे, बल्कि सबसे बुरे अपराध के दोषी होते थे, जिसके लिए वे सबसे क्रूर दण्ड के पात्र होते थे। उच्च वर्ग के व्यक्ति में निम्न वर्ग के लिए दायित्व की भावना का पहला सूक्ष्म लक्षण तब दिखना शुरू हुआ, जब उसे, सुविधा के लिए निम्न वर्ग के लोगों के पक्ष में कुछ वादा करने के लिए राजी किया गया। हालाँकि इन वादों का, जिन्हें पवित्रतम प्रतिज्ञाओं द्वारा अनुमोदित किया गया था, कई युगों तक मामूली से कारण पर उल्लंघन किया जाता रहा। औसत नैतिकता से भी कम नैतिकता वाले लोगों को छोड़कर सम्भवतः ऐसा करना (उच्चवर्ग के) लोगों की आत्मा को कहीं न कहीं कचोटता रहा। परिणामस्वरूप प्राचीन गणतंत्र, जो अधिकतर किसी न किसी पारस्परिक समझौते पर आधारित थे या किसी भी हाल में ऐसे लोगों के संघ थे जो ताकत में असमान नहीं थे, ने पहलेपहल मानव सम्बन्धों के एक भाग को ऐसे कानून के क्षेत्र में रखा जो ताकत के नियम से इतर था। और हालाँकि उनके व उनके गुलामों के बीच बल का मूल नियम पूरी तरह से काम करता रहा, और गणराज्यों व उनकी प्रजा के बीच या एक गणराज्य और अन्य स्वतंत्र गणराज्यों के बीच (पहले किये गये समझौते की सीमाओं को छोड़कर) भी यही नियम काम करता रहा; फिर भी एक छोटे से क्षेत्र में ही उस आदिम नियम के उन्मूलन ने एक ऐसी भावना को जन्म देकर मानव प्रकृति के पुनरुद्धार का श्रीगणेश कर दिया, जिसके अनुभव से जल्द ही सिद्ध हो गया कि भौतिक हितों को पाने में भी वह बहुत महत्त्वपूर्ण है। इसके बाद इस भावना को जन्म देना नहीं बल्कि बढ़ाना ही आवश्यक था। यद्यपि दास किसी गणराज्य का हिस्सा नहीं थे, लेकिन एक स्वतंत्र राष्ट्र में ही उन्हें पहली बार मनुष्य के रूप में कुछ अधिकार मिले। स्टोइक दार्शनिक, मेरे विचार

में, पहले लोग थे (इसके अलावा कुछ हद तक यहूदी विधान एक अपवाद है) जिन्होंने नैतिक शिक्षा के एक भाग के रूप में यह सिखाया कि मनुष्य अपने दासों के साथ एक नैतिक जिम्मेदारी से बँधा है। ईसाई धर्म के उद्‌भव के बाद कोई भी, सैद्धान्तिक तौर पर इस विश्वास से अछूता नहीं रह सका, न ही कैथोलिक चर्च के आरम्भ के बाद ऐसा कभी हुआ कि इस विश्वास के समर्थन में कोई व्यक्ति खड़ा न हुआ हो। लेकिन व्यावहारिक तौर पर इसे लागू करना ईसाइयत के लिए सर्वाधिक कठिन कार्य साबित हुआ। लगभग एक हजार वर्ष तक चर्च इसके लिए जूझता रहा, लेकिन कोई विशेष सफलता न मिली। ऐसा इसलिए नहीं हुआ कि लोगों के दिमाग पर चर्च के प्रभाव में कोई कमी थी। इसकी सत्ता अद्‌भुत थी। चर्च स्वयं को समृद्ध बनाने के लिए राजाओं व अभिजात लोगों को उनकी सर्वाधिक मूल्यवान चीजें देने के लिए राजी कर सकता था। उन्हें निर्धनता, उपवास व प्रार्थना से अपनी मुक्ति का मार्ग ढूँढ़ने के लिए कान्वेण्टों में बन्द रहने के लिए भी तैयार कर सकता था। चर्च किसी पवित्र समाधि के उद्धार के लिए सैकड़ों व हजारों लोगों को समुद्र अथवा धरती पर, यूरोप और एशिया में हजारों मील दूर अपने प्राणों की आहुति देने के लिए भेज सकता था। वह राजाओं को अपनी उस पत्नी का परित्याग करने के लिए सहमत कर सकता था, जिससे वे सर्वाधिक प्रेम करते थे, महज इसलिए कि चर्च की घोषणानुसार उनका सम्बन्ध सातवीं श्रेणी (हमारी गणना के अनुसार चौदहवीं) के अन्तर्गत आता था। चर्च यह सब तो कर सकता था; लेकिन वह लोगों का एक-दूसरे से लड़ना कम न करवा सका, न ही वह कृषि दासों पर, और जब मौका मिले तो नागरिकों पर भी प्रशासन की क्रूरता को कम करवा सका। चर्च उनसे किसी भी प्रकार के बल का उपयोग नहीं छुड़वा सका; न उग्र बल और न ही विजयी बल। उन्हें कभी भी ऐसा करने के लिए प्रेरित न किया जा सका जब तक कि वे खुद एक उनसे भी बड़े बल द्वारा ऐसा करने के लिए बाध्य न हुए। राजाओं या राजगद्‌दी के दावेदारों के सिवाय राजा की बढ़ती सत्ता के विरोध, सुदृढ़ कस्बों में समृद्ध व लड़ाकू बुर्जुआ वर्ग के विकास और निम्न वर्गीय पैदल सेना के विकास के द्वारा, जो युद्धभूमि में गैर अनुशासित शूरवीरता से अधिक प्रभावपूर्ण थी, बुर्जुआ व किसान वर्ग पर अभिजात वर्ग की क्रूर सत्ता को कुछ हद तक नियंत्रित किया गया। शोषितों को जब इतनी सत्ता मिल गयी कि वे अकसर अप्रत्यक्ष रूप से ही सही, प्रतिशोध ले सकें—उसके बाद भी यह प्रजापीड़न जारी रहा; और यूरोप में तो यह अत्याचार काफी हद तक फ्रांसीसी क्रान्ति तक जारी रहा, हालाँकि इंग्लैण्ड में प्रजातांत्रिक वर्गों द्वारा पहले ही बनाई गयी बेहतर संस्थाओं के जरिये समान अधिकारों व स्वतंत्र राष्ट्रीय संस्थानों की स्थापना करके इसे अपेक्षाकृत पहले ही खत्म कर दिया गया था।

यदि प्रायः लोग इस बारे में इतना कम जानते हैं कि मानव जाति के उद्‌भव

से लेकर अब तक ज्यादातर समय बल का नियम ही सामान्य व्यवहार का नियम रहा, अन्य नियम विशेष बन्धनों का अपवादपूर्ण परिणाम ही रहे, कि कितने कम समय पूर्व ही समाज के सामान्य मामलों का नियमन किसी नैतिक कानून के द्वारा या उसके बहाने से ही शुरू हुआ है, तो फिर लोगों को इस बारे में तो बहुत कम याद होगा या वे इस बारे में तो न के बराबर ही सोचते होंगे कि किस तरह वे प्रथाएँ और रिवाज जिनका आधार बल के अतिरिक्त कुछ नहीं था उन युगों और सामान्य मत में भी जीवित रहे जो उनकी स्थापना की अनुमति ही नहीं देता। चालीस वर्ष से भी कम समय पूर्व, एक अंग्रेज नागरिक कानूनन एक मनुष्य को दास व बिक्री योग्य सम्पत्ति के बतौर अपने अधीन रख सकता था। मौजूदा सदी में ही वे उनका अपहरण कर उन्हें उठा कर ले जाते और उनसे कमरतोड़ काम करवा सकते थे। बल के नियम की यह अति चरम स्थिति, जिसकी वे लोग भी भर्त्सना करते हैं जो निरंकुश बल के अन्य किसी रूप को बरदाश्त कर सकते हैं और जो उन लोगों में सबसे घृणास्पद भावना पैदा करती है, जो इसे निष्पक्ष रूप से देखते हैं–यही स्थिति सभ्य और क्रिश्चियन इंग्लैण्ड के समाज का नियम था, जो आज भी लोगों की स्मृति में जीवित है। तीन या चार वर्ष पहले तक एंग्लो-सैक्सन अमरीका के एक भाग में न केवल दास प्रथा जीवित थी, बल्कि दास-व्यापार और व्यापार के लिए दासों का प्रजनन दास-राज्यों में एक सामान्य चलन था। फिर भी न केवल जन सामान्य की भावनाओं का बड़ा हिस्सा इसके खिलाफ था, बल्कि, कम से कम इंग्लैण्ड में बल की अन्य किसी कुप्रथा की अपेक्षा दासप्रथा के पक्ष में या हित में बहुत कम लोग थे। क्योंकि इसका उद्देश्य स्पष्टतः व खुले तौर पर महज फायदा हासिल करना था। और जिन्हें इससे फायदा होता था, वे संख्या में देश का बहुत छोटा सा वर्ग थे, जब कि जो लोग निजी तौर पर इसके हक में नहीं थे उनकी स्वाभाविक भावना पक्की व स्पष्ट घृणा की थी। अति के इस उदाहरण के सामने किसी और उदाहरण का खुलासा लगभग अनावश्यक लगता है। लेकिन जरा लम्बी अवधि तक चले निर्बाध राजतंत्र की ओर ध्यान दें। मौजूदा इंग्लैण्ड में यह लगभग सर्वव्याप्त विश्वास है कि सैन्य तानाशाही बल के नियम का ही उदाहरण है क्योंकि इसका कोई और मूल या औचित्य नहीं है। फिर भी इंग्लैण्ड के सिवाय यूरोप के अन्य सभी देशों में या तो सैन्य शासन अब भी मौजूद है या हाल ही में खत्म हुआ है और अब भी हर वर्ग के लोग खासकर प्रतिष्ठित पदों पर आसीन लोगों का एक सशक्त दल इसके पक्ष में है। पूर्व स्थापित व्यवस्था में ऐसी ही शक्ति होती है, चाहे वह बिल्कुल सार्वभौमिक न हो, और चाहे इतिहास के लगभग हर युग में उससे विपरीत बेहतर व्यवस्था के महान व सुविख्यात उदाहरण हों, लेकिन वह लगभग हमेशा सबसे प्रतिष्ठित व समृद्ध समुदायों में पायी ही जाती है। इस स्थिति में भी, अत्यधिक सत्ता का स्वामी और प्रत्यक्षतः उसमें रुचि रखने वाला व्यक्ति

सिर्फ एक होता है, जबकि जो इसका शिकार होते हैं, इसे भुगतते हैं, वे शब्दशः शेष सभी होते हैं। पराधीनता स्वाभाविक व आवश्यक रूप से सभी लोगों के लिए अपमानजनक होती है, सिवाय उस व्यक्ति के जो शासक है या ज्यादा से ज्यादा उस व्यक्ति के लिये जिसे गद्दी का उत्तराधिकारी बनने की उम्मीद है। यह स्थिति स्त्री पर पुरुष की सत्ता से कितनी भिन्न है! मैं इसके औचित्य के प्रश्न पर कोई पूर्व निर्णय नहीं दे रहा। मैं सिर्फ यह दिखा रहा हूँ कि चाहे इसका कोई औचित्य न हो फिर भी यह उन अन्य सत्ताओं से अधिक वृहद रूप से स्थायी हो सकती है, जो हमारे समय तक चली आयी हैं। सत्ता के आधिपत्य में जितना भी अहं सन्तुष्ट होता हो या इसके उपयोग में निजी हित की जितनी भी पूर्ति होती हो, स्त्री-पुरुष के सन्दर्भ में यह सिर्फ एक वर्ग तक ही सीमित नहीं बल्कि पूरे पुरुष वर्ग में आम है। अपने अधिकतर समर्थकों के लिए (यह सत्ता) एक अमूर्त इच्छा होने की बजाय, या राजनीतिक उद्देश्यों की तरह सिर्फ नेताओं के लिए ही निजी रुचि का विषय होने की बजाय, यह हर परिवार के पुरुष मुखिया के घर तक आती है और हर उस व्यक्ति की होती है, जो भविष्य में परिवार का मुखिया होगा या होना चाहता है। अज्ञानी व्यक्ति अपनी सत्ता का उसी तरह उपयोग करता है या करेगा जैसे उच्चतम अभिजात वर्ग का कुलीन पुरुष करेगा। और इस स्थिति में सत्ता की इच्छा प्रबलतम होती है; क्योंकि जिसे भी सत्ता की आकांक्षा है, वह सबसे पहले अपने निकटतम लोगों पर सत्ता हासिल करने की इच्छा रखता है, जिन लोगों के साथ उसका जीवन व्यतीत होता है, उनकी ज्यादातर चिन्ताएँ भी समान होती हैं और जिन पर उसकी सत्ता से स्वतंत्रता अकसर उसकी निजी अभिरुचियों में बाधक सिद्ध हो सकती है। यदि अन्य स्थितियों में बल आधारित सत्ता, जिसे बहुत कम समर्थन प्राप्त था, से इतना धीरे-धीरे और कठिनाईपूर्वक छुटकारा मिला तो इस स्थिति में बल आधारित सत्ता से छुटकारा मिलना तो और भी कठिन होगा। क्योंकि हमें यह ध्यान रखना चाहिये कि इस स्थिति में सत्ता अधिकारी को अन्य स्थितियों की अपेक्षा अपने विरुद्ध कोई भी कार्रवाई रोकने की अधिक सुविधाएँ प्राप्त हैं। हरेक स्त्री अपने स्वामी की निगाहों के सामने, और कहा जा सकता है कि अपने मालिकों में से एक के साथ इतने अन्तरंग सम्बन्ध रखती है कि अन्य कोई स्त्री नहीं रखती। उसके विरुद्ध एकजुट होने का उसके पास कोई साधन नहीं होता, यहाँ तक कि स्थानीय तौर पर ही उसके ऊपर नियंत्रण पाने की ताकत नहीं होती और दूसरी तरफ, उसके भीतर अपने मालिक का अनुग्रह पाने व उसे नाराज न करने की प्रबल भावना भी होती है। राजनीतिक स्वतंत्रता पाने के संघर्ष में, हर कोई जानता है, कि किस तरह प्रायः इसके समर्थकों को रिश्वत आदि से खरीदा जाता है या अनेक आतंकों से डराया-धमकाया जाता है। महिलाओं के सन्दर्भ में तो पराधीन वर्ग का हर व्यक्ति रिश्वत व आतंक दोनों की मिली-जुली चिरकालिक अवस्था में

रहता है। विरोध का मानक तय करने के लिए इसके नेताओं की बड़ी संख्या को और इससे भी ज्यादा अनुयायियों को अपनी खुशी व सुख का लगभग पूर्ण त्याग करना पड़ेगा। किसी भी विशेषाधिकार व जबरन पराधीनता की व्यवस्था ने अपने अधीन पर अपना नियंत्रण इतना कड़ा नहीं रखा जितना इस स्थिति में है। मैंने अभी यह नहीं दिखाया है कि यह एक गलत व्यवस्था है : लेकिन जो भी कोई सोचने में समर्थ है, वह यह तो पहचान लेगा कि अगर यह गलत व्यवस्था है भी, तो निश्चित तौर पर यह अन्याय की अन्य व्यवस्थाओं से अधिक दीर्घायु थी। और आज जब इस तरह की घटिया व्यवस्थाएँ अनेक सभ्य देशों में अब भी जीवित हैं और अन्य कुछ देशों में हाल ही में इनका परित्याग कर दिया गया है, तो यह अजीब ही लगेगा कि यह व्यवस्था जो इतने गहरे जड़ जमाये है अभी तक इसे कहीं हिलाया भी नहीं गया है। यह सोचने के और भी कारण हैं कि इसके विरुद्ध प्रमाण व विरोध इतने सारे व इतने ठोस रहे होंगे।

कुछ लोग आक्षेप करेंगे कि पुरुष की सत्ता और उन अन्यायपूर्ण व्यवस्थाओं के बीच तुलना नहीं की जा सकती, जिनका खुलासा मैंने इस सन्दर्भ में किया है क्योंकि ये निरंकुश और अनधिकृत ग्रहण का परिणाम हैं, जबकि पुरुष सत्ता तो स्वाभाविक है। लेकिन क्या कभी ऐसी कोई सत्ता रही है जिसके स्वामी को वह स्वाभाविक न लगे? एक समय था, जब मानव जाति का दो वर्गों में विभाजन, एक छोटा वर्ग मालिकों का और एक बड़ा वर्ग दासों का, परिष्कृत और जागृत लोगों को भी मानव जाति की स्वाभाविक स्थिति लगती थी। अरस्तू जैसी मेधा बुद्धि, जिसने मानव विचार के विकास में महत्त्वपूर्ण योगदान किया, का भी बिलाशक यही मत था और यह मत उन्होंने उसी तर्क पर आधारित किया था जो पुरुष की स्त्री पर सत्ता के सन्दर्भ में दिया जाता है, कि मानव जाति में विभिन्न स्वभाव पाये जाते हैं; स्वतंत्र प्रकृति और दास प्रकृति। और ग्रीक स्वतंत्र प्रकृति के लोग थे, थ्रेषियन और एशियाटिक बर्बर जातियाँ दास प्रकृति की थीं। लेकिन मुझे अरस्तू तक जाने की क्या जरूरत है? क्या दक्षिण अमरीका के दासों के मालिकों का भी यही मत नहीं है? और क्या वे इस मत पर उतनी ही कट्टरता से विश्वास नहीं रखते जितनी कट्टरता से लोग उन सिद्धान्तों से चिपके रहते हैं जो उनकी भावनाओं का औचित्य सिद्ध करते हैं और उनके निजी हितों को वैध बनाते हैं? क्या उन्होंने यह सिद्ध करने के लिए जमीन आसमान एक नहीं कर दिया कि श्वेत लोगों की काले लोगों पर सत्ता प्राकृतिक है, कि स्वभाव से ही अश्वेत जाति स्वतंत्रता के अयोग्य है और दासता के लिए ही बनी है? कुछ लोगों ने तो इस हद तक कहा कि शारीरिक श्रम करने वाले मजदूरों की स्वतंत्रता कहीं भी एक अप्राकृतिक व्यवस्था है। फिर, विशुद्ध राजतंत्र के सिद्धान्तशास्त्रियों ने हमेशा इसकी एक प्राकृतिक सरकार के रूप में पुष्टि की है। पितृसत्ता के आधार पर बना

पितृसत्तावादी समाज सबसे प्राचीन और सहज था, और उनका मानना है कि पितृसत्ता तो सर्वाधिक स्वाभाविक सत्ता है। नहीं, इतना काफी नहीं, जो और कोई तर्क नहीं रख सकते, उनके विचार में तो बल का नियम ही हर प्रकार की सत्ता का उपयोग करने का सर्वाधिक स्वाभाविक आधार है। विजयी जातियाँ इसे प्रकृति का नियम ही मानती आयी हैं कि विजित जातियों द्वारा उनकी आज्ञा का पालन होना ही चाहिये। या फिर, जैसा कि वे उत्साहित होकर समझाते हैं कि कमजोर और युद्ध के लिए अनुपयुक्त जातियों को बहादुर और अपेक्षाकृत अधिक लड़ाकू जातियों के समक्ष समर्पण कर देना चाहिये। मध्ययुगीन मानव जीवन से जरा सा परिचय यह स्पष्ट कर देता है कि सामन्तों को निम्नवर्गीय लोगों के ऊपर अपनी सामन्ती सत्ता कितनी स्वाभाविक लगती थी, और यह धारणा उन्हें कितनी अप्राकृतिक लगती थी कि उनसे निचले वर्ग का कोई व्यक्ति उनसे बराबरी का दावा करे या उन पर राज करे। पराधीन वर्ग को भी ऐसा ही लगता था। मुक्त किसानों व नागरिकों ने, अपने संघर्ष की चरम अवस्था में भी, सत्ता में हिस्सेदारी का कोई दावा नहीं किया। वे सिर्फ अपने ऊपर अत्याचारी शासन की सत्ता को कुछ सीमित करने की ही माँग करते रहे। यह इतना सच है कि अप्राकृतिक का सामान्यतः अर्थ अप्रचलित ही माना जाता है और यह भी कि जो चीज सामान्यतः दिखाई देती है, वही प्राकृतिक है। स्त्रियों का पुरुषों के अधीन होना चूँकि एक सार्वभौमिक रीति है, इसलिए जाहिर है कि इससे अलग कोई भी बात अस्वाभाविक। इस केस में भी भावनाएँ प्रचलित रिवाज पर कितना निर्भर करती हैं, प्रचुर अनुभव इस बात का साक्षी है। दुनिया के सुदूर भागों में लोगों को यह बात बहुत हैरान करती है, जब उन्हें पहली बार यह पता चलता है कि इंग्लैण्ड पर एक रानी का शासन है। यह बात उन्हें अविश्वसनीय लगने की हद तक अस्वाभाविक प्रतीत होती है लेकिन अंग्रेज नागरिकों को यह बिल्कुल अस्वाभाविक नहीं लगता क्योंकि उन्हें इसकी आदत है। लेकिन उन्हें यह अवश्य अस्वाभाविक लगता है कि महिलाएँ सैनिक हों या संसद सदस्य। ठीक इसके विपरीत सामन्ती युग में महिलाओं के लिए युद्ध या राजनीति में भाग लेना अस्वाभाविक नहीं था क्योंकि यह असामान्य नहीं था। इसलिए यह अस्वाभाविक नहीं लगता था कि विशिष्ट वर्गों की महिलाएँ पुरुषों की तरह ही व्यवहार करें और अपने पिता व पति से शारीरिक बल के अतिरिक्त और किसी चीज में कम न हों। प्राचीन समाज में अन्य लोगों को स्त्रियों की स्वतंत्रता कम अस्वाभाविक लगती थी क्योंकि उनके पास अमेज़ॉन स्त्रियों (जिन्हें वे ऐतिहासिक मानते थे) के साथ ही स्पार्टन महिलाओं के उदाहरण थे, जो हालाँकि कानून के तहत ग्रीक राज्यों की तरह ही पुरुषों के अधीन थीं, लेकिन अपेक्षाकृत अधिक स्वतंत्र थीं और उन्हें पुरुषों की भाँति ही शारीरिक व्यायाम का प्रशिक्षण दिया जाता था। यह इस बात का भी पर्याप्त प्रमाण है कि महिलाएँ शारीरिक श्रम के लिए अक्षम नहीं हैं। इसमें कोई शक नहीं

कि स्पार्टन उदाहरण ने ही प्लेटो को उसकी अन्य नीतियों के साथ पुरुष व स्त्री की सामाजिक व राजनीतिक समानता के बारे में सोचने की प्रेरणा दी होगी।

लेकिन, यह कहा जायेगा कि स्त्रियों पर पुरुषों का शासन अन्य सत्ताओं से इसलिए अलग है कि यह बल का नियम नहीं बल्कि इसे स्वेच्छा से स्वीकारा जाता है। महिलाएँ कोई शिकायत नहीं करतीं और इसमें सहमत भागीदार होती हैं। पहली बात तो, बहुत सी महिलाएँ इसे स्वीकार नहीं करतीं। जब से महिलाएँ अपने लेखन द्वारा अपनी भावनाओं को व्यक्त करने में समर्थ हुई हैं, (यह प्रचार की एकमात्र विधि है जिसकी समाज द्वारा उन्हें अनुमति दी गयी है) उन्होंने बड़ी तादाद में अपनी वर्तमान सामाजिक स्थिति के खिलाफ विरोध दर्ज किया है और हाल में ही, सार्वजनिक रूप से प्रतिष्ठित महिलाओं के नेतृत्व में हजारों महिलाओं ने संसदीय मताधिकार में उनकी भागीदारी के लिए संसद में याचिका दायर की है। पुरुषों की तरह ही ज्ञान की कुछ शाखाओं में महिलाओं को भी समान रूप से शिक्षित करने के अधिकार की माँग भी तेजी से जोर पकड़ रही है और भविष्य में इसकी सफलता की सम्भावना भी अधिक हो गयी है। अब तक जो व्यवसाय उनके लिए निषिद्ध थे, उनमें महिलाओं के प्रवेश की माँग भी हर वर्ष प्रबल होती जा रही है। हालाँकि इस देश में अमेरिका की तरह समय-समय पर महिलाओं के अधिकारों के लिए आन्दोलन करने के लिए सम्मेलन व सुव्यवस्थित दल नहीं हैं, फिर भी यहाँ अनेक सक्रिय संस्थाएँ हैं जिनका संचालन महिलाएँ कर रही हैं और वे राजनीतिक अधिकार पाने के अपेक्षाकृत सीमित उद्देश्य की ओर कार्यरत हैं। यह सिर्फ हमारे देश या अमेरिका में नहीं है कि महिलाएँ लगभग संगठित तौर पर उन असमर्थताओं का विरोध शुरू कर रही हैं, जिनमें बँध कर उन्हें कष्ट भोगना पड़ता है। फ्रांस, इटली, स्विट्जरलैण्ड और रूस में भी इसी तरह के उदाहरण देखने को मिलते हैं। और कितनी ऐसी महिलाएँ हैं जो मौन रहकर इन्हीं आकांक्षाओं के सपने रखती हैं, कोई भी नहीं जान सकता। लेकिन इस बात के पर्याप्त संकेत मौजूद हैं कि कितनी महिलाएँ इसकी इच्छा रखेंगी, अगर उन्हें अपने स्वभाव के विरुद्ध इतनी कड़ाई से स्वयं को दबाना न सिखाया जाये। यह भी याद रखना चाहिये कि गुलाम बनाये गये किसी भी वर्ग ने एकदम ही पूर्ण स्वतंत्रता की माँग नहीं की। जब सिमोन डि मोण्टफोर्ट ने कॉमन्स के प्रतिनिधियों को पहली बार संसद में बैठने के लिए आमंत्रित किया था, तो क्या उनमें से किसी ने भी एक ऐसी संसद की माँग करने का ख्वाब भी देखा होगा जो उनके निर्वाचकों द्वारा चुनी गयी हो और उसमें मंत्रिमण्डल बनाने व बिगाड़ने की ताकत हो और जो राजनीतिक मामलात में राजा को सुझाव दे सके? उनमें से सर्वाधिक महत्त्वाकांक्षी व्यक्ति की कल्पना में भी ऐसा विचार नहीं आया। कुलीनों में पहले से ही यह मिथ्याभिमान था और जनसाधारण निरंकुश कर व्यवस्था और राजा के अधिकारियों द्वारा अत्याचार से मुक्ति के अलावा

और कोई माँग नहीं कर रहा था। यह एक स्वाभाविक राजनीतिक नियम है कि जो लोग किसी प्राचीन समय से चली आ रही सत्ता के अधीन होते हैं, वे कभी भी आरम्भ में उस सत्ता का ही विरोध नहीं करते बल्कि उसके अत्याचारपूर्ण प्रयोग का विरोध करते हैं। ऐसी महिलाओं की कभी कोई कमी नहीं रही जो अपने पतियों द्वारा दुर्व्यवहार की शिकायत करती हैं। यदि ये शिकायतें इस दुर्व्यवहार के दोहराव और वृद्धि का सबसे बड़ा प्रेरक न होतीं, तो असंख्य और शिकायतें भी सुनने को मिलतीं। एक महिला की इस सत्ता के दुरुपयोग से रक्षा करने के अलावा यह इस सत्ता को बनाये रखने के सभी प्रयासों को विफल कर देती है। अन्य किसी भी स्थिति में (बच्चे को छोड़कर) वह व्यक्ति जिसको, कानूनन यह सिद्ध हो चुका है, क्षति पहुँचाई गयी है वापस उसी व्यक्ति की शारीरिक सत्ता के तहत नहीं रखा जा सकता जिसने उसे वह क्षति पहुँचाई है। इसीलिए वे पत्नियाँ शारीरिक तौर पर दुर्व्यवहार के चरम केस में भी, शायद ही कभी अपनी रक्षा के लिए बनाये गये कानूनों का इस्तेमाल करती हैं। और अगर, अति क्रोध की हालत में या पड़ोसियों द्वारा दखलन्दाजी करने पर वे ऐसा करने के लिए प्रोत्साहित होती भी हैं, तो बाद में उनका पूरा प्रयास रहता है कि वे कम से कम बताएँ और अपने अत्याचारी शासक की सजा की माफी माँग लें।

सामाजिक व प्राकृतिक—सभी कारण मिलकर यह असम्भव कर देते हैं कि महिलाएँ संगठित तौर पर पुरुषों की सत्ता का विरोध कर सकें। वे इस अर्थ में अन्य पराधीन वर्गों से भिन्न स्थिति में हैं कि उनके मालिक उनसे वास्तविक सेवा के अतिरिक्त कुछ और भी चाहते हैं। पुरुष केवल महिलाओं की पूरी-पूरी आज्ञाकारिता ही नहीं चाहते, वे उनकी भावनाएँ भी चाहते हैं। सबसे क्रूर व निर्दयी पुरुष को छोड़कर, सभी पुरुष अपनी निकटतम सम्बन्धी महिला में एक जबरन बनाये गये दास की नहीं बल्कि स्वेच्छा से बने दास की इच्छा रखते हैं—सिर्फ एक दास नहीं बल्कि अपना प्रिय, अपना चहेता व्यक्ति चाहते हैं। अतः उन्होंने महिलाओं के मस्तिष्क को दास बनाने के लिए हर चीज का इस्तेमाल किया है। अन्य दासों के मालिक आज्ञाकारिता को बनाये रखने के लिए भय का प्रयोग करते हैं—उनका खुद का भय या फिर धार्मिक भय। स्त्रियों के मालिक साधारण आज्ञाकारिता से कुछ अधिक चाहते थे और उन्होंने शिक्षा के पूरे बल का इस उद्देश्य के लिए इस्तेमाल किया। बहुत बचपन से सभी स्त्रियों को यह सिखाया जाता है कि उनका आदर्श चरित्र पुरुष के चरित्र से ठीक विपरीत होना चाहिये। इच्छाशक्ति और आत्मनियंत्रण नहीं बल्कि समर्पण, और दूसरे के नियंत्रण के समक्ष झुक जाना उनका गुण होना चाहिये। सारी नैतिकता उन्हें बताती है कि यह महिलाओं का कर्तव्य है और सभी मौजूदा भावनाओं के अनुसार यह उनका स्वभाव है कि वे दूसरों के लिए जियें, पूर्ण आत्मत्याग करें और अपने स्नेह सम्बन्धों के अतिरिक्त उनका अपना कोई जीवन न हो। स्नेह सम्बन्धों

से तात्पर्य सिर्फ उन सम्बन्धों से है जिनकी उन्हें इजाजत है—वे पुरुष जिनसे स्त्री सम्बन्धित हो या वे बच्चे जो पुरुष व उनमें एक अटूट व अतिरिक्त बन्धन होते हैं। जब हम इन तीन चीजों को साथ रखते हैं—पहला, दो विपरीत सैक्सेज में स्वाभाविक आकर्षण, दूसरे, पत्नी की पति पर पूर्णतः निर्भरता, उसकी हर सुविधा व सुख या तो पति का इनाम होता है, या पूरी तरह से उसकी इच्छा पर निर्भर करता है; और अन्तिम—कि मानव इच्छा की जो मुख्य वस्तुएँ हैं, सम्मान और सामाजिक महत्त्वाकांक्षा की सभी चीजें, सामान्यतः एक स्त्री पति के जरिये ही पाती है या पाने की कोशिश करती है—इन तीनों चीजों को साथ रखकर देखें तो स्पष्ट हो जायेगा कि स्त्री की शिक्षा व उसके चरित्र निर्माण की प्रक्रिया के केन्द्र में पुरुष के लिए आकर्षक बनने का उद्देश्य न होना एक चमत्कार ही होता। महिलाओं की बुद्धि पर साधनों के इस महान प्रभाव को हासिल कर, पुरुषों के स्वार्थी स्वभाव ने इसका पूरा-पूरा प्रयोग महिलाओं को अधीन रखने के लिए भी किया। उन्हें यह जतलाया गया कि विनम्रता, समर्पण और अपनी निजी इच्छा का पुरुष के हाथों पूर्ण अर्पण ही महिला के शारीरिक आकर्षण का आवश्यक भाग है। क्या इस बात पर सन्देह किया जा सकता है कि अन्य प्रकार की दासताएँ जिन्हें मानव जाति तोड़ने में कामयाब हुई है, वे अब तक टिकी रहतीं यदि यही साधन इतनी ही मेहनत से (अधीन) लोगों के दिमाग को झुकाने के लिए इस्तेमाल किये जाते? यदि यह हर निम्नवर्गीय युवक का ध्येय बना दिया जाता कि वह किसी कुलीन की आँख का तारा बन जाये, और हर युवा किसान का उद्देश्य किसी सामन्त का पसन्दीदा व्यक्ति बन जाना होता; यदि उस कुलीन के साथ एक घर में रहना और उसके साथ स्नेह सम्बन्ध रखना एक ऐसा उपहार होता जिसकी इच्छा सभी निम्नवर्गीय जन को करनी चाहिये, और जब यह उपहार उन्हें मिल जाता तो उसे उन हितों, भावनाओं व इच्छाओं से अलग एक चारदीवारी में बन्द कर दिया जाता जिसके केन्द्र में वह नहीं है, जो न तो वह अपने मालिक से बाँटता है, न ही उसमें वे पोषित की गयी हैं; तो क्या आज किसान व सामन्त, निम्नवर्गीय व कुलीन उतने ही विशिष्ट एवं भिन्न नहीं होते जितना स्त्री व पुरुष हैं? और क्या इधर-उधर एकाध विचारक को छोड़कर सभी यही नहीं मानते कि यह विशिष्ट भिन्नता मानव स्वभाव का मूल एवं अभिन्न अंग है?

पूर्ववर्णित तथ्य यह दिखलाने के लिए पर्याप्त हैं कि प्रथा, चाहे कितनी सार्वभौमिक क्यों न हो, इस सन्दर्भ में कोई पूर्वधारणा नहीं बनाती और इससे उस व्यवस्था के पक्ष में कोई पूर्वग्रह भी नहीं बनना चाहिये जो महिलाओं को सामाजिक व राजनीतिक रूप से पुरुषों के अधीन समझती है। लेकिन मैं इससे आगे जाकर यह मानता हूँ कि इतिहास का यह दौर और प्रगतिशील मानव समाज की प्रवृत्तियाँ न केवल इस असमान अधिकारों की पक्षधर व्यवस्था के समर्थन में कोई पूर्वधारणा नहीं रखतीं,

बल्कि इसके विरुद्ध एक प्रबल धारणा रखती हैं; और यह कि, जहाँ तक इस विषय में मानव सुधार की गति एवं आधुनिक प्रवृत्तियों की समूची धारा की भूमिका है, तो मेरे विचार में, अतीत का यही अवशेष भविष्य से मेल नहीं खाता अतः इसे अवश्य ही लुप्त हो जाना चाहिये। क्योंकि—आधुनिक दुनिया का विशिष्ट चरित्र क्या है—वह अन्तर जो आधुनिक संस्थानों, आधुनिक सामाजिक विचारों और स्वयं आधुनिक जीवन को मुख्यतः अतीत से अलग करता है? वह यह है—कि मनुष्य जन्म से ही जीवन में एक निश्चित स्थान से नहीं बँधा होता, बल्कि अब मनुष्य अपनी योग्यताओं व अपने अनुकूल अवसरों का उस स्तर अथवा स्थान तक पहुँचने हेतु इस्तेमाल करने के लिए आजाद है, जो स्वयं उसे अपने लिए सबसे वांछित लगे। पुराना मानव समाज एक बहुत अलग सिद्धान्त पर टिका था। सभी लोग एक निश्चित सामाजिक श्रेणी में जन्म लेते थे और कानूनन उन्हें अकसर उसी श्रेणी में रखा जाता था या उन साधनों के प्रयोग पर निषेध रखा जाता था जो उन्हें उस श्रेणी से बेहतर अवस्था में पहुँचा पाते। जैसे कुछ लोग जन्म से श्वेत होते हैं और कुछ अश्वेत, वैसे ही कुछ जन्मतः दास थे और अन्य स्वतंत्र जन व नागरिक; कुछ जन्म से सत्ताधिकारी थे और अन्य सर्वहारा अथवा निम्नवर्गीय; कुछ जन्मतः सामन्त थे और अन्य सामान्य जन। एक दास या किसान खुद को कभी आजाद नहीं कर सकता था, न ही, अपने मालिक की इच्छा से इतर स्वतंत्र बन सकता था। अधिकतर यूरोपीय देशों में मध्ययुग की समाप्ति पर और राजसत्ता के विकास के परिणामस्वरूप ही सामान्य व्यक्ति को कुलीन बनाया जाना सम्भव हुआ। कुलीनों में भी, सबसे बड़ा पुत्र ही पैतृक सम्पत्ति का एकमात्र उत्तराधिकारी माना जाता था और बहुत समय बाद यह पूरी तरह से स्थापित हुआ कि पिता उसे इस अधिकार से बेदखल कर सकता है। श्रमिक वर्गों में, एक शिल्पसंघ के केवल वही सदस्य वह निश्चित काम कर सकते थे, जो जन्म से ही इस संघ के सदस्य हों या जिनका प्रवेश सदस्यों द्वारा इसमें करवाया गया हो। यह काम वे अपनी स्थानीय सीमाओं के भीतर और उन्हीं प्रक्रियाओं के माध्यम से कर सकते थे जो कानूनी तौर पर कड़ाई से निर्धारित की गयी थीं। निर्माता अपना व्यापार नये व विकसित तरीकों से नहीं चला सकते थे। आधुनिक यूरोप में, अधिकतर उन हिस्सों में जिन्होंने अन्य सभी आधुनिक सुधारों में सक्रिय भाग लिया है, अब बिल्कुल विपरीत सिद्धान्त प्रचलित हैं। अब कानून और सरकार यह निर्धारित नहीं करती कि अमुक सामाजिक या औद्योगिक कार्य किसके द्वारा किया जायेगा या नहीं किया जायेगा, या उस काम को करने की कौन सी प्रणाली वैध होगी। ये चीजें व्यक्ति के स्वतंत्र चुनाव पर छोड़ दी जाती हैं। यहाँ तक कि यह कानून कि मजदूरों को पहले प्रशिक्षण लेना चाहिये, इस देश में खत्म किया जा चुका है; इस बात की प्रचुर निश्चिन्तता की स्थिति में कि जिन स्थितियों में प्रशिक्षण की जरूरत है, उनमें

प्रशिक्षण की आवश्यकता ही उसे लागू करने के लिए पर्याप्त है। पुराना सिद्धान्त यह था कि एक व्यक्ति के चुनाव पर कम से कम बातें छोड़नी चाहिये; कि जो भी उसे करना है, वह जहाँ तक व्यावहारिक हो, उसके नियम एक उच्च बुद्धि द्वारा निर्धारित कर दिये जायें। यदि उसे स्वतंत्र छोड़ दिया जाये तो निश्चित तौर पर वह गलत काम करेगा। आधुनिक विश्वास, जो हजारों वर्षों के अनुभव का फल है, यह है कि वह काम जिसमें एक व्यक्ति प्रत्यक्षतः शामिल है, तब तक सही नहीं हो सकता, जब तक कि वह उसके अपने विवेक पर न छोड़ दिया जाये; और यह कि सत्ता द्वारा इसका नियमन, अन्य लोगों के अधिकारों की रक्षा के अतिरिक्त, निश्चित तौर पर दुष्टता होगी। यह निष्कर्ष जो बहुत धीरे-धीरे सामने आया और जिसको व्यवहार में तब तक नहीं लाया गया जब तक कि इसके विपरीत अन्य सभी सिद्धान्त विफल न हो गये, अब (औद्योगिक क्षेत्र में) सभी विकसित देशों में प्रचलित है और उन देशों में भी लगभग प्रचलित है, जिन्हें विकसित होने का कुछ गुमान है। ऐसा नहीं है कि सभी प्रक्रियाएँ समान रूप से अच्छी मानी जाती हैं, या सभी लोग हर काम के लिए समान रूप से योग्य होते हैं; लेकिन अब व्यक्तिगत चुनाव की स्वतंत्रता ही ऐसी चीज मानी जाती है जिससे सर्वश्रेष्ठ प्रक्रियाएँ हासिल की जा सकती हैं और जो हर काम को उन लोगों के हाथ में दे देता है जो उसके सर्वाधिक योग्य होते हैं। यह कानून बनाने की आवश्यकता कोई नहीं समझता कि एक मजबूत बाँहों वाले व्यक्ति को ही लुहार होना चाहिये। स्वतंत्रता और प्रतियोगिता ही मजबूत बाँहों वाले लोगों को लुहार बनाने के लिए पर्याप्त हैं क्योंकि कमजोर बाँहों वाले व्यक्ति अन्य कोई काम करके ज्यादा कमा सकते हैं, जो उनके अधिक अनुकूल हो। इसी सिद्धान्त के अनुरूप, यह सत्ता की उचित सीमाओं का उल्लंघन माना जाता है कि किसी पूर्वधारणा के चलते यह सुनिश्चित कर लिया जाये कि निश्चित लोग कुछ निश्चित काम करने के लिए उपयुक्त नहीं हैं। यह अब पूर्ण रूप से विदित और स्वीकार्य है कि अगर ऐसे पूर्वानुमान मौजूद हैं तो ऐसा कोई पूर्वानुमान नहीं जो अमोघ हो। यदि यह ज्यादातर स्थितियों पर ही आधारित हो, जो कि बहुत सम्भव है, यह न हो, तो भी अपवादस्वरूप केस तो रहेंगे ही जिन पर यह पूर्वानुमान ठीक नहीं बैठता; और उस स्थिति में यह न सिर्फ एक व्यक्ति के लिए अन्यायपूर्ण है बल्कि एक समाज के लिए भी हानिकारक है कि उस पर अपने व दूसरों के लाभ के लिए अपनी योग्यता का प्रयोग करने पर रोक लगायी जाये। दूसरी ओर उस स्थिति में जहाँ अयोग्यता वास्तविक है, तो मानव व्यवहार के सामान्य प्रेरक ही अयोग्य व्यक्ति को वह काम करने से रोकने के लिए पर्याप्त होंगे।

यदि सामाजिक व अर्थ विज्ञान का यह सामान्य सिद्धान्त सच नहीं है; यदि व्यक्ति, अपने परिचितों के विचारों की सहायता से अपनी क्षमता व योग्यता के,

कानून व सरकार की अपेक्षा बेहतर पारखी नहीं हो सकते तो दुनिया जल्द ही इस सिद्धान्त का त्याग कर नियमों व वर्जनाओं की प्राचीन व्यवस्था में लौट सकती है। लेकिन यदि यह सिद्धान्त ठीक है, तो हमें उस पर विश्वास रख कर ही चलना चाहिये और यह नियत नहीं करना चाहिये कि जन्मतः लड़के की बजाय लड़की होना जीवन भर उसी तरह व्यक्ति की स्थिति निर्धारित करेगा जैसे श्वेत की बजाय अश्वेत होना या जन्मतः कुलीन की बजाय आम व्यक्ति होना। और यह लोगों को, कुछ को छोड़कर सभी प्रतिष्ठित सामाजिक पदों और सभी सम्माननीय व्यवसायों में जाने तक से निषेध कर देगा। यदि हम वह सब स्वीकार कर लें जो पुरुषों की हर कार्य के लिए श्रेष्ठ उपयुक्तता के बारे में कहा जाता है, तो वही तर्क लागू होता है जो संसद सदस्यों की कानूनी योग्यता को वर्जित करता है। यदि एक दर्जन वर्षों में एक बार योग्यता की शर्तें एक उपयुक्त व्यक्ति को अयोग्य करार देती हैं, तो यह वाकई एक क्षति है, जबकि हजारों अनुपयुक्त लोगों को भी बाहर रखना कोई लाभप्रद नहीं है; क्योंकि यदि निर्वाचक संस्था का संविधान उन्हें अयोग्य व्यक्तियों को चुनने के लिए तैयार करता है, तो हमेशा बहुत से ऐसे लोग होते हैं जिनमें से यह चुनाव किया जा सकता है। किसी कठिन और महत्त्वपूर्ण कार्य के सन्दर्भ में, जो लोग यह काम भली-भाँति कर सकते हैं वे आवश्यकता से कम ही होते हैं, चाहे चुनाव की कितनी भी स्वतंत्रता हो। और चुनाव के क्षेत्र में कोई भी सीमा निर्धारण समाज को योग्य लोगों की सेवाओं के कुछ अवसरों से तो वंचित करता ही है, उसे अयोग्य लोगों से बचा भी नहीं पाता।

वर्तमान में, अपेक्षाकृत अधिक विकसित देशों में, महिलाओं की वर्जनाएँ ही मात्र ऐसी स्थिति है, एक को छोड़कर, जिसमें कानून व प्रथा व्यक्ति को उसके जन्म से पहचानते हैं और निर्धारित कर देते हैं कि जीवन भर उन्हें निश्चित चीजों की प्रतिस्पर्धा में भाग लेने की अनुमति नहीं दी जायेगी। एक अपवाद केवल राजसी मूल का है। आज भी लोग जन्मतः राजगद्दी के उत्तराधिकारी होते हैं। शासक परिवार से इतर कोई भी राजगद्दी पर कभी नहीं बैठ सकता, और उस परिवार में से भी कोई भी पारिवारिक उत्तराधिकार के अतिरिक्त अन्य किसी साधन से उसे प्राप्त नहीं कर सकता। अन्य सभी प्रतिष्ठित पद व सामाजिक सुविधाएँ सभी पुरुषों के लिए खुली हैं; अनेक तो वाकई सिर्फ धन-सम्पत्ति से ही प्राप्त की जा सकती हैं लेकिन धन प्राप्ति के लिए तो कोई भी प्रयास कर सकता है और गरीब परिवार से आये कई पुरुषों ने ऐसा किया भी है। ज्यादातर लोगों के लिए कठिनाइयों को सफलतापूर्वक लाँघना सौभाग्यशाली संयोगों की मदद के बिना दुस्तर होता है। लेकिन किसी भी पुरुष के लिए कानूनन कोई प्रतिबन्ध नहीं है; न कानून और न ही कोई मत प्राकृतिक बाधाओं में कृत्रिम बाधाएँ जोड़ रहा है। राजपरिवार, जैसा मैं कह चुका हूँ, अपवाद है। लेकिन इस केस में हरेक को यह लगता है कि यह अपवाद है—आधुनिक दुनिया में एक

ऐसी असंगति, जो इसके सिद्धान्तों व रीति-रिवाजों के कतई विपरीत है, जिसका औचित्य किसी असाधारण विशेष कार्यसाधकता से ही सिद्ध हो सकता है और हालाँकि व्यक्ति व राष्ट्र इसकी कार्यसाधकता के बारे में विभिन्न मत रखते हैं, फिर भी यह दरअसल मौजूद तो है ही। लेकिन इस अपवाद के सन्दर्भ में, जिसमें एक उच्च सामाजिक कार्य, महत्त्वपूर्ण वजहों से प्रतियोगिता नहीं वरन जन्म के आधार पर किसी के लिए निर्धारित किया जाता है, सभी राष्ट्र किसी न किसी तरह से उस सिद्धान्त के सारतत्व से सहमति रखते हैं, जिसकी वे नाममात्र को निन्दा करते हैं : क्योंकि वे इस प्रतिष्ठित कार्य को उन शर्तों से सीमित कर देते हैं जो सम्बन्धित व्यक्ति को दरअसल वह कार्य करने से रोकती हैं; जबकि जो व्यक्ति दरअसल यह कार्य करता है, जिम्मेदार मंत्री, वह इस पद को प्रतियोगिता के द्वारा ही प्राप्त करता है। यह प्रतियोगिता किसी भी वयस्क पुरुष के लिए कानूनन वर्जित नहीं है। इसलिए, महिलाएँ सिर्फ जन्म के कारण जिन असमर्थताओं का शिकार हैं, वह आधुनिक विधान में अपनी तरह का एकमात्र उदाहरण है। इस स्थिति के अतिरिक्त और किसी भी सन्दर्भ में केवल जन्म की वजह से ही उच्च सामाजिक कार्य क्षेत्रों के द्वार बन्द नहीं किये जाते, जिन्हें कोई दबाव, परिस्थितियों में कोई भी बदलाव खोल नहीं सकता। और यह आधी मानव जाति पर लागू होता है। क्योंकि धार्मिक वर्जनाओं के सन्दर्भ में भी (इंग्लैण्ड और यूरोप में अब ऐसा होना खत्म हो गया है) अयोग्य व्यक्ति यदि धर्म परिवर्तन कर ले, तो उसे किसी भी कार्य क्षेत्र से रोका नहीं जाता, तो कोई भी कार्यक्षेत्र उसके लिए निषिद्ध नहीं रहता।

इस प्रकार महिलाओं की सामाजिक अधीनता आधुनिक समाज के प्रचलन में एक अकेला तथ्य है; जो अब मूलभूत नियम बन गया है उसका एकमात्र अतिक्रमण; पुराने विचार व व्यवहार का एकमात्र अवशेष जिसे हर क्षेत्र में खत्म कर दिया गया है लेकिन सिर्फ एक ही क्षेत्र में वह शेष है और वह क्षेत्र सार्वभौमिक स्तर का है, मानो सेण्ट पॉल के स्थान पर ज्यूपिटर ओलंपिअस का एक विशाल मन्दिर हो और उसकी रोज पूजा की जाये, जबकि उसके आसपास के ईसाई चर्चों में सिर्फ त्योहारों के दिन ही रौनक हो। एक तरफ यह सामाजिक तथ्य और दूसरी ओर अन्य तथ्य जो इसके साथ ही मौजूद हैं, इस तथ्य की प्रकृति और आधुनिक विश्व के प्रगतिशील आन्दोलन के बीच का गहन अन्तरविरोध और किस तरह इस प्रगतिशील आन्दोलन ने इस जैसी अन्य सभी रीतियों को खत्म कर दिया है—यह सब मानव प्रवृत्तियों के विवेकशील अध्येता के लिए विचार का गम्भीर विषय है। यह प्रथम द्रष्ट्या ही एक नकारात्मक पूर्वधारणा पैदा करती है जो इन परिस्थितियों में किसी भी सकारात्मक पूर्वधारणा से कहीं गम्भीर है जो रीति या व्यवहार से पैदा हो सकती है। और यह कम से कम इसे, गणतंत्रवाद व राजतंत्र के बीच चुनाव जैसा एक सन्तुलित प्रश्न बनाने के लिए

पर्याप्त है ही।

कम से कम यही माँग की जा सकती है कि इस प्रश्न का मौजूदा तथ्य व मत की बिना पर पूर्वनिर्णय न किया जाये, बल्कि इसे इसके गुणों पर न्याय व औचित्य के सवाल के रूप में विचार-विमर्श के लिए खुला छोड़ दिया जाये। मनुष्य की अन्य सामाजिक व्यवस्थाओं की तरह ही, इस सन्दर्भ में भी, पुरुष-स्त्री का भेद किये बिना, प्रवृत्तियों और परिणामों के उस विवेकशील अनुमान पर निर्भर होकर यह निर्णय होना चाहिये, जो सामान्यतः मानवजाति के लिए सर्वाधिक लाभप्रद हो। और यह बहस वास्तविक होनी चाहिये, जो मुद्दे की जड़ तक जाये, न कि आम और अस्पष्ट तर्कों से ही सन्तुष्ट हो। उदाहरण के लिए, सामान्य तौर पर यह तर्क देना नाकाफी होगा कि मानवजाति का अनुभव मौजूदा व्यवस्था के पक्ष में है। अनुभव तब तक उन दो चीजों के बारे में फैसला नहीं दे सकता जब तक कि केवल एक ही चीज का अनुभव रहा हो। अगर यह कहा जाये कि पुरुष-स्त्री की समानता का मत केवल सिद्धान्त पर ही आधारित है, तो यह याद रखना चाहिये कि इसके विपरीत मत भी सिर्फ सिद्धान्त पर आधारित है। इसके पक्ष में प्रत्यक्ष अनुभव से जो सिद्ध हुआ है, वह यह कि मानवजाति इस मत के साथ जीने में समर्थ रही है और विकास व समृद्धि की उस हद को प्राप्त करने में सफल रही है, जो हम आज देख सकते हैं। लेकिन क्या यह समृद्धि इसके विपरीत मत के साथ रहने की अपेक्षा शीघ्र प्राप्त हुई या उससे ज्यादा रही, अनुभव यह नहीं बताता। दूसरी तरफ, अनुभव यह जरूर बताता है कि सुधार का हर कदम महिलाओं की सामाजिक स्थिति को उन्नत करने से इतना जुड़ा हुआ रहा है कि इतिहासकार व दार्शनिक किसी भी समाज या युग की सभ्यता को मापने के लिए समय या समाज की महिलाओं की उन्नत या पतित स्थिति को एक निश्चित और सही कसौटी मानते हैं। मानव इतिहास के सभी प्रगतिशील युगों से होकर महिलाओं की स्थिति पुरुषों से समानता के निकट पहुँच ही रही है। यह स्वयं में इसे सिद्ध नहीं करता कि इस तरह का समावेश तब तक जारी रहना चाहिये जब तक कि स्त्री-पुरुष समानता पूरी नहीं हो जाती लेकिन यह निश्चित तौर पर इस पूर्वधारणा को जन्म तो देता ही है कि स्थिति ऐसी ही है।

न ही यह इस पक्ष में कुछ कहता है कि पुरुष-स्त्री का स्वभाव स्वयं को उनके मौजूदा कार्यों व स्थिति के अनुकूल बना देता है और उनके लिए उचित है। सामान्य विवेक और मानव मस्तिष्क की संरचना के आधार पर मैं इस बात से इंकार करता हूँ कि कोई भी पुरुष-स्त्री के स्वभाव के बारे में जानता है या जान सकता है, जब तक उन्हें उनके वर्तमान परस्पर सम्बन्ध के परिप्रेक्ष्य में ही देखा जाये। यदि पुरुष इस समाज में कभी बिना स्त्रियों के रहे होते, या महिलाएँ बिना पुरुषों के रही होतीं, या फिर कभी एक ऐसा समाज होता जिसमें महिलाएँ पुरुषों के नियंत्रण में न रही

होतीं, तो स्त्री-पुरुष के बीच सम्भव मानसिक व नैतिक भिन्नताओं के बारे में जाना जा सकता था। आज जिसे महिलाओं का स्वभाव कहा जाता है, वह ज्यादातर एक कृत्रिम चीज है—कुछ दिशाओं में जबरन दमन व कुछ में अस्वाभाविक प्रेरकों का परिणाम है। यह निःसंकोच कहा जा सकता है कि और किसी पराधीन वर्ग का चरित्र मालिक से उसके सम्बन्ध के परिणामस्वरूप इतनी पूर्णता में नहीं बदला। क्योंकि यदि विजित व गुलाम जातियाँ कुछ हद तक अपेक्षाकृत अधिक बल प्रयोग से दमित की गईं, तो उनमें जो कुछ भी कुचला न जा सका, उसे छोड़ दिया गया और यदि उसे विकास की कुछ सम्भावना के साथ छोड़ा गया, तो वह तत्व 'अपने ही नियमों के अनुसार विकसित हुआ। लेकिन महिलाओं के सन्दर्भ में 'आरामदायक धर और गर्म चूल्हा' की संस्कृति उनके स्वभाव की क्षमताओं में प्रमुख मानी जाती रही है तो उनके मालिकों के फायदे व खुशी के लिये। सामान्य जैविक ऊर्जा के कुछ उत्पाद इस गर्म माहौल में और सक्रिय देखभाल के चलते आराम से उगते और भली-भाँति बढ़ते हैं, जबकि इसी जड़ से उगी एक और टहनी, जिसे जानबूझकर जाड़े की हवा और बर्फ के बीच छोड़ दिया जाये, उसका विकास बाधित रहता है और कुछ इसी तरह आग में जलकर लुप्त हो जाती हैं। पुरुष, जो अपने ही काम को पहचानने में असमर्थ हैं, और उनकी यह असमर्थता एक गैरविश्लेषणात्मक बुद्धि की परिचायक है, मान लेते हैं कि वृक्ष उसी तरह बढ़ता है, जिस तरह उन्होंने उसे पाला-पोसा है, और यह कि अगर उस वृक्ष का एक भाग वाष्प स्नान और दूसरा बर्फ में न रख गया, तो वह मर जायेगा।

विचार के विकास व जीवन एवं सामाजिक व्यवस्था पर भलीभाँति सोचे-समझे गये मतों के विकास में जो बाधाएँ आती हैं उनमें से मानव-चरित्र का निर्माण करने वाले प्रभावों के सन्दर्भ में मनुष्य का अवर्णनीय अज्ञान व लापरवाही प्रमुख बाधा है। मानव जाति का जो भी भाग अभी जैसा है, या जैसा प्रतीत होता है तो यह मान लिया जाता है कि वैसा होने की उसमें स्वाभाविक प्रवृत्ति है : जब कि उन परिस्थितियों की मूलभूत जानकारी, जिनमें उसे रखा गया, उन कारणों की ओर साफ संकेत देती है, जिन्होंने उसे वैसा बनाया। क्योंकि एक किरायेदार अपने मकान मालिक के कर्ज में डूबा हुआ है और मेहनती नहीं है, तो ऐसे बहुत से लोग हैं जो सोचेंगे कि आइरिश लोग ही स्वाभाविक रूप से आलसी होते हैं। चूँकि उन संविधानों को उलट दिया जाता है, जिनको लागू करने वाले अधिकारी ही उनके विरुद्ध हो जायें, तो बहुत से लोग यह सोच लेते हैं कि फ्रांसीसी लोग एक स्वतंत्र सरकार बनाने में असमर्थ हैं। चूँकि ग्रीकों ने तुर्कों को धोखा दिया और तुर्कों ने उन्हें सिर्फ लूटा, तो बहुत से लोग यह सोचेंगे कि तुर्क लोग अपेक्षाकृत अधिक ईमानदार होते हैं, और चूँकि महिलाएँ, जैसाकि प्रायः कहा जाता है, अपने सौन्दर्य व व्यक्तित्व के अलावा राजनीति इत्यादि

की परवाह नहीं करतीं, तो यह मान लिया जाता है कि सामान्य कल्याण की बातें स्वभाव से ही पुरुषों की अपेक्षा स्त्रियों की रुचि का विषय नहीं होतीं। इतिहास, जिसे अब पहले की अपेक्षा अधिक अच्छी तरह समझा जाता है, दूसरा ही पाठ पढ़ाता है, लेकिन सिर्फ यह दिखाते हुए कि मनुष्य का स्वभाव बाहरी प्रभावों के प्रति कितना संवेदनशील है। और इतिहास इसकी उस अभिव्यक्ति की अति परिवर्तनशीलता भी दिखलाता है, जो सर्वाधिक सार्वभौमिक व एकरूप मानी जाती है। लेकिन यात्रा की तरह इतिहास में भी लोग प्रायः वही देखते हैं जो पहले से ही उनके दिमाग में है; बहुत कम लोग ही इतिहास से सीख पाते हैं, जो इसका अध्ययन बिना किसी पूर्वधारणा के करते हैं।

इसलिए, उस सर्वाधिक कठिन प्रश्न के सन्दर्भ में, स्त्री-पुरुष के बीच स्वाभाविक भेद क्या है—एक ऐसा विषय जिसके बारे में मौजूदा समाज में रहते हुए पूरी व सही जानकारी पाना असम्भव है—जबकि लगभग सभी इस पर सिद्धान्त बघारते हैं, लगभग सभी उस साधन की भी उपेक्षा कर देते हैं, या उसे गम्भीरता से नहीं लेते, जो इसमें कुछ अन्तर्दृष्टि प्रदान कर सकता है। और वह है—मनोविज्ञान के सर्वाधिक महत्त्वपूर्ण विभाग का विश्लेषणात्मक अध्ययन—चरित्र पर परिस्थितियों के प्रभावों के नियम। क्योंकि स्त्री-पुरुष के बीच कितने भी बड़े व स्पष्टतः न खत्म होने वाले नैतिक व बौद्धिक भेद हों, उनके प्राकृतिक होने का प्रमाण सिर्फ नकारात्मक ही हो सकता है। प्रत्येक की उन विशेषताओं को हटा कर, जो शिक्षा या बाहरी परिस्थितियों के कारण जनित कही जा सकती हैं, शेष विशेषताओं में से केवल उन्हें प्राकृतिक कहा जा सकता है, जिनका कृत्रिम होना सम्भव नहीं होता। नैतिक व विवेकपूर्ण प्राणियों के रूप में स्त्री-पुरुष के बीच कोई भेद है, और इससे भी ज्यादा वह भेद क्या है—इसकी पुष्टि करने वाले व्यक्ति के लिए चरित्र निर्माण के नियमों की गहनतम जानकारी अपरिहार्य है। और चूँकि अभी तक किसी के पास यह जानकारी नहीं है (क्योंकि ऐसा कोई विषय नहीं है जिसका इतना महत्त्वपूर्ण होते हुए भी इतना कम अध्ययन किया गया हो) इसलिए इस विषय पर निश्चित मत व्यक्त करने का अधिकारी कोई नहीं है। फिलहाल इस सन्दर्भ में केवल अनुमान ही लगाया जा सकता है; अनुमान, जो चरित्र निर्माण पर लागू मौजूदा मनोवैज्ञानिक नियमों की जानकारी के आधार पर कमोबेश लगाये जा सकते हैं।

यदि यह सवाल छोड़ भी दिया जाये कि स्त्री-पुरुष में अन्तर किस तरह से बने, तो स्त्री-पुरुष में क्या अन्तर है—इस प्रश्न पर जो आरम्भिक जानकारी उपलब्ध है, वह अब भी बहुत कच्ची और अपूर्ण है।

चिकित्सकों व शरीरविज्ञानियों ने कुछ हद तक स्त्री-पुरुष की शारीरिक संरचना में भिन्नताओं को तो निर्शिचत कर लिया है; और शरीरवैज्ञानिकों के लिए यह एक

महत्त्वपूर्ण तत्व है। लेकिन कोई चिकित्सक शायद ही मनोवैज्ञानिक होता है। महिलाओं की मानसिक विशिष्टताओं के सन्दर्भ में उनका कथन भी उतना ही अर्थ रखता है जितना कि आम आदमी का। यह ऐसा विषय है जिस पर अन्तिम रूप से कुछ भी नहीं जाना जा सकता जब तक कि वे जो वाकई यह जान सकती हैं, स्वयं महिलाएँ, इस पर कुछ प्रमाण न दें। और जो थोड़ा बहुत उन्होंने कहा भी है, अधिकतर झूठ ही है। मूर्ख महिलाओं को जानना सरल है। पूरी दुनिया में मूर्खता कमोबेश एक जैसी ही होती है। एक मूर्ख व्यक्ति के विचार व भावनाएँ उस समूह के सामान्य विचारों से समझी जा सकती हैं, जिसमें वह प्रायः रहता है। ऐसा उन लोगों के साथ नहीं होता जिनके मत उनके अपने स्वभाव व योग्यता से जनित होते हैं। यहाँ-वहाँ इक्का-दुक्का ही पुरुष होंगे जिन्हें अपने परिवार की स्त्रियों के चरित्र की भी ठीक-ठाक जानकारी होगी। मेरा अर्थ उनकी योग्यताओं से नहीं है। वह तो कोई नहीं जानता, वे खुद भी नहीं क्योंकि ज्यादातर स्त्रियों को कभी इस सन्दर्भ में बुलाया ही नहीं गया। मेरा आशय उनके वास्तविक विचारों व भावनाओं से है। बहुत से पुरुष सोचते हैं कि वे महिलाओं को भली-भाँति समझते हैं क्योंकि कईयों से उनके प्रेम-सम्बन्ध रहे हैं—शायद बहुतों से।

अगर वह अच्छी समझ रखता है और उसके अनुभव में संख्या के साथ गुण का भी समावेश है तो उसने स्त्री-स्वभाव के बहुत छोटे से भाग के बारे में ही जाना होगा—निस्सन्देह वह भाग बहुत महत्त्वपूर्ण है। लेकिन शेष स्वभाव के बारे में, कम ही लोग होंगे जो इतने अज्ञानी होंगे क्योंकि उनका स्वभाव बहुत सावधानीपूर्वक गुप्त रखा जाता है। एक स्त्री के चरित्र का अध्ययन करने के लिए एक पुरुष के पास सामान्यतः अपनी पत्नी का सबसे अनुकूल केस होता है। क्योंकि इसमें अवसर ज्यादा मिलता है और पूर्ण सहानुभूति की स्थितियाँ भी इतनी दुर्लभ नहीं होतीं। और दरअसल मेरा मानना है कि यही वह स्रोत है, जिससे इस विषय पर जितनी भी ठीक-ठाक जानकारी उपलब्ध है, प्राप्त हुई है। लेकिन अधिकतर पुरुषों को इस तरह अध्ययन करने के लिए एक से अधिक अवसर प्राप्त नहीं हुए हैं। तदनुसार, हम, हास्यास्पद होने की हद तक, एक पुरुष के स्त्रियों के बारे में सामान्य विचारों से यह पता लगा सकते हैं कि उसकी पत्नी किस तरह की है। इस केस से भी कुछ नतीजा पाने के लिए—पहले तो वह महिला जानने योग्य होनी चाहिये, फिर उसके पति का न सिर्फ (स्वभाव का) एक अच्छा पारखी होना आवश्यक है, बल्कि उसका अपना चरित्र इतना सहानुभूतिपूर्ण होना चाहिये और अपनी पत्नी के इतना अनुकूल होना चाहिये कि या तो वह सहानुभूतिपूर्ण अन्तर्बोध से उसके मन की बात जान ले या फिर उस पुरुष में ऐसा कुछ न हो जिसकी वजह से पत्नी कुछ भी खुल कर बताने में संकोच करे। प्रायः ऐसा होता है कि (पति-पत्नी) दोनों में बाहरी चीजों के लिए रुचियों का व

भावनात्मक एका होता है फिर भी एक का दूसरे के भीतरी जीवन में बहुत कम प्रवेश होता है, मानो वे सिर्फ परिचित ही हों। सच्चे स्नेह सम्बन्ध में भी यदि एक तरफ सत्ता हो और दूसरी तरफ पराधीनता—तो यह परस्पर पूर्ण विश्वास के आड़े आ जाता है। हालाँकि जानबूझकर कुछ छिपाया नहीं जाता लेकिन ज्यादा व्यक्त भी नहीं किया जाता। माता-पिता व बच्चे के बीच ऐसे ही सम्बन्ध में यही चीज लक्षित होती है। जैसे पिता और पुत्र के बीच ऐसा कितने ही मामलों में होता है, कि पिता, दोनों तरफ वास्तविक स्नेह होने के बावजूद पुत्र के उस पहलू को नहीं जानता जो पुत्र के साथियों व परिचितों को मालूम होता है। सच तो यह है, कि एक व्यक्ति की दूसरे पर निर्भरता की स्थिति उसके साथ पूर्ण ईमानदारी और खुलेपन के प्रतिकूल होती है। दूसरे की नजर में या उसकी भावनाओं में अपनी जगह खो देने का भय इतना प्रबल होता है कि एक ईमानदार व्यक्ति में भी सिर्फ अपना बेहतरीन पहलू या फिर वह पहलू जो दूसरा व्यक्ति देखना सर्वाधिक पसन्द करेगा, ही दिखलाने की प्रवृत्ति होती है। और यह तो बहुत विश्वास से कहा जा सकता है कि एक-दूसरे की पूरी-पूरी समझ कभी मौजूद नहीं होती, सिवाय उन लोगों के बीच जो अन्तरंग होने के साथ-साथ समान स्तर पर भी हैं। तो फिर यह उस स्थिति में कितना सच होगा जिसमें न सिर्फ एक की दूसरे पर पूरी-पूरी सत्ता है बल्कि उसके मन में यह बैठाया भी गया है कि सत्ताधारी की सुविधा व सुख के सामने अन्य हर चीज को तुच्छ मानना उसका कर्तव्य है; उसका फर्ज है कि पुरुष उसमें वही देखे व महसूस करे जो उसके अनुकूल है! एक पुरुष द्वारा उस एक स्त्री के अध्ययन में भी ये सभी बाधाएँ उपस्थित हैं, जिसको समझने के लिए सामान्यतः उसके पास पर्याप्त अवसर होता है। जब हम आगे सोचते हैं कि एक महिला को समझ लेने का अर्थ अन्य किसी भी स्त्री को समझ लेना नहीं होता : यहाँ तक कि यदि वह एक वर्ग की या एक देश की महिलाओं को भी समझ लेता है तो इस तरह वह अन्य वर्गों या देशों की स्त्रियों को नहीं समझ जायेगा; और अगर उसने ऐसा कर भी लिया तो इतिहास के एक दौर की भी वे ही महिलाएँ होंगी। इसलिए हम निश्चयपूर्वक कह सकते हैं कि महिलाओं की जो भी जानकारी पुरुषों को प्राप्त हो सकती है, कि वे क्या रही होंगी और क्या हैं, इस बात का जिक्र किये बिना कि वे क्या हो सकती थीं, वह बहुत कच्ची और सतही होगी। और ऐसा हमेशा रहेगा जब तक कि महिलाएँ स्वयं वह सब न बतायें जो उन्हें बताना है।

और यह वक्त अभी नहीं आया है; यह सिर्फ धीरे-धीरे ही आ सकता है, अन्यथा नहीं। कल की ही तो बात है कि महिलाएँ या तो अपनी साहित्यिक उपलब्धियों के द्वारा या समाज की अनुमति पाकर सामान्य जनता को कुछ भी बताने के लिए मुखातिब हुई हैं। अभी तक बहुत कम ने ऐसा कुछ बताने का साहस किया है, जो वे पुरुष, जिन पर उनकी साहित्यिक सफलता निर्भर करती है, न सुनना चाहते हों।

हमें याद रखना चाहिये कि कुछ समय पहले तक पुरुष लेखकों के प्रचलित मतों से इतर विचारों या जिन्हें सनकी भावनाएँ समझा जाता था, उनकी अभिव्यक्ति को किस तरीके से लिया जाता था, और आज भी लिया जाता है। और इससे हमें उन बाधाओं का आभास हो सकता है जिनके प्रभाव में वह महिला, पुस्तकों में अपने स्वभाव की गहराई से कुछ व्यक्त करने का प्रयास करती है, जिसका पालन-पोषण इसी विचार के निर्माण के लिए किया गया है कि रीति-रिवाज व मत ही जीवन के उत्तम नियम हैं। एक महानतम महिला, जिसका इतना लेखन उपलब्ध है जो उसके देश के साहित्य में उसे एक प्रतिष्ठित स्थान दिलवा सके, ने अपनी सर्वाधिक निर्भीक पुस्तक के आरम्भ में यह आदर्श-सूक्ति लिखना आवश्यक समझा था। "Un homme pent braver l'opinion; une femme doit s'y soumettre."* [(1)]

महिलाएँ जो कुछ महिलाओं के बारे में लिखती हैं उसका अधिकतर भाग महज पुरुषों की चापलूसी होता है। अविवाहित महिलाओं की स्थिति में, अधिकतर लेखन पति पाने के अवसर बढ़ाने के उद्देश्य से होता है। विवाहित व अविवाहित महिलाओं—दोनों में से अनेक, हद पार कर जाती हैं और किसी भी पुरुष की इच्छा या सुख के परे की चापलूसी खुद में विकसित कर लेती हैं। अब यह इतना आम नहीं है, जितना कि कुछ समय पहले तक था। साहित्यिक महिलाएँ अब अधिक मुखर हो गयी हैं और अपनी वास्तविक भावनाओं को व्यक्त करने के लिए पहले से अधिक इच्छुक हैं। दुर्भाग्यवश, खासकर हमारे देश में, स्वयं महिलाएँ ही इतनी कृत्रिम होती हैं कि उनकी भावनाओं में उनके निजी अनुभव व चेतना का भाग बहुत छोटा और अधिकतर उनके सम्बन्धों से प्रभावित होता है। यह धीरे-धीरे कम होता जायेगा लेकिन जब तक सामाजिक प्रथाएँ महिलाओं को अपनी मौलिकता विकसित करने की उतनी आजादी नहीं देतीं जितनी कि पुरुषों को प्राप्त है, तब तक ऐसा ही रहेगा। और जब वह वक्त आयेगा तो हम महिलाओं के स्वभाव के बारे में जितना जानना आवश्यक है, उसे न केवल सुनेंगे बल्कि देखेंगे भी।

वर्तमान समय में पुरुषों द्वारा महिलाओं के वास्तविक स्वभाव को जानने में आने वाली कठिनाइयों का इतना विस्तृत ब्यौरा मैंने इसलिए दिया है क्योंकि अन्य क्षेत्रों की तरह इसमें भी; और विशेषकर उस विषय में विवेकपूर्ण विचार की गुंजाइश बहुत कम होती है जब लोग यह सोच कर सन्तुष्ट हो जाते हैं कि वे उस विषय को पूरी तरह समझते हैं जिसके बारे में ज्यादातर लोग बिल्कुल नहीं जानते। और मौजूदा समय में सभी पुरुषों के लिए असम्भव है कि इस विषय में उन्हें इतनी जानकारी हो जो उन्हें महिलाओं की क्या योग्यता है, क्या नहीं, इस सन्दर्भ में नियम बनाने के लायक कर सके। यह खुशी की बात है कि समाज और जीवन के सन्दर्भ में महिलाओं

* "पुरुष अपना मत निर्भीकता से व्यक्त कर सकता है; स्त्री को समर्पण भाव से यह काम करना चाहिए।"

की स्थिति के सम्बन्ध में ऐसी किसी जानकारी की आवश्यकता नहीं। क्योंकि, आधुनिक समाज में लागू सभी सिद्धान्तों के अनुसार यह प्रश्न स्वयं महिलाओं के ही जिम्मे है, जो उनके अपने अनुभव व उनकी अपनी सामर्थ्य के प्रयोग से ही निश्चित होता है। एक व्यक्ति या अनेक वैसे व्यक्ति क्या कर सकते हैं, इसका जवाब सिर्फ उनकी खुद की कोशिश से ही मिल सकता है। अन्य कोई साधन नहीं जिससे कोई और उनके लिए यह खोज निकाले कि उनकी खुशी के लिए उन्हें क्या करना चाहिये, क्या नहीं।

एक बात तो हम निश्चित तौर पर कह सकते हैं—कि जो कुछ करना स्त्री स्वभाव के प्रतिकूल है, यदि उन्हें पूरी आजादी दे दी जाये तो भी वे वह काम कभी नहीं करेंगी। प्रकृति की तरफ से दखलन्दाजी करने की चिन्ता, इस भय से कि कहीं प्रकृति अपने उद्‌देश्य में नाकामयाब न हो जाये, मानव जाति की अनावश्यक चिन्ता है। महिलाएँ जो काम स्वभावतः नहीं कर सकतीं, उस काम से उन्हें वर्जित करना एकदम अनावश्यक है। जो काम वे कर सकती हैं किन्तु अपने प्रतिद्वंद्वी पुरुषों जितना श्रेष्ठ नहीं, तो यह प्रतियोगिता ही उन्हें इस काम से हटाने के लिए पर्याप्त है। चूँकि महिलाओं के पक्ष में कोई भी संरक्षणात्मक शुल्कों या पुरस्कारों की माँग नहीं करता, यही माँग करनी चाहिये कि पुरुषों के पक्ष में जो संरक्षणात्मक शुल्क व पुरस्कार प्रचलित हैं, स्त्रियों पर भी वही लागू किये जायें। यदि महिलाओं में कुछ कामों की अपेक्षा अन्य विशेष काम करने की स्वाभाविक प्रवृत्ति है तो ऐसे कानूनों या सामाजिक प्रशिक्षण की कोई जरूरत नहीं है जो उन्हें वह काम करने के लिए उत्साहित करे जिनमें उनकी स्वाभाविक रुचि नहीं। महिलाओं के जिन कामों की सर्वाधिक आवश्यकता है, मुक्त प्रतियोगिता ही उन्हें वह काम करने के लिए सर्वाधिक प्रोत्साहित करेगी। और जैसा कि इन शब्दों का आशय है, उन्हीं कार्यों के लिए उनकी आवश्यकता होती है, जिनके लिए वे सबसे ज्यादा अनुरूप हैं। इन्हीं कार्यों में महिलाओं की नियुक्ति से स्त्री-पुरुष दोनों की योग्यताओं का पूर्ण उपयोग हो पायेगा। पुरुषों का सामान्यतः मत यही हो सकता है कि महिलाओं की स्वाभाविक योग्यता पत्नी और माँ बनने की ही होती है। मैंने कहा, 'हो सकता है', क्योंकि समाज की मौजूदा संरचना के मद्‌देनजर—यह निष्कर्ष निकाला जा सकता है कि उनका मत ठीक इसके विपरीत होगा। वे संभवतः ऐसा सोच सकते हैं कि महिलाओं की तथाकथित स्वाभाविक योग्यता दरअसल उनके स्वभाव के सर्वाधिक प्रतिकूल है। अगर वे और कुछ करने के लिए आजाद होतीं—अगर उनके समय और योग्यतानुसार अन्य व्यवसाय उनके लिए खुले होते, जो उन्हें भी उनकी इच्छानुकूल लगते, तो उस स्थिति को स्वीकार करने के लिए पर्याप्त महिलाएँ आगे नहीं आयेंगी, जो उनके लिए स्वाभाविक मानी जाती है। यदि सामान्यतः पुरुषों का यही मत है, तो इसे स्पष्टतः व्यक्त भी करना चाहिये।

मैं वाकई किसी व्यक्ति द्वारा यह सिद्धान्त मुखर रूप से प्रतिपादित होता सुनना चाहूँगा (इस विषय पर जो कुछ भी लिखा गया है, उस पर तो यह लागू होता ही है) कि समाज के लिए यह आवश्यक है कि महिलाएँ विवाह करें और सन्तानोत्पत्ति करें। वे ऐसा तब तक नहीं करेंगी जब तक कि उन्हें बाध्य न किया जाये। तब इस केस के गुण-दोष स्पष्टतः परिभाषित हो जायेंगे। और यह दक्षिण केरोलिना व लूजियाना के दास-व्यापारियों के सदृश ही होंगे। "यह जरूरी है कि कपास और चीनी उगाई जाये। श्वेत इसे उगा नहीं सकते। हम उनके लिए जो भी मजदूरी निश्चित करें, फिर भी नीग्रो ऐसा नहीं करेंगे। इसलिए उन्हें बाध्य करना आवश्यक है।" इस मुद्दे के लिए निकट का उदाहरण है जबरन भर्ती का। नाविकों को देश की रक्षा के लिए आगे आना ही चाहिये। अकसर ऐसा होता है कि वे स्वेच्छा से नाम दर्ज नहीं कराते। इसलिए उन्हें जबर्दस्ती भर्ती करने के लिए बल का उपयोग आवश्यक है। कितनी बार इस तर्क का इस्तेमाल किया गया है। और, यह अब तक सफल भी रहा होता अगर इसमें सिर्फ एक कमी न होती। लेकिन इस पर यह प्रतिक्रिया हो सकती है—पहले नाविकों को ईमानदारी से उनके श्रम के बराबर धन दो। जब आपने उनके काम को आर्थिक रूप से इतना फायदेमन्द बना दिया, जितना कि अन्य किसी के पास काम करना, तो आपको भी उनकी सेवाएँ हासिल करने में कोई दिक्कत नहीं होगी। इसका तर्कपूर्ण जवाब यही हो सकता है "मैं काम नहीं करूँगा।" और अब लोग मजदूरों से उनका वेतन छीनने में न केवल शर्मिन्दगी महसूस करते हैं बल्कि वे ऐसा चाहते भी नहीं, इसलिए जबरन भर्ती का अब समर्थन नहीं किया जाता। जो लोग महिलाओं के लिए अन्य सारे दरवाजे बन्द कर उन्हें विवाह के लिए बाध्य करने का प्रयास करते हैं—उनके लिए भी यही प्रतिक्रिया होनी चाहिये। यदि वे जो कहते हैं, वही उनका आशय भी है, तो स्पष्टतः उनका मत यह होना चाहिये कि पुरुष विवाह को महिलाओं के लिए इतनी वांछनीय स्थिति नहीं बनाते कि वे खुद इसको, इसकी अच्छाइयों के चलते स्वीकार करने को प्रोत्साहित हों। जब कोई सिर्फ "या तो यह अथवा कुछ नहीं" वाले 'हॉब्सन्स चुनाव' की ही इजाजत देता है, तो यह इस प्रस्ताव के बहुत आकर्षक लगने का संकेत नहीं देता। और मेरा मानना है कि यही उन पुरुषों की भावनाओं की कुंजी है, जो स्त्रियों को समान आजादी देने के कत्तई खिलाफ हैं। मेरा विश्वास है कि वे इसलिए नहीं डरते हैं कि कहीं स्त्रियाँ विवाह करने की इच्छुक ही न हों, क्योंकि मेरे विचार से वास्तव में किसी को इस बात का डर नहीं होता बल्कि इस बात से डरते हैं कि कहीं वे यह जिद न करने लगें कि विवाह बराबरी की शर्तों पर होना चाहिये; कहीं सभी योग्य और सक्षम महिलाएँ विवाह के अतिरिक्त अपनी नजरों में जो भी पतित नहीं है, उसे करना अधिक पसन्द करें क्योंकि विवाह से उन्हें एक ऐसा मालिक मिलता है जो उनकी सारी सम्पत्ति का स्वामी बन जाता है। यदि

विवाह के आवश्यक परिणाम यही होते हैं तो मुझे लगता है कि इन आशंकाओं का आधार बहुत मजबूत है। मैं इस सम्भावना से सहमत हूँ कि बहुत कम महिलाएँ, जो कुछ और करने के योग्य हैं, जब तक कि उन्हें कोई ऐसा अत्यन्त सम्मोहक व्यक्ति न मिल जाये जो उन्हें कुछ समय के लिए अन्य सभी चीजों से उदासीन कर दे, ऐसे जीवन का चुनाव नहीं करेंगी बशर्ते उन्हें जीवन में एक परम्परागत प्रतिष्ठित स्थान पाने के अन्य साधन उपलब्ध हों। और अगर पुरुष इस बात पर बहुत दृढ़ हैं कि विवाह का कानून तानाशाही का कानून ही होना चाहिये—तो उन्होंने नीतिगत रूप से महिलाओं के लिए केवल 'हॉब्सन्स चुनाव' का विकल्प ही छोड़ कर उचित ही किया है। लेकिन उस स्थिति में, आधुनिक समाज में स्त्रियों के दिमाग से बन्धन को ढीला करने के लिए जो कुछ भी किया गया, वह गलत सिद्ध हो जायेगा। उन्हें साहित्यिक शिक्षा प्राप्त करने की अनुमति कभी देनी ही नहीं चाहिये थी। जो महिलाएँ पढ़ती हैं, उनसे भी ज्यादा जो महिलाएँ लिखती हैं वे तो मौजूदा व्यवस्था में एक अन्तरविरोध और व्याकुल करने वाला तत्व हैं। और तब महिलाओं को केवल एक घरेलू नौकर के सिवाय अन्य किसी कौशल की शिक्षा-दीक्षा देकर पालना गलत था।

नोट :

(1) मदमोज़ाल डि स्ताल की पुस्तक 'डेल्फीन' का आवरण पृष्ठ

अध्याय दो

इस विषय पर विस्तृत विचार-विमर्श उसकी इस विशेष शाखा से आरम्भ करना ही श्रेष्ठ होगा, जहाँ तक हमारा अवलोकन हमें ले आया है; वे स्थितियाँ, जो इस देश तथा अन्य सभी देशों की विवाह संविदा से संलग्न हैं। समाज द्वारा महिलाओं के लिए एक ही उद्देश्य निर्धारित किया गया है—विवाह। इसी प्रत्याशा से उनका लालन-पालन होता है और उन स्त्रियों के अतिरिक्त जो पुरुषों द्वारा जीवन साथी चुने जाने लायक आकर्षक नहीं हैं, शेष सबका उद्देश्य विवाह ही लक्षित किया जाता है। ऐसी स्थिति में यह माना जा सकता है कि उनके जीवन में हर चीज इस तरह की रखी गयी होगी ताकि (विवाह की) स्थिति उन्हें हर सम्भव तरीके से वांछनीय लगे और उन्हें अन्य कोई विकल्प न मिलने के दुख की कोई वजह न रहे। बहरहाल, समाज ने इस स्थिति में और पहलेपहल, सभी स्थितियों में अपने उद्देश्य को न्यायोचित नहीं बल्कि कपटपूर्ण तरीके से प्राप्त करना बेहतर माना है। लेकिन यही स्थिति ऐसी है जिसमें समाज ने वर्तमान समय तक इन साधनों का इतने ठोस रूप से आचरण किया है। मूलतः महिलाएँ या तो बलात् हर ली जाती थीं या फिर नियमित तौर पर पिता द्वारा पति को बेच दी जाती थीं। यूरोप के इतिहास में एक लम्बे समय तक पिता को यह अधिकार था कि वह अपनी इच्छा और खुशी से पुत्री की इच्छा जाने बिना उसे किसी के भी हवाले कर दे। चर्च, वाकई, एक बेहतर नैतिकता के प्रति आस्थावान था जिसके तहत विवाह समारोह के दौरान स्त्री से एक औपचारिक 'हाँ' कहलवाना जरूरी होता था। लेकिन ऐसा कुछ नहीं था जो दिखाये कि यह सहमति अनिवार्य होने के अलावा भी कुछ हो सकती थी; और लड़की के लिए उस रिश्ते से इंकार करना बिल्कुल असम्भव था, जो उसके पिता की पसन्द का हो; हाँ शायद उस स्थिति में ही यह सम्भव हो सकता था जब वह संन्यास लेने की प्रतिज्ञा कर धार्मिक संरक्षण प्राप्त कर ले। विवाह के बाद, पुरुष प्राचीन काल से ही (ईसाइयत के आविर्भाव से पूर्व) अपनी पत्नी पर जीवन-मरण का हक रखता था। वह अपने पति के विरुद्ध किसी कानून का सहारा नहीं ले सकती थी; पति ही उसका एकमात्र कानून था और एकमात्र अदालत भी। एक लम्बे समय तक, पति तो पत्नी को तलाक दे सकता था! लेकिन पत्नी को इस सम्बन्ध में कोई अधिकार नहीं था। इंग्लैण्ड की प्राचीन कानून व्यवस्था के अनुसार

पुरुष को उसकी पत्नी का स्वामी कहा जाता था और उसे अक्षरशः स्त्री का शासक ही माना जाता था, इस हद तक कि पत्नी द्वारा पति की हत्या को राजद्रोह माना जाता था (उच्च राजद्रोह की तुलना में कम) लेकिन इसका दण्ड था—जला कर मार डालना। चूँकि इन विभिन्न घोर क्रूर नियमों का धीरे-धीरे प्रयोग बन्द हो गया, (क्योंकि अधिकतर औपचारिक तौर पर खत्म नहीं हुए या तब तक खत्म नहीं किये गये जब उनका आचरण बहुत पहले ही समाप्त न हो गया हो), इसलिए पुरुष मान लेते हैं कि अब विवाह संविदा में जो भी है, वही होना चाहिए; और हमें लगातार बताया जाता है कि सभ्यता व ईसाइयत ने महिलाओं को उनके न्यायोचित अधिकार पुनः दिलवाये हैं। जब कि पत्नी जहाँ तक कानूनी बाध्यता का सम्बन्ध है, आज भी दासों की तरह ही पति की बँधुआ मजदूर है। वह विवाह की वेदी पर जीवनपर्यन्त पति की आज्ञाकारिता का वचन लेती है, और कानून द्वारा वह जीवनपर्यन्त इससे बँधी रहती है। धर्माधर्म विचारक यह कह सकते हैं कि आज्ञाकारिता का बन्धन अपराध में सहभागिता की इजाजत नहीं देता लेकिन निश्चित तौर पर यह और सभी चीजों पर लागू होता है। वह पति की अनुमति से इतर कोई काम नहीं कर सकती, कम से कम मौन अनुमति तो होनी ही चाहिये। वह पति से इतर कोई सम्पत्ति प्राप्त नहीं कर सकती : ज्यों ही यह सम्पत्ति उसकी होती है, चाहे विरासत में ही क्यों न मिले, वह स्वतः उसके पति की हो जाती है। इस सन्दर्भ में इंग्लैण्ड के कानून के तहत पत्नी की स्थिति, अनेक देशों में दासों की कानूनी स्थिति से कहीं बदतर है। रोमन कानून के अनुसार, एक दास निजी सम्पत्ति रख सकता है, जो वह कानूनन सिर्फ निजी उद्देश्य के लिए इस्तेमाल कर सकता है। इस देश के अपेक्षाकृत उच्च वर्गों ने अपनी महिलाओं को ऐसी ही सुविधा कानून के बाहर एक विशेष संविदा के जरिये जेब-खर्च वगैरह के रूप में दी हुई है। क्योंकि पुरुष होने की भावना से अधिक एक पिता होने की भावना उनमें अधिक प्रबल होती है और फिर प्रायः पिता अपने दामाद की अपेक्षा, जो अजनबी है, अपनी बेटी को अधिक तरजीह देते हैं। किसी न किसी समझौते के माध्यम से अमीर वर्ग अकसर विरासत में मिली सम्पत्ति का कुछ या सारा भाग पति के पूर्ण नियंत्रण से निकाल लेता है। लेकिन वे सम्पत्ति के इस अंश को अपनी बेटी के नियंत्रण में रखने में कामयाब नहीं होते। वे इस तरह सिर्फ पति को सम्पत्ति उड़ाने से ही रोक पाते हैं और साथ ही इसके उचित अधिकारी को सम्पत्ति के इस्तेमाल से बेदखल कर देते हैं। अब जहाँ तक सम्पत्ति से मिलने वाली आय का सम्बन्ध है तो पत्नी के पक्ष में सर्वाधिक अनुकूल समझौता यही होता है (जिसे 'उसके इस्तेमाल के लिए' कहा जाता है) कि वह उसकी जगह पति को वह आय प्राप्त करने से वंचित कर देता है : वह पत्नी के हाथ में ही जानी चाहिये लेकिन यदि पति हिंसा द्वारा उससे वह धन उसी वक्त ले लेता है ज्यों ही उसे वह प्राप्त होता है, तो न तो उसे कोई

दण्ड दिया जा सकता है, न ही, वह धन वापस करने के लिए पति को बाध्य किया जा सकता है। इस देश के कानून के तहत यही संरक्षण, सबसे ताकतवर अभिजात वर्ग अपनी पुत्री को उसके पति के सम्बन्ध में दे सकता है। अधिकतर केसों में ऐसा कोई समझौता नहीं होता; सभी अधिकारों, सारी सम्पत्ति और काम करने की आजादी का विलयन पूर्ण होता है। पति-पत्नी को 'कानून की नजर में एक' कहा जाता है, इस आशय से कि जो भी पत्नी का है, पति का भी है लेकिन इसका समानान्तर अभिप्राय कभी नहीं निकाला जाता कि जो पति का है, पत्नी का भी है। पुरुष को स्त्री के काम के लिए तीसरी पार्टी के सामने जिम्मेदार ठहराने के सिवाय, जैसे मालिक अपने दासों या पशुओं के लिए जिम्मेदार होता है, यह सिद्धान्त वाक्य पुरुष के विरुद्ध कभी लागू नहीं होता। मुझे इस बारे में कोई मुगालता नहीं है कि सामान्यतः पत्नियों के साथ दासों जैसा ही व्यवहार होता है : लेकिन कोई भी दास इस हद तक और इतने गहन व पूर्ण अर्थों में दास नहीं होता, जितना कि पत्नी। मालिक के निजी दास के अतिरिक्त कोई भी दास चौबीसों घण्टे दास नहीं होता; सामान्यतः एक सिपाही की तरह, उसका भी एक निश्चित कार्य होता है और जब वह काम खत्म हो जाता है तो निश्चित सीमा में वह अपना समय अपने पारिवारिक जीवन में बिताता है जहाँ मालिक का दखल बहुत कम होता है। अपने पहले मालिक के अधीन 'अंकल टॉम' का अपने 'केबिन' में निजी जीवन अपना था, लगभग वैसे ही जैसे एक आदमी, जो काम की वजह से बाहर जाता है, अपने परिवार के साथ समय बिता पाता है। लेकिन पत्नी के साथ ऐसा नहीं हो सकता। इस सबसे बढ़कर, (ईसाई देशों में) एक स्त्री दास को अधिकार होता है और उसका नैतिक दायित्व होता है कि वह अपने मालिक को अन्तिम अन्तरंगता से इंकार कर दे। लेकिन पत्नी के साथ ऐसा नहीं है; चाहे वह दुर्भाग्य से कितने ही क्रूर पति के साथ क्यों न बँधी हो, चाहे वह जानती हो कि पति उससे नफरत करता है और उसे कष्ट देना पति के दैनिक सुखों का एक भाग है और हालाँकि उसके लिए अपने पति से घृणा न करना असम्भव है–फिर भी वह उस पर अधिकारपूर्वक मनुष्यता का अधमतम कृत्य कर सकता है, उसकी अभिरुचि के विरुद्ध एक पाशविक कृत्य में उसे शामिल कर सकता है। वह खुद तो दासता की इस बदतरीन स्थिति में बँधी होती है, लेकिन बच्चों के सम्बन्ध में उसकी क्या स्थिति है, जिसमें उसके और उसके पति दोनों की साझा रुचि होती है? कानूनन, वे पति की सन्तान होते हैं। सिर्फ उसे ही उन पर कानूनन हक होता है। और उनके सम्बन्ध में या उनके लिए पत्नी पति की अनुमति के बगैर एक भी काम नहीं कर सकती। पति की मृत्यु के बाद भी वह उनकी कानूनी संरक्षिका नहीं होती, बशर्ते उसके पति ने अपनी वसीयत द्वारा उसे संरक्षक नियुक्त न किया हो। वह उन्हें अपनी पत्नी से दूर भी भेज सकता था और उसे उन्हें देखने या पत्र लिखने से भी वंचित कर सकता

था जब तक कि सार्जेन्ट टालफोर्ड अधिनियम लागू नहीं हुआ, जिसने पति के अधिकार को कुछ हद तक सीमित करवा दिया। इस स्थिति से वह किसी भी माध्यम के द्वारा निकल नहीं सकती। अगर वह अपने पति का त्याग करती है तो वह अपने साथ कुछ नहीं ले जा सकती, अपने बच्चे या वह कुछ भी नहीं जो न्यायसंगत तौर पर उसका है। यदि पुरुष चाहे तो वह कानूनन या बलपूर्वक पत्नी को वापस आने के लिए बाध्य कर सकता है या वह खुद अपने इस्तेमाल के लिए ऐसी कोई भी चीज जब्त कर सकता है जो पत्नी ने कमाई हो या उसके सम्बन्धियों द्वारा उसे दी गयी हो। केवल अदालत के निर्देश के तहत कानूनन सम्बन्ध विच्छेद ही पत्नी को उस क्रुद्ध जेलर की हिरासत में वापस लौटने के लिए विवश किये बिना अलग रहने का अधिकार देता है--या जो उसे यह अधिकार देता है कि वह अपनी कमाई को अपने लिये इस्तेमाल करे बिना इस भय के, कि किसी दिन वह पुरुष जिसे उसने शायद बीस वर्षों से देखा भी नहीं है, उस पर झपटेगा और सब धन ले जायेगा। हाल ही तक, न्यायालय यह कानूनन सम्बन्ध विच्छेद बहुत भारी कीमत पर देता था जिससे यह उच्च वर्ग के अतिरिक्त अन्य किसी की पहुँच से बाहर था। आज भी यह (पति द्वारा पत्नी के) परित्याग या क्रूरता की चरम स्थिति में ही दिया जाता है और फिर भी हर रोज यह शिकायत की जाती है कि आजकल सम्बन्ध विच्छेद की अनुमति बहुत सरलता से दे दी जाती है। निस्सन्देह, यदि स्त्री को सिर्फ एक तानाशाह का नौकर होने के अतिरिक्त अन्य किसी तरह के जीवन की अनुमति नहीं है, और उसका जीवन इस संयोग पर निर्भर करता है कि उसे ऐसा पति मिले जो उसे महज एक कोल्हू का बैल न बनाकर अपना प्रिय व्यक्ति बना ले, तो यह उसके भाग्य के साथ ज्यादती होगी कि उसे इस संयोग को आजमाने का सिर्फ एक ही अवसर दिया जाये। इस स्थिति का स्वाभाविक परिणाम यह होगा कि चूँकि उसका सारा जीवन एक अच्छा मालिक पाने पर निर्भर करता है, तो उसे अपना मालिक बार-बार बदलने की इजाजत होनी चाहिये, जब तक कि उसे अच्छा मालिक न मिल जाये। मैं यह नहीं कह रहा कि उसे यह सुविधा मिलनी चाहिये। वह बिल्कुल अलग बहस का विषय है। पुनर्विवाह की स्वतंत्रता के सन्दर्भ में तलाक के प्रश्न पर विचार करना मेरा उद्देश्य नहीं है। मैं यही कहता हूँ कि जिन्हें केवल गुलामी की अनुमति है तो उनके बोझ को हल्का करने का एकमात्र, हालाँकि सर्वाधिक अपर्याप्त उपाय पराधीनता का स्वतंत्र चुनाव ही हो सकता है। इसे नकारना पत्नी को पूर्ण दास बना देना है--और वह भी किसी हल्के प्रकार की दासता नहीं, क्योंकि कुछ तरह की दासप्रथा में, दुर्व्यवहार की निश्चित परिस्थितियों में, दास कानूनन मालिक को बाध्य कर सकता है कि वह उसे बेच दे। लेकिन इंग्लैण्ड में बेवफाई के अतिरिक्त किसी प्रकार का दुर्व्यवहार एक पत्नी को उसके उत्पीड़क से स्वतंत्र नहीं कर सकता।

मैं बढ़ा-चढ़ाकर कहना नहीं चाहता, न ही इस केस को किसी अतिशयोक्ति की जरूरत है। मैंने सिर्फ पत्नी की कानूनन स्थिति का खुलासा किया है, उसके साथ वास्तव में क्या सुलूक होता है—इसका नहीं। अधिकतर देशों के कानून उन लोगों से भी बदतर हैं, जो उन्हें लागू करते हैं और उन कानूनों में से अनेक सिर्फ इसीलिए कानून बने रहते हैं क्योंकि उन्हें लगभग कभी इस्तेमाल नहीं किया जाता। यदि विवाहित जीवन सिर्फ वही होता, जो कानूनों के हिसाब से हो सकता था, तो यह समाज पृथ्वी पर जीता-जागता नर्क होता। खुशी की बात है कि बहुत से पुरुषों में वे भावनाएँ व स्वार्थ नहीं होता और अधिकतर पुरुषों में वह मनोवेग बहुत बदला हुआ होता है, जो अत्याचार की ओर ले जाता है। और सामान्य स्थिति में वह बन्धन जो पुरुष को पत्नी से जोड़ता है उन भावनाओं का अतुलनीय व प्रबल उदाहरण है। एकमात्र बन्धन, जो इसके करीब आता है—पुरुष व उसकी सन्तान के बीच का बन्धन, उससे टकराने की बजाय उसे और दृढ़ बनाता है। क्योंकि यह सच है; क्योंकि सामान्यतः पुरुष वह कष्ट नहीं पहुँचाते, न ही महिलाएँ वह कष्ट भोगती हैं जो पुरुष पहुँचा सकते थे या महिलाएँ भुगततीं अगर तानाशाही की वह पूरी सत्ता जो पुरुष को कानूनन मिली हुई है, लागू हो जाती। मौजूदा प्रथा के समर्थक मानते हैं कि इस प्रथा से जुड़ी सारी दुष्टता उचित है और इसके विरुद्ध कोई भी शिकायत महज उस बुराई से लड़ना है जो हर महान हित की कीमत होती है। इस या अन्य किसी प्रकार की तानाशाही को पूरी कानूनी ताकत के साथ कायम रखने जितने ही प्रभावशाली उसे कम करने वाले ये तत्व तानाशाही के पक्ष में एक तर्क होने के बजाय केवल यही सिद्ध करते हैं कि घृणित व तुच्छ प्रथाओं के विरुद्ध प्रतिक्रिया करने की कितनी ताकत मानव स्वभाव में है और कितनी प्रबलता से मानव चरित्र में बुराई के साथ-साथ अच्छाई के बीज भी फैलते और फलते-फूलते हैं। राजनीतिक तानाशाही के विरुद्ध कहा जाने वाला ऐसा कोई शब्द नहीं जो परिवार की तानाशाही पर न लागू होता हो। हर तानाशाह राजा अपनी खिड़की पर बैठकर अत्याचार से पीड़ित अपनी प्रजा की कराहों का मजा नहीं लेता, न ही उनसे उनका अन्तिम चीथड़ा भी छीन कर उन्हें सड़क पर ठण्ड से काँपने के लिए छोड़ता है। लुई सोलहवें की तानाशाही फिलिप ले बेल जैसी तानाशांही नहीं थी, न ही नादिरशाह या केलिगुला जैसी; लेकिन फ्रांसीसी क्रान्ति को न्यायसंगत ठहराने और उसकी विभीषिका को भी कम करके बतलाने के लिए वह पर्याप्त बुरी थी। यदि पत्नी व पति के बीच जो गहरे ताल्लुकात रहते हैं, उसके बारे में बात की जाये, तो घरेलू दासता के बारे में भी ठीक यही कहा जा सकता है। ग्रीस और रोम में दासों द्वारा अपने मालिक से दगा करने की अपेक्षा उसके अत्याचार से मर जाना एक आम तथ्य था। रोमन गृहयुद्धों के अभिनिषेधन में यह टिप्पणी की गयी थी कि पत्नियाँ और दास प्रशसंनीय रूप से वफादार रहे और पुत्रों ने आमतौर

पर विद्रोह किया। फिर भी हम जानते हैं कि रोमन लोग अपने दासों से कितना क्रूरतापूर्ण व्यवहार करते थे। लेकिन वास्तव में ये गहरी व्यक्तिगत भावनाएँ सर्वाधिक नृशंस प्रथाओं के चलते ही इतनी ऊँचाई पर पहुँचती हैं। यह जीवन की विडम्बना का एक भाग है कि लोगों में समर्पित कृतज्ञता की सर्वाधिक प्रबल भावनाओं, जिनके प्रति मनुष्य स्वभाव बहुत संवेदनशील प्रतीत होता है, का आह्वान उनके प्रति किया जाता है, जिनके पास उन लोगों को नेस्तनाबूद कर देने की सत्ता होती है लेकिन वे स्वेच्छा से उस ताकत का प्रयोग नहीं करते। यह पता लगाना क्रूरता ही होगी कि अधिकतर लोगों में धार्मिक भक्ति के सन्दर्भ में भी कितने गहरे यह भावना भरी होती है। हम रोज देखते हैं कि ईश्वर के प्रति उनकी कृतज्ञता अपने उन साथी प्राणियों के बारे में चिन्तन से प्रेरित होती है, जिन पर ईश्वर इतना दयालु नहीं रहा जितना कि उन पर।

जिस प्रथा का समर्थन किया जा रहा है, चाहे वह दास प्रथा हो, राजनीतिक तानाशाही हो या परिवार के मुखिया की तानाशाही, हमसे हमेशा अपेक्षा की जाती है कि उस प्रथा के सर्वश्रेष्ठ उदाहरण से उसके सम्बन्ध में कोई राय कायम करें। और हमारे सामने एक ओर सत्ता के प्रेमपूर्ण उपयोग और दूसरी ओर प्रेमपूर्ण समर्पण, अपने ऊपर निर्भर लोगों के वृहद कल्याण के लिए आदेश देता हुआ श्रेष्ठ विवेक और उसे घेरे हुए मुस्कुराते, दुआ देते लोगों की तस्वीर पेश की जाती है। यह सब बिल्कुल उद्देश्य के अनुकूल होगा अगर कोई यह मान ले कि भले लोगों जैसी कोई चीज नहीं होती। इस पर कौन सन्देह करता है कि एक भले व्यक्ति के निरंकुश शासन में महान कल्याण, सुख और प्रेम हो सकता है? लेकिन कानून और प्रथाओं की भले लोगों के लिए नहीं बल्कि बुरे लोगों के लिए आवश्यकता होती है। विवाह कुछ चुनिन्दा लोगों के लिए बनाया गया विधान नहीं है। विवाह संस्कार की प्रारम्भिक तैयारी के रूप में पुरुषों को यह सबूत देने की आवश्यकता नहीं होती कि वे निरंकुश सत्ता का उपयोग करने के लिए उपयुक्त हैं। जिन पुरुषों की सामान्य सामाजिक भावनाएँ बहुत दृढ़ होती हैं, उनका अपनी पत्नी व बच्चों के साथ स्नेह व दायित्व का बन्धन भी बहुत सशक्त होता है। यह बन्धन अनेक उन लोगों के लिए भी दृढ़ होता है जिन्हें अन्य सामाजिक बन्धनों की उतनी समझ नहीं है। लेकिन संवेदनशीलता व असंवेदनशीलता की हर तरह की श्रेणी होती है, जिस प्रकार लोगों में भलाई व दुष्टता की विभिन्न श्रेणियाँ होती हैं, उन लोगों तक जिन्हें कोई बन्धन नहीं बाँधता और जिनसे समाज का अपने अन्तिम तर्क अर्थात दण्ड विधान के अतिरिक्त और कोई व्यवहार नहीं होता।

संवेदनशीलता के इस घटते क्रम की हर श्रेणी में वे पुरुष होते हैं जिनके पास पति होने की कानूनी सत्ता होती है। अधमतम कुकर्मी के पास उससे (पत्नी के रूप

में) बँधी बेचारी एक महिला होती है, जिस पर वह उसे मार डालने के सिवाय अन्य कोई भी अत्याचार कर सकता है। और अगर वह थोड़ी सावधानी बरते तो वह अपनी पत्नी को कानूनी सजा पाने के खतरे के बगैर जान से मार भी सकता है। हर देश के निम्नवर्गों में ऐसे कितने हजारों लोग होते हैं, जो कानूनी अर्थ में किसी भी क्षेत्र में कुकर्मी नहीं होते, क्योंकि हर जगह उनके आक्रमण को समान विरोध मिलता है, लेकिन वे आदतन अपनी नाखुश पत्नी के प्रति शारीरिक रूप से अत्यन्त हिंसक होते हैं। कम से कम वयस्क लोगों में तो एकमात्र वही होती है तो इस क्रूरता का न तो विरोध कर सकती है न ही उससे बच सकती है। उन पर उसकी अति निर्भरता उनके तुच्छ व वहशी स्वभाव को और प्रोत्साहित करती है, उदार धैर्य और सम्मान के इस अर्थ से नहीं कि उस व्यक्ति के साथ वे दयापूर्ण व्यवहार करें जिसका जीवन पूरी तरह से उन पर निर्भर है, लेकिन ठीक इसके उलट—इस विचार से प्रोत्साहित करती है कि कानून ने इस स्त्री को उनकी चीज के रूप में उन्हें सौंप दिया है, वे अपने सुख के लिए जैसा चाहें, उसका इस्तेमाल करें और उनसे यह अपेक्षा नहीं की जाती कि वे उसकी वैसी फिक्र या चिन्ता करेंगे जैसी वे अन्य हरेक के लिए करते हैं। कानून ने हाल ही तक घरेलू अत्याचार की क्रूर ज्यादतियों को बगैर दण्ड दिये ही छोड़ दिया था लेकिन पिछले कुछ सालों में कानून द्वारा भी इन ज्यादतियों को दबाने के कुछ कमजोर प्रयास हुए हैं। लेकिन इन प्रयासों से कुछ खास नहीं हुआ है न ही इनसे कुछ सार्थक होने की उम्मीद की जा सकती है, क्योंकि यह मान लेना तर्क व अनुभव के विपरीत है कि क्रूर व्यक्ति के अधीन ही उसके अत्याचार से पीड़ित को छोड़ कर इस पाशविकता को रोका जा सकता है। जब तक कि व्यक्तिगत हिंसा की दोषसिद्धि या हर स्थिति में पहली दोषसिद्धि के बाद इसका दोहराव स्त्री को इसी बिना पर तलाक या कम से कम कानूनी अलगाव का अधिकारी नहीं बनाता, इन 'गम्भीर हमलों' को कानूनी सजा से दबाने के प्रयास अभियोगी या गवाह की कमी से असफल हो जायेंगे।

जब हम यह देखते हैं कि किसी भी बड़े देश में उन पुरुषों की संख्या कितनी ज्यादा है, जो पाशविक होने से कुछ ही आगे हैं, और यह भी कि यह वास्तविकता विवाह के कानून के जरिये उन्हें एक पत्नी प्राप्त करने से नहीं रोक पाती तो सिर्फ इसी वजह से विवाह की प्रथा के दुरुपयोग के परिणामस्वरूप मानव कष्टों की गहराई भयंकर रूप से बढ़ जाती है। फिर भी ये सिर्फ 'अति' की स्थितियाँ हैं। यह तो निम्नतम रसातल है लेकिन यहाँ तक पहुँचने से पहले धीरे-धीरे क्रूरता के दुखद आयाम दर आयाम क्रमशः आते हैं। राजनीतिक व घरेलू तानाशाही—दोनों में पूर्ण दुष्टता की स्थिति मुख्यतः यह दिखाती है कि अगर तानाशाह की इच्छा हो तो ऐसी कोई विभीषिका नहीं जो सम्भव न हो और इस प्रकार यह स्थिति इस बात पर रोशनी

डालती है कि उससे थोड़ी कम अत्याचारपूर्ण स्थितियाँ कितनी आम होंगी। पूर्ण दुष्ट उतने ही दुर्लभ होते हैं जितना कि फरिश्ते, शायद उनसे भी अधिक दुर्लभ। मानवता का पुट लिये क्रूर पाशविक लोग, बहरहाल, अधिक पाये जाते हैं और इनमें तथा मानवजाति के सच्चे प्रतिनिधियों के बीच के अन्तराल में पाशविकता व स्वार्थ की कितनी ही श्रेणियों के लोग होते हैं जिन पर प्रायः सभ्यता व तहजीब का मुलम्मा चढ़ा होता है, जो कानून की हद में रहते हैं और जो भी उनकी सत्ता के बाहर है, उनके सामने एक विश्वसनीय व्यक्तित्व बनाये रखते हैं। फिर भी अपनी सत्ता के अधीन लोगों के जीवन को कष्टपूर्ण नर्क बनाने में वे प्रायः पर्याप्त रूप से सक्षम होते हैं। पुरुषों की सत्ता के लिए अनुपयुक्तता के उदाहरण फिर से गिनाना उबाऊ होगा, जो सदियों के राजनीतिक विचार-विमर्श के बाद सभी को याद हैं, लेकिन इन कथनों को उस केस पर लागू करने की कोई नहीं सोचता, जो इनके सर्वाधिक उपयुक्त हैं—यहाँ-वहाँ किसी पुरुष के हाथ में सत्ता होने की स्थिति नहीं बल्कि सबसे क्रूर व निर्दयी आदमी तक हरेक वयस्क पुरुष के हाथों में इस सत्ता का होना। ऐसा नहीं है कि पुरुष ने कभी दस कमाण्डमेण्ट्स को नहीं तोड़ा है, या क्योंकि वह उन लोगों के साथ सम्माननीय व्यवहार करता है जिनको वह सम्भोग के लिए बाध्य नहीं कर सकता, या चूँकि वह उन लोगों के खिलाफ गुस्से में पागल नहीं हो जाता जो उसे सहने को बाध्य नहीं हैं, तो इससे यह अनुमान लगाना सम्भव हो जाता है कि घर के बेरोकटोक माहौल में उसका क्या व्यवहार होगा। सबसे साधारण और आम आदमी भी अपने चरित्र का हिंसक व अति स्वार्थी पक्ष उन्हीं के सामने दिखलाते हैं, जो इसका सामना करने की ताकत नहीं रखते। इन चारित्रिक दोषों का मूल व पोषण उच्च व्यक्ति का उस पर निर्भर लोगों से सम्बन्ध में ही होता है। अन्यत्र कहीं अगर ये लक्षण दीखते हैं, तो वे इसी स्रोत से जन्मे होते हैं। एक व्यक्ति जो अपने समवर्गी लोगों के साथ हिंसक है व दुर्व्यवहार करता है, वह निश्चित रूप से अपने से निम्नतर लोगों के साथ रहा होगा जिन्हें वह समर्पण के लिए डरा-धमका सके। यदि अपने सर्वश्रेष्ठ रूप में परिवार, जैसा कि प्रायः कहा भी जाता है, सहानुभूति, कोमलता, और स्व के प्रेमपूर्ण विस्मरण का केन्द्र है, तो यह उसके मुखिया के सन्दर्भ में हठधर्मिता, दबंगपने और एक दुहरा आदर्शवादी मुलम्मा चढ़े स्वार्थ का केन्द्र होता है, जिस स्वार्थ का बलिदान भी दरअसल उसी का एक रूप होता है। अपनी पत्नी व बच्चों की देखभाल करना पुरुष की अपनी रुचि व हितों में होता है, और उनकी निजी खुशी उसी की छोटी से छोटी इच्छा की आहुति होती जाती है। परिवार की मौजूदा संस्था में इससे बेहतर क्या है? हम जानते हैं कि मनुष्य स्वभाव का बुरा पक्ष तभी तक नियंत्रित रखा जा सकता है, जब तक कि उसे व्यवहार में आने का कोई मौका ही न दिया जाये। हम जानते हैं कि जानबूझ कर किसी उद्देश्य से नहीं बल्कि आदतानुसार जिसके सामने दूसरा

समर्पण कर दे वह लगातार उस पर हावी होता रहता है—उस बिन्दु तक जब तक कि सामने वाला विरोध करने के लिए बाध्य न हो जाये। मनुष्य स्वभाव की यह सामान्य प्रवृत्ति होते हुए भी : मौजूदा सामाजिक प्रचलन एक पुरुष को कम से कम एक व्यक्ति के ऊपर लगभग असीमित सत्ता देता है, वह व्यक्ति जिसके साथ वह रहता है, जिसके पास वह हमेशा मौजूद रहता है। तब यह सत्ता उस पुरुष के स्वभाव के सुदूर कोनों में भी स्वार्थ के कीटाणु पोषित करने लगती है, उसकी हल्की सी सुलगती चिंगारी को भी हवा देने लगती है—उसे अपने मूल चरित्र के उन दोषों का आचरण करने की अनुमति दे देती है, अन्य सम्बन्धों में जिन्हें छिपाना उसे आवश्यक लगता होगा और समय के साथ-साथ जिन दोषों को दबाना उसका स्वभाव ही बन गया होता। मुझे मालूम है कि इस प्रश्न का दूसरा पहलू भी है। मैं मानता हूँ कि पत्नी, अगर प्रभावपूर्ण ढंग से विरोध नहीं कर सकती तो प्रतिकार तो कर ही सकती है; वह भी एक पुरुष का जीवन अति असुविधाजनक बना सकती है। और इस ताकत से वह बहुत से उन मुद्दों पर जीत जाती है जिस पर उसकी इच्छा चलनी चाहिये और बहुत से ऐसे मुद्दों पर भी जहाँ वह सही नहीं है। लेकिन आत्मरक्षा के इस उपाय की, जिसे लड़ाका या कर्कशा होने की ताकत कहा जा सकता है—एक घातक कमजोरी है—कि यह उन्हीं पुरुषों पर चल पाता है जो बहुत कम तानाशाह होते हैं और उन्हीं के पक्ष में कारगर होता है जो इसके लायक नहीं होते। यह हठीली व गुस्सैल महिलाओं का हथियार होता है; उन महिलाओं का जो, अगर उनके पास सत्ता होती तो वे उसका सर्वाधिक गलत प्रयोग करतीं; और जो सामान्यतः इस ताकत का भी दुरुपयोग ही करती हैं। सज्जन महिला ऐसे उपाय का प्रयोग नहीं कर सकती और विवेकशील महिला को ऐसा करना पसन्द नहीं होता। और दूसरी तरफ, जिन पतियों के खिलाफ इस उपाय का उपयोग होता है वे अपेक्षाकृत अधिक सज्जन और विनम्र होते हैं; जिन्हें सत्ता के किसी कठोर प्रयोग के लिए किसी भी प्रकार उकसाया नहीं जा सकता। इस तरह पत्नी के झगड़ालू होने की यह ताकत सिर्फ प्रति-तानाशाही ही स्थापित करती है और इसका शिकार वे पति होते हैं जिनके स्वभाव में अत्याचार व तानाशाही नहीं होती।

फिर वह क्या चीज है जो इस सत्ता के इन दूषित प्रभावों को सन्तुलित करती है और इतना अच्छा बनाती है, जैसा कि हम वाकई देखते हैं? महज स्त्री सुलभ चापलूसी। हालाँकि यह व्यक्तिगत स्थितियों में बहुत प्रभावशाली होती है लेकिन स्थिति की सामान्य प्रवृत्तियों को बदलने में कोई खास असर नहीं रखती; क्योंकि उसकी यह ताकत तब तक चलती है जब तक वह युवा व आकर्षक लगती है, अकसर जब तक उसका आकर्षण नया होता है और घनिष्ठता से हल्का नहीं पड़ जाता; और बहुत से पुरुषों पर तो किसी भी समय इसका प्रभाव नहीं पड़ता। सत्ता को कम करने

के वास्तविक तत्व होते हैं—समय के साथ-साथ पुरुष में प्रेम का बढ़ना जितना कि पुरुष स्वभाव इसके प्रति संवेदनशील होता है और महिला का चरित्र जो उसके चरित्र में प्रेम को प्रोत्साहित करने के लिए अनुकूल हो; बच्चों में दोनों की समान दिलचस्पी और अन्य लोगों से सम्बन्धित उनकी समान रुचियाँ (इनके सम्बन्ध में बहरहाल कई सीमाएँ हैं); पुरुष के दैनिक जीवन की सुविधाओं व खुशियों में पत्नी की महत्ता, और निजी स्तर पर वह कीमत जो उसकी नजर में स्त्री की है, जिस पर दूसरे के प्रति संवेदनशील किसी पुरुष में स्त्री का ख्याल करने का आधार बनता है; और अन्त में वह प्रभाव जो लगभग हर मनुष्य पर उसके नजदीकी लोगों का होता है (अगर वह उन्हें नापसन्द करता है); जो, अपनी प्रत्यक्ष अनुनय-विनय और अपनी भावनाओं व स्वभाव के प्रभाव से अपने से उच्च व्यक्ति के व्यवहार पर एक निश्चित नियंत्रण पा लेते हैं, चाहे वह थोड़ा ज्यादा और अविवेकपूर्ण ही क्यों न हो। यह प्रभाव तब क्षीण हो जाता है यदि उसका सामना उतने ही दृढ़ व्यक्तिगत प्रभाव से हो जाये। इन विभिन्न साधनों के जरिये, पत्नी प्रायः पुरुष के ऊपर काफी सत्ता व प्रभाव रखती है; वह उसके व्यवहार की उन बातों को प्रभावित कर सकती है, जिनको प्रभावित करने के योग्य सम्भवतः वह नहीं है, जिस पर उसका प्रभाव न सिर्फ अविवेकपूर्ण हो सकता है, बल्कि नैतिक रूप से गलत भी है; और जिनमें पुरुष बिना किसी प्रभाव के बेहतर सिद्ध हो सकता था। लेकिन परिवार के मामलात में और राज्य के मामलात में भी आजादी की क्षतिपूर्ति सत्ता से नहीं होती। पत्नी की सत्ता प्रायः उसे वह देती है, जिस पर उसका कोई हक नहीं, लेकिन उसे अपने अधिकारों पर जोर देने में समर्थ नहीं करती। एक सुल्तान के पसन्दीदा दास के अधीन अनेक दास होते हैं जिन पर उसका निरंकुश शासन रहता है; लेकिन वांछनीय चीज यह होगी कि उसे न तो एक दास होना चाहिये, न ही उसके अधीन दास होने चाहिये। अपने अस्तित्व को पूरी तरह अपने पति में शामिल करके : उनके सम्बन्ध के सन्दर्भ में अपनी कोई इच्छा न रखकर (या पति को यह भरोसा दिला कर कि उसकी कोई इच्छा नहीं है) और पति की इच्छाओं पर काम करना ही अपने जीवन का उद्देश्य बनाकर, पत्नी पति के बाहरी व्यक्तित्व के कुछ तत्वों को प्रभावित या विकृत भी कर सकती है, जिनका निर्णय लेने की क्षमता उसमें कभी नहीं थी या जिनमें वह स्वयं किसी अन्य पूर्वग्रह से प्रभावित हो सकती है। इसी प्रकार, जो अपनी पत्नियों से बहुत विनम्रतापूर्वक व्यवहार करते हैं, वे पत्नी के प्रभाव में परिवार से इतर मामलात में बेहतर होने की बजाय बदतर हो जाते हैं। पत्नी को सिखाया जाता है कि उसका पारिवारिक क्षेत्र के बाहर कोई लेना-देना नहीं है और इसीलिए उन पर उसका कोई सच्चा व विवेकपूर्ण मत भी नहीं होता। इसलिए वह उन मामलात में किसी भी उद्देश्य के लिए दखल नहीं देती जब तक कि उसका अपना हित उसमें शामिल न हो। वह न तो जानती है, न ही जानने

की कोशिश करती है कि राजनीति में उचित पक्ष कौन सा है, लेकिन वह यह जरूर जानती है कि क्या चीज धन व आमंत्रण ला सकती है, उसके पति को एक पदवी दिला सकती है, या पुत्र को एक प्रतिष्ठित पद या पुत्री को एक अच्छा विवाह प्रस्ताव।

लेकिन, यह पूछा जायेगा कि कोई समाज सरकार के बगैर कैसे रह सकता है? एक परिवार में, एक राज्य की तरह ही किसी एक व्यक्ति को तो अन्तिम शासक होना ही चाहिये। यदि वैवाहिक लोगों के मतों में भिन्नता है तो यह कौन निश्चित करेगा? पति-पत्नी दोनों तो मनमानी नहीं कर सकते, फिर भी किसी न किसी तरह एक निर्णय तो लेना ही होता है।

यह सच नहीं है कि दो लोगों के बीच सभी स्वैच्छिक सम्बन्धों में एक व्यक्ति पूर्ण शासक होता है और यह कि कानून को यह निश्चित कर देना चाहिये कि उन दोनों में से कौन शासक होगा। विवाह के बाद स्वैच्छिक सम्बन्ध का सबसे आम उदाहरण होता है—कारोबार में साझेदारी और यह कभी भी लागू करने की जरूरत महसूस नहीं की गयी कि हर साझेदारी में एक साझेदार का कम्पनी पर पूरा नियंत्रण होगा और दूसरे साझेदार उसके आदेश मानने को बाध्य रहेंगे। कोई भी व्यक्ति किसी साझेदारी में इन शर्तों पर प्रवेश नहीं करेगा कि उसके उत्तरदायित्व तो मालिक के हों और सत्ता व सुविधाएँ उसे क्लर्क की मिलें। अगर कानून की नजर में हर अनुबंध उसी तरह का हो जैसे विवाह का अनुबंध होता है तो इसका अर्थ होगा कि एक साझेदार कारोबार को इस तरह करे मानो यह उसकी निजी कम्पनी हो और दूसरे साझेदारों को केवल प्रदत्त अधिकार ही प्राप्त हो। कानून कभी ऐसा नहीं करता; न ही अनुभव से यह जाहिर होता है कि साझेदारों के बीच अधिकारों व सत्ता की सैद्धान्तिक असमानता होनी आवश्यक है या कि उनके बीच उनकी इच्छा से निश्चित की गयी शर्तों से अलग भी कोई शर्त होनी चाहिये। फिर भी ऐसा लग सकता है कि विवाह की अपेक्षा साझेदारी में एकान्तिक सत्ता को निम्नतर व्यक्ति के हितों व अधिकारों के लिए कम खतरनाक माना जाता है क्योंकि साझेदार इस सम्बन्ध से हट कर इस सत्ता को रद्द करने के लिए स्वतंत्र होता है। पत्नी को ऐसा कोई हक नहीं होता, और अगर उसके पास यह हक हो भी, तो यह हमेशा वांछनीय माना जाता है कि वह इसका इस्तेमाल करने से पूर्व सारे सम्भव उपाय आजमा ले।

यह काफी हद तक सच है कि जिन चीजों के बारे में हर रोज फैसला लेना होता है और जो खुद ब खुद व्यवस्थित नहीं हो सकतीं या किसी पारस्परिक समझौते की प्रतीक्षा नहीं कर सकतीं, उनको किसी एक की इच्छा पर निर्भर होना ही चाहिये; एक ही व्यक्ति का उन पर पूरा नियंत्रण भी होना चाहिये। लेकिन इसका यह मतलब नहीं कि हमेशा एक ही व्यक्ति का नियंत्रण हो। स्वाभाविक व्यवस्था दोनों के बीच सत्ता का विभाजन होगी; जिसके तहत हरेक अपने-अपने विभाग में पूर्ण अधिकार रखे और

इस व्यवस्था में कोई भी बदलाव दोनों की सहमति से ही हो। और यह विभाजन न तो कानून द्वारा पूर्वस्थापित हो सकता है, न ही इसे होना चाहिये क्योंकि इसका व्यक्तिगत अनुकूलता व सामर्थ्य पर निर्भर होना आवश्यक है। यदि दोनों ही ऐसा चाहें तो वे विवाह-संविदा द्वारा इस विभाजन को निर्धारित कर सकते हैं जैसे आजकल आर्थिक मामले प्रायः पूर्वनिर्धारित ही होते हैं। ऐसी बातों के पारस्परिक सहमति द्वारा निर्धारण में फिर शायद ही कोई कठिनाई हो बशर्ते कि विवाह सम्बन्ध स्वयं ही कष्टकर व दुखद न हो जिसमें हर बात व मुद्दा झगड़े का विषय बन जाता है। अधिकारों के विभाजन से स्वाभाविक है कि कार्यों व कर्तव्यों का बँटवारा भी होगा; जो पहले ही सहमति द्वारा निर्धारित किया जा चुका है, हर स्थिति में कानून द्वारा नहीं बल्कि सामान्य प्रचलन द्वारा—जो कि सम्बन्धित लोगों की सुविधा व सुख अनुसार बदला जा सकता है।

मामलात का वास्तविक व्यावहारिक निर्णय, चाहे उसका कानूनी अधिकार किसी को भी दिया जाये, काफी कुछ दोनों की तुलनात्मक योग्यताओं पर निर्भर करेगा, जैसा कि आज भी है। महज यह तथ्य कि प्रायः पुरुष ही आयु में बड़ा होता है, लगभग सभी स्थितियों में उसे प्रधानता प्रदान करता है कम से कम जब तक दोनों जीवन के उस मोड़ पर नहीं पहुँच जाते जहाँ आयु में कुछ वर्षों का फर्क कोई मायने नहीं रखता। जो भी पक्ष परिवार के पोषण के साधन जुटाता है, स्वाभाविक है कि वह पक्ष अधिक सबल होगा। इस प्रकार की असमानता विवाह के कानून पर नहीं बल्कि मौजूदा मानवीय समाज की सामान्य परिस्थितियों पर निर्भर करती है। सामान्य या विशेष मानसिक श्रेष्ठता व चरित्र के बेहतर निर्णय का प्रभाव भी आवश्यक रूप से अधिक प्रबल होगा। आज भी है। और यह तथ्य सिद्ध करता है कि परस्पर सहमति द्वारा जीवन साथी (या कारोबारी साझेदारों) के बीच सत्ता व उत्तरदायित्वों का निर्धारण ठीक तरह से नहीं हो सकता—इस आशंका का कोई आधार नहीं है। उन स्थितियों के अलावा जहाँ विवाह संस्था ही असफल रही है, यह विभाजन हमेशा उचित ही होता है। स्थिति कभी भी ऐसी नहीं आती कि सत्ता पूरी तरह से एक तरफ हो। दूसरी ओर सिर्फ आज्ञाकारिता। ऐसा तभी होता है जब विवाह संविदा एक बहुत बड़ी गलती साबित हुई हो, और दोनों पक्षों के लिए इससे मुक्त हो जाना ही सर्वश्रेष्ठ उपाय हो। कुछ लोग कह सकते हैं कि मतभेदों का मैत्रीपूर्ण निपटारा कानूनी बाध्यता से सम्भव होता है। लोग किसी मध्यस्थता को इसलिए मान लेते हैं क्योंकि पृष्ठभूमि में न्यायालय रहता है, जो, वे जानते हैं, उन्हें किसी भी कानून को मानने के लिए बाध्य कर सकता है। लेकिन समान्तर केस प्रस्तुत करने के लिये हमें यह मानना होगा कि न्यायालय किसी मुकदमे का संचालन करने के लिए नहीं, बल्कि हमेशा एक ही पक्ष के समर्थन में, मान लें कि प्रतिवादी के पक्ष में, फैसला देता है। यदि ऐसा हो, तो

इसकी अधीनता से ही वादी लगभग किसी भी मध्यस्थता पर सहमत हो जायेगा, लेकिन प्रतिवादी के केस में स्थिति ठीक इसके विपरीत होगी। कानून पति को जो निरंकुश सत्ता देता है वह एक वजह हो सकती है कि पत्नी किसी भी उस समझौते के लिए तैयार हो जाये जो उनके बीच सत्ता विभाजन से सम्बन्धित हो, लेकिन पति के सहमत होने के पीछे यह कारण नहीं हो सकता। सामान्य व सभ्य लोगों के बीच हमेशा एक व्यावहारिक समझौता होता है, हालाँकि उनमें से एक पर इस समझौते के लिए कोई नैतिक या शारीरिक बाध्यता नहीं होती—यह दर्शाता है कि दो लोगों के इस मिले-जुले जीवन में स्वैच्छिक समझौते के स्वाभाविक उत्प्रेरक, कुछ अप्रिय स्थितियों को छोड़कर, वाकई विद्यमान होते हैं। यह मामला निश्चित तौर पर एक कानून बनाने से नहीं सुधर जाता कि मुक्त प्रशासन की संरचना एक पक्ष में निरंकुश सत्ता और दूसरे में पराधीनता के कानूनी आधार पर ही खड़ी होगी और तानाशाह शासक जो भी छूट देता है, वह अपनी सुविधानुसार बिना किसी चेतावनी के उसे खत्म भी कर सकता है। ऐसी अनिश्चितता पर आधारित स्वतंत्रता की कोई खास अहमियत नहीं होती, साथ ही इसकी शर्तें भी बहुत न्यायसंगत नहीं हैं, चूँकि कानून एक ही पक्ष पर कुछ ज्यादा उदार है जो दोनों पक्षों में ऐसे समझौते की व्यवस्था करता है जिसमें एक पक्ष को हर चीज का अधिकार है और दूसरे को न सिर्फ पहले पक्ष की इच्छा के तहत ही हक प्राप्त हैं बल्कि उस पर अत्याचार की अति होने पर भी किसी तरह का विरोध न करने का प्रबल नैतिक व धार्मिक दबाव रहता है।

एक कट्टर विरोधी, एक पराकाष्ठा तक धकेल दिया जाये, तो कह सकता है कि पति वाकई सन्तुलित व विवेकपूर्ण होना चाहते हैं और बिना बाध्य हुए अपनी जीवनसाथी को रियायतें देना चाहते हैं, लेकिन पत्नियाँ ऐसा नहीं चाहतीं; कि अगर उन्हें उनके कुछ हक दे दिये जायें तो वे किसी और के अधिकारों को नहीं मानेंगी, किसी भी चीज पर झुकेंगी नहीं, जब तक कि पुरुष की सत्ता द्वारा ही उन्हें हर चीज मानने के लिए बाध्य न किया जा सके। कुछ पीढ़ियों पहले, बहुत से लोगों ने ऐसा कहा होता, जब महिलाओं पर व्यंग्य करने का फैशन था और पुरुष सोचते थे कि महिलाओं को जैसा उन्होंने बना दिया है, उसका मजाक उड़ाना बहुत चतुराई व बुद्धिमानी की बात है। लेकिन आज जो भी लोग इसका उत्तर दे सकते हैं, कभी ऐसा नहीं कहेंगे। इसकी वजह आज का यह सिद्धान्त नहीं है कि महिलाएँ अब अच्छी भावनाओं के प्रति कम संवेदनशील हो गयी हैं या उन लोगों की कम परवाह करती हैं जिनसे वे सबसे मजबूत बन्धन के जरिये बँधी हैं। ठीक इसके विपरीत, हमें हमेशा बतलाया जाता है कि महिलाएँ पुरुषों से बेहतर हैं—वह भी उन लोगों द्वारा जो उनके साथ पुरुषों जैसा ही व्यवहार करने के सख्त खिलाफ हैं। अब तो यह कहना एक उबाऊ शब्दाडम्बर बन गया है, एक क्षति को सम्मानजनक चेहरा देने की मंशा से

प्रयोग किये जाने वाले थोथे शब्द, जो उस शाही दयाशीलता से मिलते-जुलते हैं जो गुलिवर के अनुसार, लिलिपुट का राजा सदा सर्वाधिक अत्याचारी आदेश जारी करने से पहले दिखलाता था। यदि महिलाएँ पुरुषों से वाकई किसी चीज में बेहतर हैं तो वह है अपने परिवार के सदस्यों के लिए निज का बलिदान। लेकिन मैं इस बात पर जोर दूँगा—जब तक कि उन्हें दुनिया में यही सिखाया जाता रहेगा कि उनका जन्म ही आत्मबलिदान के लिए हुआ है, तब तक वे आत्मबलिदान में पुरुषों से बेहतर रहेंगी। मेरा विश्वास है कि अधिकारों की समानता उस आत्मत्याग को कम करेगी, जो आज स्त्री-सुलभ चरित्र का एक कृत्रिम आदर्श है और यह कि एक भली महिला एक श्रेष्ठ पुरुष से अधिक आत्मत्यागी नहीं होगी बल्कि दूसरी तरफ, पुरुष वर्तमान समय की अपेक्षा अधिक आत्मत्यागी व स्वार्थविहीन होंगे क्योंकि उन्हें तब अपनी इच्छा का एक महान तत्व के रूप में पूजा करना नहीं सिखाया जायेगा, जो अब दूसरे व्यक्ति के लिए लगभग आदेश बन जाती है। इस आत्मपूजा को सीखने से सरल और कोई चीज नहीं होती : सभी सुविधाप्राप्त लोगों व वर्गों में यह प्रवृत्ति होती है। जितना हम इंसानियत के मानक पर नीचे आते जाते हैं, आत्म-मुग्धता की यह प्रवृत्ति गहरी होती जाती है; और सबसे अधिक यह उनमें होती है जो अपनी दुर्भाग्यशाली पत्नी व बच्चों के अलावा और किसी से ऊपर न तो होते हैं न ही हो सकते हैं। अन्य किसी मानवीय अवगुण की अपेक्षा इसमें सम्माननीय अपवाद बहुत कम होते हैं। दर्शन और धर्म, इसे काबू में रखने की बजाय, प्रायः इसका समर्थन करने के लिए ही इस्तेमाल किये जाते हैं; और मनुष्यों में समानता की भावना के अतिरिक्त इस पर कोई नियंत्रण नहीं रख सकता--यही ईसाई धर्म का सिद्धान्त है लेकिन ईसाई धर्म व्यावहारिक तौर पर कभी इसकी शिक्षा नहीं दे सकता जब तक कि यह एक व्यक्ति को दूसरे की अपेक्षा बेहतर समझने वाली संस्थाओं को स्वीकृति देता रहेगा।

निस्सन्देह, ऐसी स्त्रियाँ भी हैं और पुरुष भी जिन्हें महत्त्व की समानता सन्तुष्ट नहीं करेगी; जिन्हें तब तक शान्ति नहीं मिलती जब तक कि सिर्फ उनकी इच्छा न मानी जाये। ऐसे व्यक्ति ही तलाक के कानून के लिए उपयुक्त होते हैं। वे सिर्फ अकेले रहने के लिए उपयुक्त होते हैं और किसी भी इंसान को उनके साथ अपना जीवन जोड़ने के लिए बाध्य नहीं होना चाहिये। लेकिन कानूनी अधीनता महिलाओं को ऐसा व्यक्ति अधिक बनाती है। यदि पुरुष अपनी पूरी सत्ता का प्रयोग करता है तो स्त्री जाहिर है, कुचली जाती है। यदि उसके साथ प्रेमपूर्ण व्यवहार किया जाता है और उसे सत्ता पाने की इजाजत दे दी जाती है, तो उसके अतिक्रमण को रोकने के लिए कोई नियम नहीं है। कानून, उसके अधिकार तो निर्धारित नहीं करता, लेकिन सैद्धान्तिक रूप से उसे कोई अधिकार ही नहीं देता, इस प्रकार वह यह घोषणा कर देता है कि स्त्री का अधिकार क्षेत्र उतना ही है जितना वह हासिल कर ले।

कानून की निगाह में दोनों विवाहित व्यक्तियों की समानता एकमात्र ऐसा तरीका ही नहीं है जिससे इस विशेष सम्बन्ध में दोनों पक्षों के प्रति न्याय हो सके और जो दोनों की खुशी के अनुकूल है, बल्कि एकमात्र ऐसा साधन है जो मनुष्य के दैनिक जीवन को, एक बड़े अर्थ में, नैतिक पोषण का स्कूल बना सकता है। भले ही इस सत्य का आने वाली कई पीढ़ियों तक एहसास न हो या इसे साामान्यतः न माना जाये कि सच्ची नैतिकता का एकमात्र स्कूल समान लोगों का समाज ही होता है। अब तक मनुष्य की नैतिक शिक्षा मुख्यतः बल के नियम से ही आयी है और लगभग उन सभी सम्बन्धों के अनुकूल रूपान्तरित हुई है, जिनकी रचना बल द्वारा ही हुई। समान होने का अर्थ है शत्रु होना। समाज, अपने उच्चतम स्तर से लेकर निम्नतम तबके तक, एक लम्बी कड़ी या सीढ़ी है, जहाँ हर व्यक्ति अपने निकटतम पड़ोसी से या तो ऊँचा है या नीचा। और जब वह आदेश नहीं देता, तब उसे आदेश का पालन करना ही होता है। इसी प्रकार मौजूदा नैतिकता भी मुख्यतः आदेश व आज्ञाकारिता के सम्बन्धों के ही अनुकूल है। फिर भी आज्ञाकारिता व आदेश दोनों ही मनुष्य जीवन की दुर्भाग्यपूर्ण आवश्यकताएँ हैं। समानता समाज की स्वाभाविक अवस्था है। आधुनिक जीवन में और जैसे-जैसे इसका विकास होता जा रहा है, आदेश व आज्ञाकारिता जीवन के अपवादपूर्ण तथ्य बनते जा रहे हैं और समान स्तर पर सम्बन्ध सामान्य नियम। शुरुआती युगों की नैतिकता सत्ता के समक्ष समर्पण के कर्तव्य पर टिकी थी; अगले युगों का आधार था दुर्बलों का यह अधिकार कि वे शक्तिशाली की सदाशयता और संरक्षण के तहत रहेंगे। एक प्रकार का समाज व जीवन दूसरी प्रकार के समाज की नैतिकता से कितने लम्बे समय तक सन्तुष्ट रह सकता है? हमारे समाज में समर्पण की नैतिकता रह चुकी है, बहादुरी और उदारता की नैतिकता भी रह चुकी है, अब समय आ चुका है कि न्याय की नैतिकता स्थापित हो। प्राचीन युगों में जब भी समाज में समानता लाने का प्रयास किया गया तो न्याय को ही सहमूल्यों का आधार पाया गया। प्राचीन गणतंत्रों में भी ऐसा हुआ। लेकिन सर्वश्रेष्ठ गणतंत्रों में भी समानता केवल स्वतंत्र पुरुष नागरिकों के लिए ही थी; दास, महिलाएँ और मताधिकार रहित निवासी बल के कानून के तहत ही आते थे। रोमन सभ्यता और ईसाई धर्म के मिले-जुले प्रभाव ने इस भेदभाव को मिटा दिया और सैद्धान्तिक तौर पर (व्यवहार में केवल आंशिक रूप से) यह घोषणा कर दी गयी कि इंसान के अधिकार लिंग, वर्ग व सामाजिक प्रतिष्ठा से सर्वोपरि हैं। जिन अवरोधों के मिटने की प्रक्रिया शुरू हुई थी वे उत्तरी विजय अभियानों के फलस्वरूप फिर खड़े हो गये; और सम्पूर्ण आधुनिक इतिहास तब से उनके मिटने की धीमी प्रक्रिया को ही बतलाता है। हम अब समाज की ऐसी व्यवस्था में प्रवेश कर रहे हैं जिसमें न्याय एक बार फिर मुख्य गुण होगा जो समान और सहानुभूतिपूर्ण सम्बन्धों पर आधारित होगा।

और इसकी जड़ें समान लोगों में आत्मरक्षा की सहज वृत्ति नहीं बल्कि उनके बीच स्थापित सहानुभूति में निहित होंगी। कोई भी बराबरी के हक से वंचित नहीं होगा। यह कोई नई बात नहीं कि मानवजाति स्वयं में आ रहे परिवर्तन को पहले से न देख पाये, कि उनकी भावनाएँ भविष्य की अपेक्षा अतीत के अनुकूल हों। किसी भी प्रजाति का भविष्य देख पाना बुद्धिजीवी अभिजात का ही विशेष गुण रहा है, या फिर उनका जिन्होंने इनसे कुछ सीखा है। भविष्य के बारे में एक अनुमान होने का गुण और भी दुर्लभ अभिजात में पाया जाता है। संस्थाएँ, पुस्तकें, शिक्षा, समाज—सभी मनुष्य को, नई व्यवस्था आने के बहुत देर बाद तक भी पुराने की ही सीख देती रहती हैं। ऐसा तब और अधिक होता है जब नई व्यवस्था का आगमन शुरू ही हुआ हो। लेकिन मनुष्य का सच्चा सद्‌गुण एक साथ समान रूप से रहने की अनुकूलता ही है; अपने लिए वही सब इच्छा रखने की जो वे दूसरों को भी उतनी ही स्वतंत्रता से दे सकें। वे किसी भी प्रभुता को आवश्यकता की स्थिति में आये अपवाद और इसे हर हालत में एक अस्थायी चीज मानते हैं और जब भी सम्भव हो वे ऐसे लोगों के समाज को बेहतर मानते हैं जिसमें नेतृत्व करना और अनुकरण करना क्रमिक और पारस्परिक हो। मौजूदा जीवन इन गुणों को व्यवहार में लाकर उनका पोषण करने के अति अनुकूल है। परिवार निरंकुश शासन का केन्द्र है जिसमें इस निरंकुशता के गुण ही नहीं अवगुण भी पोषित होते हैं। स्वतंत्र देशों में नागरिकता सिर्फ एक छोटा सा हिस्सा है और यह मनुष्य की दैनिक आदतों या अन्तरंग भावनाओं के करीब नहीं आती। परिवार, यदि उचित तौर पर संगठित हो तो वह स्वतंत्रता के सद्‌गुण का वास्तविक केन्द्र हो सकता है। यह निश्चित तौर पर अन्य हरेक चीज के लिए भी पर्याप्त होगा। यह बच्चों के लिए सदा आज्ञाकारिता की पाठशाला रहेगा और माता-पिता के लिए आज्ञा देने की। जरूरत इस बात की है कि यह समानता में सहानुभूति की पाठशाला बने, प्रेमपूर्ण माहौल में साथ-साथ रहने की सीख दे, जिसमें एक तरफ सत्ता और दूसरी तरफ उसका अनुपालन न हो। यह माता-पिता के बीच ही होना चाहिये। तब यह ऐसे गुण का अनुकरण करना होगा, जिसकी उन्हें अन्य सभी सम्बन्धों के अनुकूल बनने के लिए आवश्यकता होगी और यह बच्चों के लिए भी उन भावनाओं और व्यवहार का एक उदाहरण होगा, जो अभी वे आज्ञाकारिता के जरिए अपनी आदतों में ढालते हैं। मानवजाति की नैतिक शिक्षा जीवन की उन स्थितियों के अनुकूल कभी नहीं होगी जिनको पाने के लिये पूर्ण मानवीय प्रगति एक तैयारी है, जब तक कि वे परिवार में उन्हीं नैतिक नियमों का आचरण नहीं करते, जिसे मानव समाज की सामान्य संरचना में ढाला गया है। स्वतंत्रता की कोई भी भावना जो किसी व्यक्ति में होती है, जिसके अन्तरंग सम्बन्ध उन लोगों से हैं, जिनका वह पूर्णतः स्वामी है, तो यह भावना स्वतंत्रता के प्रति सच्चा या क्रिश्चियन प्रेम नहीं है बल्कि यह स्वतंत्रता

के प्रति उस तरह का प्रेम है जो सामान्यतः प्राचीन व मध्य युग में पाया जाता था; स्वयं अपने ही व्यक्तित्व की महत्ता व गरिमा का गहन बोध। यह बोध उसमें अपने ऊपर उस शासन से नफरत पैदा करता है, जिसके लिए सैद्धान्तिक तौर पर उसमें कोई विरोध नहीं है और जो वह अपने हितों व शान के लिए दूसरों पर सहर्ष लागू करने को तैयार है।

मैं बिल्कुल स्वीकार करता हूँ (और यही मेरी आशाओं की आधारशिला है) कि मौजूदा कानून के तहत भी अनेक विवाहित लोग (इंग्लैण्ड के उच्च वर्गों में सम्भवतः बहुत सारे लोग) समानता के न्यायोचित कानून की भावना में रहते हैं। अगर ऐसे अनेक लोग न होते, जिनकी नैतिक भावनाएँ मौजूदा कानून से बेहतर हों, तो कानूनों में कभी कोई सुधार न आया होता। ऐसे लोगों को उन सिद्धान्तों का समर्थन करना चाहिये, जिनकी वकालत यहाँ की गयी है; जिनका एकमात्र उद्देश्य है–अन्य विवाहित जोड़ों का जीवन भी उनके जैसा ही बनाना। किन्तु प्रायः अच्छी नैतिकता वाले लोग, यदि वे विचारक न हों, तो सहज ही यह विश्वास कर लेते हैं कि वे कानून या प्रचलित दस्तूर, जिनके दुष्प्रभाव उन्होंने निजी तौर पर अनुभव नहीं किये हैं, वे कोई दुष्प्रभाव पैदा नहीं करते बल्कि सम्भवतः अच्छा ही करते हैं और उन पर आपत्ति करना गलत है। बहरहाल, ऐसे विवाहित जोड़ों द्वारा यह मान लेना एक बड़ी गलती होगी कि चूँकि उनके विचारों में उन्हें जोड़ने वाले बन्धन की कानूनी स्थिति का ख्याल साल में एकाध बार ही आता है और चूँकि वह हर तरह से इस प्रकार रहते और अनुभव करते हैं कि वे कानूनन समान हैं, तो अन्य सभी विवाहित जोड़ों की भी यही स्थिति होगी, यदि पति एक बदनाम गुण्डा नहीं है तो। ऐसा मान लेना भी मनुष्य स्वभाव व तथ्य के प्रति अज्ञानता को ही दर्शाता है। सत्ताधिकार के लिए एक व्यक्ति जितना अयोग्य होता है–उतना ही दूसरे व्यक्ति पर उसकी सहमति से इस सत्ता के प्रयोग की अनुमति मिलने की सम्भावना कम हो जाती है–उतना ही अधिक वह उस सत्ता के प्रति सचेत हो जाता है जो उसे कानून ने प्रदान की है, अपने कानूनी अधिकारों पर उस बिन्दु तक जोर देता है, जहाँ तक प्रचलित रिवाज (उसके जैसे लोगों का रिवाज) उसे सह सके, उतना ही अधिक वह सत्ता के प्रयोग में सुख अनुभव करता है, सिर्फ उसके अधिकार की भावना को सजीव करने के लिए। इससे भी अधिक; निम्न वर्गों के नितान्त क्रूर व नैतिक रूप से अशिक्षित तबकों में महिलाओं की कानूनी दासता और उनकी इच्छा के समक्ष महिलाओं के समर्पण में ऐसा कुछ होता है, जिससे वे अपनी पत्नी के प्रति ऐसा अनादर व तिरस्कार महसूस करने लगते हैं, जो वे किसी अन्य महिला या व्यक्ति के प्रति महसूस नहीं करते और जिसके कारण वह उन्हें हर सम्भव प्रकार के तिरस्कार का उपयुक्त पात्र लगने लगती है। एक ऐसे पर्यवेक्षक को इन भावनाओं के लक्षणों का सूक्ष्म अध्ययन करने दें, जिसे ऐसे पर्याप्त

अवसर प्राप्त हों, और स्वयं उसे यह निर्णय करने दें कि स्थिति वैसी है कि नहीं। और अगर वह यह पाता है कि स्थिति ऐसी ही है, तो एक प्रथा जो मानव मस्तिष्क को इस हद तक भ्रष्ट कर सकती है, उसके उसे किसी भी हद तक खिलाफ घृणा व वितृष्णा महसूस करने से न रोके।

सम्भवतः हमें बताया जायेगा कि धर्म ही आज्ञाकारिता के कर्तव्य से बाँधता है; जैसा कि हर वह स्थापित तथ्य जिसके समर्थन में और कुछ नहीं कहा जा सकता, उसे धर्मादेश बनाकर पेश कर दिया जाता है। यह सच है कि चर्च अपने आदेशों में इसे शामिल करता है लेकिन ईसाई धर्म में ऐसा कोई आदेश मिल पाना मुश्किल है। हमें बताया जाता है कि सेण्ट पॉल ने कहा था, ''बीवियो! अपने पति की आज्ञा का पालन करो!'' लेकिन उन्होंने तो यह भी कहा था; ''गुलामो, अपने मालिकों के हुक्म का पालन करो!'' यह सेण्ट पॉल का काम नहीं था, न ही ईसाई धर्म का प्रचार करने के उनके उद्देश्य के अनुकूल था कि वे किसी को भी तत्कालीन कानूनों के खिलाफ विरोध करने के लिए उकसाते। उस सन्त द्वारा उस समय की प्रथाओं की स्वीकृति को उचित समय आने पर भी उन्हें सुधारने के प्रयास को अस्वीकार करना, उसी अर्थ में माना जा सकता है जिस अर्थ में उनका यह कथन 'जो भी सत्ताएँ हैं वे ईश्वरीय विधान हैं,' सैन्य तानाशाही का समर्थन करता है। यह मान लेना कि ईसाई धर्म का उद्देश्य सरकार व समाज के मौजूदा रूप को रूढ़िबद्ध करना और किसी भी परिवर्तन से उन्हें बचाना है, उसे ब्राह्मणवाद या इस्लाम के स्तर तक गिरा देना है। चूँकि ईसाई धर्म ने ऐसा नहीं किया, इसीलिए यह मनुष्यता के प्रगतिशील भाग का धर्म है और ब्राह्मणवाद इत्यादि मानवजाति के स्थिर भाग का धर्म रहे हैं या यूँ कहें (क्योंकि स्थिर समाज जैसी कोई चीज नहीं होती) कि पतित होते समाज का धर्म हैं। ईसाई धर्म के हर दौर में ऐसे बहुत से लोग रहे हैं, जो इसे वैसा ही बनाने का प्रयास करते रहे। हमें एक प्रकार का ईसाई मुसलमान बनाने की कोशिश, जिसके पास कुरान की जगह बाइबिल हो जो सभी प्रकार के सुधारों का निषेध करती हो। और उन लोगों का बहुत प्रभाव भी रहा है जिसके परिणामस्वरूप अनेक लोगों को उनका विरोध करते हुए अपने प्राणों की आहुति देनी पड़ी। लेकिन उनका विरोध हुआ और इस विरोध ने ही हमें वह बनाया जो हम हैं और वह बनायेगा, जो हमें होना है।

आज्ञाकारिता के उत्तरदायित्व के बारे में जो कुछ भी कहा जा चुका है, उसके बाद सामान्य मुद्दे में शामिल विशेष मुद्दे से सम्बन्धित कुछ भी कहना लगभग अनावश्यक है—अर्थात अपनी सम्पत्ति पर महिला का अधिकार। क्योंकि मुझे यह उम्मीद नहीं करनी चाहिये कि यह निबन्ध उन लोगों पर कोई प्रभाव डाल सकता है, जिन्हें इस बात को मनवाने के लिए किसी चीज की आवश्यकता है कि एक महिला की विरासत में मिली सम्पत्ति विवाह के बाद भी उतनी ही उसकी होनी चाहिये जितना

कि विवाह से पहले। नियम साधारण सा है; अगर वे विवाहित न होते तो जो भी पति का या पत्नी का होता, विवाह के दौरान भी क्रमशः उनका ही होना चाहिये और जरूरी नहीं कि बच्चों के लिए इस सम्पत्ति को सुरक्षित रखने के सन्दर्भ में किये जाने वाले किसी भी बन्दोबस्त के अधिकार में यह दखल दे। कुछ लोगों को आर्थिक क्षेत्र में यह अलग-अलग प्रबन्ध रखना भावनात्मक रूप से विस्मित कर सकता है और दो जिन्दगियों के एक हो जाने के आदर्शात्मक विचार से इतर लग सकता है। मैं उस अवस्था का प्रबल समर्थक हूँ जिसमें मालिकों के बीच पूर्ण एकता की भावना हो और उनका हर चीज पर समान अधिकार हो। लेकिन मुझे यह स्थिति कतई पसन्द नहीं है, जिसमें यह सिद्धान्त काम करे कि जो मेरा है, वह तुम्हारा है, लेकिन जो तुम्हारा है, वह मेरा नहीं। और मैं किसी भी व्यक्ति के साथ इस तरह के अनुबन्ध से इंकार करना बेहतर समझूँगा चाहे मैं ही वह व्यक्ति क्यों न हूँ जिसे इस अनुबन्ध से लाभ होता हो।

महिलाओं पर इस विशेष अन्याय व अत्याचार, जो, जैसा कि आम आशंका रहती है, शेष अत्याचारों से कहीं अधिक स्पष्ट है, का हल अन्य दुष्टताओं में दखल किये बगैर हो सकता है और इसमें कोई शक नहीं कि इसका सुधार सबसे पहले किया जायेगा। पहले ही, अमरीकी परिसंघ के अनेक पुराने व नए राज्यों ने लिखित संविधान में ही ऐसे प्रावधान बना दिए हैं जिससे इस सन्दर्भ में महिलाओं के समान अधिकार सुरक्षित हो सकें। और इस प्रकार विवाह सम्बन्ध में कम से कम उन महिलाओं की स्थिति को तो सुधारा ही है जिनके पास कुछ सम्पत्ति है, एक साधन की ताकत उनके पास छोड़कर जो, उन्होंने पति के नाम नहीं किया है, और इस तरह विवाह प्रथा के उस लज्जाजनक दुरुपयोग को भी रोका है जिसमें एक पुरुष एक लड़की से बिना किसी समझौते के, सिर्फ उसका धन हथियाने के लिए शादी करता है। जब परिवार को चलाने का काम सम्पत्ति पर नहीं बल्कि कमाई पर हो, जो आम व्यवस्था है कि पुरुष कमाता है और पत्नी घरेलू खर्च को सम्भालती है, तो यह स्थिति मुझे दो लोगों के बीच श्रम विभाजन की सबसे उचित स्थिति लगती है। यदि, माँ बनने के शारीरिक कष्ट और बच्चों के आरम्भिक वर्षों में उनके लालन-पालन व शिक्षा आदि की जिम्मेवारी के साथ पत्नी पति की आय को परिवार की सुविधानुसार सावधानी से खर्च करने का जिम्मा भी निभाती है तो वह दोनों के संयुक्त शारीरिक व मानसिक श्रम में सामान्य से अधिक ही हिस्सा बँटाती है। यदि वह कोई अतिरिक्त उत्तरदायित्व लेती है, तो भी वह उसे पहले ही मौजूद जिम्मेदारियों से मुक्त नहीं करता बल्कि उन्हें ठीक तरह निभाने में बाधा ही डालता है। क्योंकि जो परवाह वह बच्चों व घर की करती है, खुद उसकी नहीं की जाती और ऐसी स्थिति में और कोई करता भी नहीं है; जो बच्चे मरते नहीं, वे खुद ब खुद बड़े होते हैं और गृहस्थी की आर्थिक व्यवस्था इतनी

खराब हो जाती है कि पत्नी की आय भी उसमें कोई खास योगदान नहीं दे पाती। इसलिए दूसरी विवेक व न्यायपूर्ण अवस्था में, मेरा मानना है कि यह कोई वांछित प्रचलन नहीं होना चाहिये कि पत्नी अपने श्रम से परिवार की आय में भी योगदान दे। अन्यायपूर्ण व्यवस्था में, उसका ऐसा करना उसके लिए फायदेमन्द हो सकता है चूँकि इस तरह अपने पति की निगाहों में जो कानूनन उसका मालिक है उसकी कीमत और भी बढ़ जायेगी। लेकिन दूसरी तरफ, इस तरह पति अपनी सत्ता के दुरुपयोग में और भी सक्षम हो जायेगा। वह पत्नी को तो काम करने के लिए बाध्य करेगा और परिवार चलाना उसी के जिम्मे छोड़ कर खुद अपना समय आलस्य और मदिरापान इत्यादि में बरबाद करेगा। यदि एक स्त्री के पास अपनी खुद की सम्पत्ति नहीं है तो आय कमाने की ताकत उसकी गरिमा के लिए आवश्यक है। यदि विवाह बराबरी पर आधारित अनुबन्ध होता जिसमें आज्ञाकारिता की कोई बाध्यता नहीं होती; यदि यह अनुबन्ध उन लोगों पर लागू नहीं होता जिनके लिए अत्याचार करना विशुद्ध दुष्टता होती है और यदि न्यायोचित शर्तों पर किसी भी उस स्त्री को अलगाव (मैं तलाक की बात नहीं कर रहा) प्राप्त हो सकता, जो नैतिक रूप से इसकी हकदार है और अगर इसके बाद भी उसके लिए रोजगार के विकल्प उतने ही खुले होते जितना कि पुरुष के लिए, तो अपनी रक्षा के लिए यह आवश्यक नहीं होता कि वह विवाह के दौरान भी अपनी योग्यता का जीविका कमाने के लिए प्रयोग करे। जिस तरह जब एक पुरुष अपना व्यवसाय चुनता है उसी तरह जब एक स्त्री विवाह करती है तो सामान्यतः यह समझ लेना चाहिये कि उसने गृहस्थी के प्रबन्धन व परिवार के देखभाल को प्राथमिकता दी है, अपने जीवन की उस अवधि तक जो इस उद्देश्य के लिए आवश्यक हो। इस सिद्धान्त के जरिए बहुत सी विवाहित स्त्रियों के लिए घर से बाहर निकल कर किये जाने वाले व्यवसाय लगभग निषिद्ध हो जायेंगे। लेकिन सामान्य नियमों के निजी अनुकूलता के अनुसार बदल जाने की उदारता तो होनी ही चाहिये। और अन्य किसी उद्देश्य में लगी स्त्री की योग्यता को विवाह की वजह से खत्म नहीं होने देना चाहिये; परिवार की देखभाल में कोई कमी, जो स्त्री के व्यवसाय के कारण अपरिहार्य हो जाये, की भरपायी करने का उचित प्रावधान होना चाहिये। यदि एक बार सामाजिक मत को सही दिशा में मोड़ लिया जाये तो ये चीजें पूर्णतः सुरक्षित रूप से निजी विचार व सुविधा द्वारा, बिना किसी कानूनी दखलन्दाजी के नियमित की जा सकती हैं।

अध्याय तीन

दूसरा मुद्दा, जो महिलाओं की न्यायोचित समानता से सम्बन्ध रखता है—उन सभी कार्यों व व्यवसायों में उनकी भागीदारी है जो अब तक केवल ताकतवर पुरुष का ही एकाधिकार मानी जाती है, यह बात उस किसी भी व्यक्ति को मनवाने में मुझे कोई मुश्किल नहीं होगी, जो परिवार में महिलाओं की बराबरी के विषय पर मुझसे सहमत हैं। मेरा मानना है कि गृहस्थी के इतर महिलाओं की वर्जनाओं पर हमेशा इसीलिए जोर दिया जाता रहा है ताकि घरेलू जीवन में उनकी अधीनता कायम रखी जा सके; क्योंकि सामान्यतः पुरुष एक समान दर्जे के व्यक्ति के साथ रहने का ख्याल तक सहन नहीं कर सकते। अगर ऐसा नहीं होता, तो मुझे लगता है कि राजनीति व राजनीतिक अर्थशास्त्र की मौजूदा विचारधारा में लगभग हर व्यक्ति यह स्वीकार करता कि आधी मानवजाति को अधिकतर मुनाफेदार व्यवसायों से और लगभग सभी प्रतिष्ठित सामाजिक कार्यों से बाहर रखना एक अन्याय है। जन्म से ही स्त्रियों के लिए यह फरमान जारी हो जाता है कि या तो वे उन रोजगारों के लिए अनुकूल नहीं हैं, या वे सम्भवतः उनके योग्य नहीं बन सकतीं, जो कानूनन मूर्खतम और अधोतम पुरुषों के लिए खुले हैं, या फिर चाहे वे कितनी भी योग्य क्यों न हों, वे रोजगार उनके लिए इसलिए निषिद्ध हैं ताकि वे विशेष रूप से पुरुषों के फायदे के लिए रखे जा सकें। पिछली दो सदियों में जब भी (ऐसा बहुत कम होता था) मात्र इस तथ्य की मौजूदगी के अतिरिक्त महिलाओं की अयोग्यता के औचित्य के तर्क की जरूरत होती, तो लोग उनकी मानसिक क्षमताओं में कमी को इसकी वजह कम ही बताते थे। ऐसे समय में जब निजी क्षमताओं की सार्वजनिक जीवन के संघर्षों में वाकई परख हुई (जिससे सभी महिलाओं को बाहर नहीं रखा गया था), तो किसी को भी महिलाओं की क्षमताओं पर विश्वास नहीं था। उन दिनों इसके पीछे वजह महिलाओं की अयोग्यता नहीं वरन सामाजिक हित बताया जाता था। सामाजिक हित—जिसका तात्पर्य पुरुषों के हित से था; जिस प्रकार सरकार की सुविधा और मौजूदा शासन को समर्थन सर्वाधिक क्रूर अपराधों के लिए भी एक पर्याप्त बहाना माना जाता था। वर्तमान समय में, सत्ता की भाषा अपेक्षाकृत कोमल है और जिनका भी यह शोषण करती है, वह ऐसा उनके कल्याण के लिए ही करने का बहाना करती है। तदनुसार,

जब महिलाओं के लिए कोई चीज निषेध की जाती है, तो यह कहना या मानना आवश्यक या वांछनीय समझा जाता है कि वे उस कार्य के लिए अयोग्य हैं और यह कि अगर वे ऐसा करने की इच्छा करती हैं तो वे सफलता व खुशी के रास्ते से भटक रही हैं। लेकिन जो लोग ये तर्क देते हैं, उन्हें वर्तमान अनुभव के समक्ष इसे विश्वसनीय बनाने के लिए (तर्कसंगत नहीं) काफी दूर तक जाना पड़ेगा। सिर्फ यही कह देना पर्याप्त नहीं है कि औसतन महिलाएँ औसत पुरुषों की अपेक्षा कम मानसिक क्षमता रखती हैं या यह कि अनेक बौद्धिक कार्यों व व्यवसायों के लिए पुरुषों की अपेक्षा बहुत कम महिलाएँ ही योग्य होती हैं। यह कहना आवश्यक होगा कि इन कार्यों के लिए कोई महिला योग्य नहीं होती और मौजूदा समय में ऐसा काम करने वाले बहुत मामूली पुरुषों की अपेक्षा भी बहुत प्रतिष्ठित महिलाओं की मानसिक क्षमता कम होती है। यदि किसी कार्य को करना प्रतियोगिता द्वारा या चुनाव के किसी ऐसे तरीके के माध्यम से निश्चित किया जाता है जिससे सार्वजनिक हित सुरक्षित रह सके, तो यह आशंका होने का प्रश्न ही नहीं उठता कि महत्त्वपूर्ण रोजगार या तो उन स्त्रियों के हाथ चले जायेंगे जो औसत पुरुषों से भी कम योग्य हैं या फिर पुरुष प्रतियोगियों में औसत पुरुषों के हाथ चले जायेंगे। इसका केवल एक ही परिणाम होगा कि ऐसे रोजगारों में महिलाओं की संख्या पुरुषों से कम होगी। किसी भी स्थिति में यही परिणाम निकलना निश्चित है, सिर्फ इसी वजह से कि ज्यादातर महिलाएँ उस काम को चुनना पसन्द करेंगी, जिसमें उनका कोई प्रतियोगी नहीं है। अब, महिलाओं का सबसे प्रबल निन्दक भी इससे इंकार नहीं करेगा कि जब हम पिछले युगों के अनुभव में हाल के समय का अनुभव मिला कर देखते हैं तो पाते हैं कि महिलाओं ने कम नहीं बल्कि बहुत संख्या में शायद, बिना किसी अपवाद के यह सिद्ध किया है कि वह वे सब कार्य सफलतापूर्वक करने के योग्य हैं जो पुरुष करते हैं। ज्यादा से ज्यादा यह कहा जा सकता है कि बहुत सी चीजें ऐसी हैं जिन्हें वे पुरुषों जितना कुशलतापूर्वक करने में सफल नहीं हो पायीं—जिनमें वे उच्चतम कोटि तक नहीं पहुँचीं। लेकिन सिर्फ मानसिक क्षमता पर निर्भर ऐसे बहुत कम कार्य हैं जिनमें वे उच्चतम कोटि से भी ऊपर न पहुँची हों। क्या यह इस बात को उन पर अत्याचार और समाज के लिए नुकसानदायक बनाने के लिए काफी नहीं कि उन्हें इन कार्यों को करने के लिए पुरुषों से प्रतियोगिता करने की अनुमति न दी जाये? क्या यह कहना सिर्फ एक घिसी पिटी बात नहीं होगी कि ऐसे कार्यों पर अकसर ऐसे पुरुष नियुक्त होते हैं जो अनेक महिलाओं की अपेक्षा उनके लिये कम योग्य होते हैं, और वे किसी भी निष्पक्ष प्रतियोगिता में महिलाओं से निश्चित तौर पर हार जायेंगे? इससे क्या फर्क पड़ता है कि कहीं किसी और रोजगार में लगे ऐसे पुरुष भी होंगे जो इन कार्यों को करने के लिए इन महिलाओं की अपेक्षा अधिक योग्य हों? क्या ऐसा सभी

प्रतियोगिताओं में नहीं होता? क्या उच्च कार्यों के योग्य पुरुषों की इतनी अधिकता है कि एक समाज किसी अन्य योग्य व्यक्ति की सेवाएँ लेने से इंकार कर दे? क्या हम सामाजिक महत्त्व के किसी भी कार्य के योग्य एक पुरुष को पाने के सम्बन्ध में इतने निश्चित हैं कि आधी मानवजाति पर उन्हीं कार्यों को करने का निषेध लगाकर और उनकी योग्यता जितनी भी विशिष्ट क्यों न हो, उनसे इंकार कर हम कुछ भी नहीं खोयेंगे? और अगर हमारा काम उनके बगैर चल सकता है, तो भी क्या यह न्यायसंगत होगा कि हम उनके सम्मान व विशिष्टता का न्यायोचित भाग उन्हें न दें या उन्हें अपनी रुचि व अपने जिम्मे पर अपना व्यवसाय चुनने के उस समान नैतिक अधिकार से वंचित रखें जो सभी मनुष्यों को है? यह अन्याय उन्हीं तक सीमित नहीं है : इनमें वे भी भागीदार हैं जो उनकी सेवाओं से लाभ पाने की स्थिति में हैं। यह निश्चित कर देना कि कुछ खास लोग चिकित्सक, वकील या संसद सदस्य नहीं बन सकते, केवल उन्हीं लोगों को क्षति नहीं पहुँचाता बल्कि उन सभी के लिए भी हानिकर है जो चिकित्सकों, वकीलों और संसद सदस्यों को नियुक्त करते हैं और जो प्रतियोगिता और भी कठिन होने के प्रेरणादायक प्रभाव से वंचित रह जाते हैं और निजी चुनाव में उनके विकल्प भी सीमित रह जाते हैं।

यदि मैं अपने तर्क का ब्यौरा सार्वजनिक स्वभाव के कार्यों तक सीमित रखूँ तो सम्भवतः पर्याप्त होगा। चूँकि अगर मैं उन कार्यों के सम्बन्ध में तर्क रखने में सफल रहा तो सम्भवतः यह सहर्ष मान लिया जायेगा कि महिलाओं को उन सभी अन्य व्यवसायों में प्रवेश मिलना चाहिये जिसमें उनका प्रवेश होना या नहीं होना वाकई मायने रखता है। यहाँ मैं एक कार्य के बारे में विशेष रूप से जिक्र करूँगा, जो वृहद रूप से अन्य सभी से अलग है और जिसका हक उन सभी सवालों से मुक्त है जो इससे सम्बन्धित योग्यताओं के बारे में उठाये जा सकते हैं। मेरा आशय मताधिकार से है–संसदीय व नगरपालिका दोनों के। उन लोगों के चुनाव के हक में भागीदारी, जो जनता के विश्वास पर काम करेंगे, स्वयं इस विश्वास को पाने की प्रतियोगिता से बिल्कुल अलग बात है। यदि कोई संसद सदस्य के लिए वोट इसलिए न दे सके क्योंकि वह खुद उम्मीदवार होने के योग्य नहीं है, तो सरकार वाकई एक छोटा सा कुल-तंत्र हो जायेगी। उन लोगों का चुनाव करने में भागीदारी का हक, जिनको हमारा प्रशासन चलाना है, हरेक को होना चाहिये, चाहे वह प्रशासन के कार्य से हमेशा बाहर ही रहे। महिलाओं को ऐसा चुनाव करने योग्य समझना ही चाहिये, यह इस तथ्य से ही मान लिया जा सकता है कि कानून उसे अपने जीवन के सर्वाधिक महत्त्वपूर्ण निर्णय के लिए यह स्वतंत्रता पहले ही देता है; क्योंकि जिस पुरुष को उसके जीवन की देखरेख करनी है, उसका चुनाव हमेशा उसी के द्वारा उसी की इच्छा के अनुसार माना जाता है। जन आस्था के चुनाव के सन्दर्भ में, संवैधानिक कानून का कर्तव्य

है कि वह मतदान के अधिकार को आवश्यक सुरक्षा व सीमाएँ प्रदान करे। लेकिन अगर पुरुषों के सन्दर्भ में सुरक्षा पर्याप्त है, तो महिलाओं के सन्दर्भ में भी किसी अन्य की आवश्यकता नहीं है। जिन भी शर्तों व सीमाओं के तहत पुरुषों को मताधिकार मिलता है, उन्हीं के तहत महिलाओं को भी मताधिकार न मिलने का अंशमात्र भी औचित्य नहीं है। एक ही वर्ग के अधिकतर पुरुषों का जो राजनीतिक मत होगा, उसी वर्ग की अधिकतर महिलाओं का मत भी अलग होने की सम्भावना नहीं है जब तक कि कोई ऐसा विषय न हो जिसमें महिलाओं का हित शामिल हो। और अगर ऐसा है तो न्यायपूर्ण व समान व्यवहार की गारण्टी स्वरूप महिलाओं को मताधिकार की आवश्यकता है। यह तो उन लोगों को भी स्पष्ट समझ आना चाहिये जो मेरे द्वारा समर्थन प्राप्त अन्य किसी सिद्धान्त से सहमत नहीं हैं। अगर हर महिला एक पत्नी है और अगर हर पत्नी को दास होना ही चाहिये, तब तो इन दासों को कानूनी संरक्षण की और अधिक जरूरत है; और हम जानते हैं कि अगर मालिक ही कानून बनाने वाले हों तो दासों को किस प्रकार का कानूनी संरक्षण प्राप्त होता है।

केवल चुनावों में ही नहीं बल्कि खुद उनके द्वारा सार्वजनिक उत्तरदायित्वों के महत्त्वपूर्ण कार्यों व व्यवसायों में शामिल होने की महिलाओं की योग्यता के सन्दर्भ में मैं पहले ही कह चुका हूँ कि जो व्यावहारिक प्रश्न बहस के केन्द्र में है उसके लिये इस मुद्दे पर विचार आवश्यक नहीं। क्योंकि कोई भी महिला जो किसी भी खुले व्यवसाय में सफल है, इसी बात से यह सिद्ध कर देती है कि वह उसके योग्य है। सरकारी पदों के सन्दर्भ में, अगर देश की राजनीतिक व्यवस्था ऐसी है, जो अयोग्य पुरुषों को इनसे अलग रखती है तो वह अयोग्य महिलाओं को भी इनसे बाहर ही रखेगी। और यदि ऐसी व्यवस्था नहीं है तो इस बात में कोई अतिरिक्त बुराई नहीं होगी कि सरकारी पद पर आसीन अयोग्य व्यक्ति पुरुष भी हो सकता है और स्त्री भी। इसलिए जब तक यह माना जाता है कि चन्द महिलाएँ ही इन कार्यों के योग्य हो सकती हैं, तो उन अपवादस्वरूप महिलाओं के लिए इन पदों के दरवाजे बन्द करने वाले कानून किसी भी तरह से महिलाओं की योग्यता का आदर करने वाले कानून नहीं कहे जा सकते। हालाँकि यह अन्तिम विचार बहुत आवश्यक नहीं है लेकिन महत्त्वहीन भी नहीं। इसका एक निष्पक्ष अवलोकन महिलाओं की अयोग्यताओं के खिलाफ तर्क को अतिरिक्त प्रबलता प्रदान करता है और व्यावहारिक उपयोगिता के ऊँचे विचार से पुष्ट भी।

आइये पहले हम उन सभी मनोवैज्ञानिक मुद्दों के बारे में बात करें जिनसे यह जाहिर होता है कि स्त्री व पुरुष के बीच जो भी मानसिक अन्तर समझा जाता है वह सिर्फ उनकी शिक्षा व परिस्थितियों में अन्तर का ही स्वाभाविक प्रभाव है और उससे उनके स्वभाव में बहुत महत्त्वपूर्ण अन्तर और स्त्रियों की हीनता इंगित नहीं होती।

आइये, महिलाएँ जैसी हैं या जैसी रही हैं और जो योग्यताएँ वे पहले ही दिखा चुकी हैं, उन पर विचार करें। अगर और कुछ नहीं तो जो वे कर चुकी हैं, कम से कम वह तो यह सिद्ध करता ही है कि वे क्या कर सकती हैं। जब हम यह देखते हैं कि महिलाओं को पुरुषों के लिए सुरक्षित व्यवसायों के लिए नहीं बल्कि उनसे दूर रखने के लिए कितनी मेहनत से प्रशिक्षण दिया जाता है, तो यह स्पष्ट हो जायेगा कि जब मैं सिर्फ इस सम्बन्ध में बात करता हूँ कि उन्होंने वाकई क्या कर दिखाया है–तो मैं उनके पक्ष में एक कमजोर आधार ही प्रस्तुत कर रहा हूँ। क्योंकि इस केस में नकारात्मक प्रमाण की कोई कीमत नहीं जबकि सकारात्मक प्रमाण निर्णायक है। यह असम्भव नहीं कहा जा सकता कि एक महिला होमर, अरस्तू, माइकल एंजेलो या बीथोवन हो जाये क्योंकि आज तक किसी भी महिला ने इन लोगों जैसे विलक्षण कार्य नहीं किये हैं। यह नकारात्मक तथ्य इस प्रश्न को अनिश्चित और मनोवैज्ञानिक विचार-विमर्श के लिए खुला छोड़ देता है। लेकिन यह बिल्कुल निश्चित तौर पर कहा जा सकता है कि कोई महिला महारानी एलिजाबेथ, डेबोरा या जोन ऑफ आर्क हो सकती है, क्योंकि यह एक अनुमान नहीं बल्कि वास्तविकता है। अब यह एक दिलचस्प बात है कि कानून महिलाओं का जिन कार्यों के लिए निषेध करता है, महिलाओं ने सिद्ध किया है कि वही कार्य वे करने में सक्षम हैं। ऐसा कोई कानून नहीं है जो महिलाओं को शेक्सपियर जैसे नाटक या मोत्सार्ट जैसे ऑपेरा रचने से रोक सकता। महारानी एलिजाबेथ और महारानी विक्टोरिया को यदि विरासत में राजगद्दी नहीं मिलती तो उन्हें छोटी से छोटी राजनीतिक जिम्मेदारी भी न सौंपी जाती लेकिन इस उत्तरदायित्व को दोनों ने बहुत कुशलता से सम्भाला।

यदि अनुभव से, बगैर किसी मनोवैज्ञानिक विश्लेषण के कुछ निश्चित बात पता लग सकती है तो वह यही होगी कि महिलाओं को जो काम करने की अनुमति नहीं है, वही काम करने के लिए वे विशेष रूप से योग्य हैं; क्योंकि जो चन्द अवसर उन्हें प्राप्त हुए उनसे प्रशासन सम्भालने की उनकी क्षमता स्पष्ट हो गयी है, जबकि अन्य विशिष्ट अवसर जो उनके लिये खुले थे, उनमें महिलाओं ने इतनी विशेष उपलब्धि हासिल नहीं की।

हम जानते हैं कि राजाओं की तुलना में इतिहास में रानियों की संख्या कितनी कम रही है और उनमें से अनेक ने शासन सम्बन्धी अपनी योग्यता के विलक्षण प्रमाण दिये हैं जबकि बहुत सी रानियों ने बहुत कठिन समय में राजगद्दी सम्भाली थी। और यह भी विलक्षण बात है कि इन महिलाओं ने, अनेक स्थितियों में ऐसे गुण दर्शाये जो महिलाओं के परम्परागत चरित्र की कल्पना से बिल्कुल विपरीत थे। उन्हें उनकी बुद्धिमत्ता के लिए और शासन की दृढ़ता के लिए भी विशेष रूप से जाना गया। और यदि रानियों और साम्राज्ञियों की सूची में हम रीजेन्ट और प्रान्तीय वायसरायों का नाम

भी जोड़ दें तो प्रतिष्ठित महिला शासकों की सूची बहुत लम्बी हो जाती है।[1] यह तथ्य इतना अकाट्य है कि बहुत पहले, किसी ने इस तर्क का खण्डन करना चाहा तो अन्ततः उसने इस सत्य में एक और अपमान जोड़ दिया, यह कहकर कि रानियाँ राजाओं से बेहतर होती हैं क्योंकि राजाओं के अधीन महिलाएँ प्रशासन का संचालन करती हैं और रानियों के अधीन पुरुष।

एक खराब चुटकुले के खिलाफ बहस करना व्यर्थ में तर्क करना लग सकता है, लेकिन ऐसी चीजें वाकई लोगों के दिमाग को प्रभावित करती हैं; और मैंने लोगों को इसे उद्धृत करते हुए सुना है मानो उन्हें लगता हो कि इसमें वाकई कुछ दम है। कुछ भी हो, यह इस विचार-विमर्श का शुरुआती बिन्दु तो हो ही सकता है। तब, मैं कहता हूँ, यह सच नहीं है कि राजाओं के अधीन महिलाएँ प्रशासन चलाती हैं। ऐसी स्थितियाँ बहुत कम आती हैं; और दुर्बल राजाओं ने अपने प्रिय पुरुषों के माध्यम से उतना ही बुरा शासन किया है जितना कि स्त्रियों के प्रभाव में। जब एक राजा सिर्फ एक महिला के प्रति प्रेम के कारण उससे संचालित होता है, तो अच्छा प्रशासन सम्भव नहीं होता। हालाँकि इसके भी अपवाद हैं। फ्रांसीसी इतिहास में दो ऐसे राजा हुए हैं जिन्होंने बहुत लम्बे अरसे के लिए स्वेच्छा से प्रशासन की बागडोर महिलाओं के हाथ में दी—एक ने अपनी माँ के व दूसरे ने अपनी बहन के हाथ में। इनमें से एक चार्ल्स आठवाँ बालक ही था लेकिन ऐसा उसने अपने पिता लुई ग्यारहवें की इच्छानुसार किया था जो स्वयं अपने युग के योग्यतम शासकों में से एक था। दूसरा शासक, सैंत लुई, चार्लीशार्लमन के समय के बाद से सबसे उत्साही और सर्वश्रेष्ठ शासकों में एक था। दोनों राजकुमारियों ने ऐसी कुशलता से राज किया जिसकी बराबरी उनके समकालीन राजकुमार भी नहीं कर पाये। सम्राट चार्ल्स पंचम जो अपने समय का सर्वाधिक राजनीतिक राजा था और जिसके दरबार में सर्वाधिक समर्थ लोग नियुक्त थे और जो अपनी निजी भावनाओं के लिए सार्वजनिक हित की बलि कभी नहीं देता था, उसने अपने परिवार की दो राजकुमारियों को क्रमशः नीदरलैण्ड्स का गवर्नर नियुक्त किया था और जीवनपर्यन्त उन दोनों को इस पद पर रखा (और उसके बाद तीसरी गवर्नर भी एक राजकुमारी ही बनी)। दोनों ने सफलतापूर्वक शासन किया और उनमें से एक, ऑस्ट्रिया की मार्गरिट अपने समय की सर्वाधिक योग्य राजनीतिज्ञ थी। यह तो हुआ इस प्रश्न का एक पहलू। अब दूसरे पक्ष की बात करते हैं। जब यह कहा जाता है कि रानियों के अधीन पुरुष राज चलाते हैं तो क्या इसका अर्थ वैसा ही समझना चाहिये जैसा कि राजाओं के अधीन महिलाएँ अपने निजी सुख के सहभागी को ही प्रशासन का माध्यम बनाती हैं? ऐसी स्थिति दुर्लभ ही मिलती है, उन स्त्रियों के साथ भी जो कैथरीन द्वितीय जितनी ऐयाश रही हों; और इन स्थितियों में कथित पुरुष प्रभाव द्वारा कुशल प्रशासन नहीं पाया जाता। अगर यह सच भी होता कि एक रानी के

अधीन बेहतर पुरुषों के हाथ में प्रशासन रहता है बजाय एक औसत राजा के तो फिर इसका अर्थ यही हुआ कि रानियों में इन (पुरुषों) का चुनाव करने की अधिक व बेहतर क्षमता होती है और महिलाएँ ही पुरुषों की अपेक्षा शासक व मुख्य मंत्री दोनों पदों के लिये अधिक योग्य होती हैं; क्योंकि प्रधानमंत्री का काम स्वयं प्रशासन चलाना नहीं बल्कि ऐसे लोगों को ढूँढ़ना होता है जो हर सार्वजनिक विभाग को कुशलतापूर्वक चलाने के योग्य हों। किसी भी व्यक्तित्व को जल्दी ही भाँप लेना, जो निश्चित तौर पर पुरुषों की अपेक्षा स्त्रियों की बेहतरी का एक स्वीकार्य गुण है, उन्हें अन्य योग्यताओं के साथ-साथ अवश्य ही उचित लोगों का चुनाव करने में पुरुषों से अधिक कुशल बनाता है। और यही हर उस व्यक्ति का सर्वाधिक महत्त्वपूर्ण कार्य होता है, जिसे समाज का प्रशासन सम्भालना हो। यहाँ तक कि अनैतिक व भ्रष्ट कैथरीन डि मेडिची भी चान्सलर डि ल'होपिताल की योग्यता व वकत को समझती थी। लेकिन यह भी सच है कि अधिकतर महान रानियाँ प्रशासन की अपनी कुशल क्षमता के कारण ही महान बनीं और उन्हें अच्छे लोगों की सेवाएँ भी इसी वजह से प्राप्त हुईं। मामलात पर अन्तिम आदेश उन्हीं के हाथों में सुरक्षित रहता था और अगर वे अच्छे सलाहकारों की बात सुनती थीं तो इसी तथ्य से वे यह साबित कर देती थीं कि प्रशासन के सर्वाधिक महत्त्वपूर्ण मसलों पर उनका निर्णय उन सलाहों जितना ही कुशल होता था।

क्या यह सोचना तर्कसंगत है कि जो लोग राजनीति के महत्त्वपूर्ण कार्यों के करने के योग्य हैं वे उनसे कम महत्त्वपूर्ण कार्य करने के काबिल नहीं होंगे? क्या इस बात में कोई औचित्य हो सकता है कि राजकुमारों की पत्नियाँ और बहनें, जब भी जरूरत पड़े, तो राजकुमारों के काम में उनके जितनी ही योग्य हों लेकिन राजनीतिज्ञों, प्रशासकों, कम्पनियों के निदेशकों और सार्वजनिक संस्थानों के प्रबन्धकों की पत्नियाँ व बहनें वह सब करने में असमर्थ हों जो उनके भाई व पति करते हैं? वास्तविकता साधारण सी है; राजकुमारियों का लालन-पालन उनके उच्च कुल के कारण सामान्य पुरुषों के स्तर से नीचे होने की बजाय ऊपर ही होता है। उन्हें यह कभी नहीं सिखाया जाता कि राजनीति में रुचि लेना उनके लिये अनुचित है बल्कि किसी भी सुशिक्षित मनुष्य की अपने चारों ओर हो रही उन गतिविधियों में भरपूर दिलचस्पी लेने की उनको अनुमति होती है, जिनमें हिस्सा लेने के लिए उनकी कभी भी जरूरत पड़ सकती है। शाही परिवारों की महिलाएँ ही सिर्फ ऐसी स्त्रियाँ हैं जिन्हें पुरुषों जितनी ही रुचियों व व्यक्तित्व विकास की स्वतंत्रता होती है; और उन्हीं के सन्दर्भ में, महिलाओं में किसी तरह की हीनता नहीं पायी जाती। जहाँ भी जिस भी अनुपात में प्रशासन के क्षेत्र में महिलाओं की क्षमता की परख की गयी है, उसमें वे पर्याप्त व सन्तोषजनक ही पायी गयी हैं।

महिलाओं की विशिष्ट प्रवृत्तियों व रुचियों के सम्बन्ध में, जैसी कि महिलाएँ

अब तक रही हैं, यह तथ्य दुनिया के अपूर्ण अनुभव के श्रेष्ठ परिमाणों के अनुकूल लगता है। मैंने यह नहीं कहा कि जैसी वे आगे भी रहेंगी—क्योंकि जैसा मैं पहले भी कह चुका हूँ कि सहज स्वभाव के मद्देनजर किसी के द्वारा भी यह निश्चित करना कि महिलाएँ क्या हैं, क्या नहीं हैं, क्या हो सकती हैं या क्या नहीं हो सकतीं—मुझे उसका अहंकार ही लगता है। जहाँ तक उनके सहज-स्फूर्त विकास का प्रश्न है, तो वे अब तक इतनी अस्वाभाविक स्थिति में रखी गयी हैं कि उनका स्वभाव छिपा हुआ और विकृत हुए बिना नहीं रह सकता। और कोई भी बहुत निश्चित तौर पर यह घोषणा नहीं कर सकता कि अगर पुरुषों की तरह ही महिलाओं के स्वभाव को भी अपनी दिशा चुनने के लिए खुला छोड़ दिया जाता, और अगर मानव समाज के अनुकूल होने के अतिरिक्त उनके स्वभाव को कोई कृत्रिम झुकाव देने का प्रयास नहीं किया जाता, तो उनके व्यक्तित्व व क्षमताओं में कोई महत्त्वपूर्ण या सम्भवतः कोई भी अन्तर विकसित होता। अब मैं यह दिखलाऊँगा कि स्त्री-पुरुष में जो बहस योग्य भेद आज मौजूद हैं वे भी प्राकृतिक क्षमता का अन्तर नहीं बल्कि ऐसे अन्तर हैं जो परिस्थितियों के फलस्वरूप पैदा हो सकते हैं। किन्तु महिलाओं को देखते हुए, जैसा कि अनुभव से ज्ञात है, जो उनके बारे में अधिकतर सामान्य बातें कही जाती हैं उनमें से अपेक्षाकृत सत्य यही बात हो सकती है कि उनकी योग्यताओं का सामान्यतः झुकाव व्यावहारिक की ओर होता है। यह कथन मौजूदा व अतीत में महिलाओं के सार्वजनिक इतिहास के बारे में सर्वाधिक सुविधापूर्वक कहा जा सकता है। और यह आम व दैनिक अनुभव से ही ज्ञात हुआ है। आइये एक योग्य महिला के विशेष स्वभाव की खास मानसिक विशेषताओं पर ध्यान दें। वे सभी इस प्रकार की होती हैं जो व्यवहार में लाने के अनुकूल हों और महिला का झुकाव अपनी तरफ लाती हैं। महिलाओं की सहजानुभूति अथवा अन्तर्बोध से क्या तात्पर्य है? इसका अर्थ है—एक उपस्थित तथ्य की शीघ्र व उचित समझ। इसका सामान्य सिद्धान्तों से कुछ लेना-देना नहीं है। अन्तर्ज्ञान से किसी को भी प्रकृति के वैज्ञानिक नियमों का बोध या कर्तव्य के एक सामान्य नियम का ज्ञान नहीं हुआ है। ये तो सावधानीपूर्वक इकट्ठा किये गये अनुभवों के तुलनात्मक व गहन अध्ययन का परिणाम होते हैं। और इस विभाग में अन्तर्बोध रखने वाले स्त्री या पुरुष इस विभाग में कोई उपलब्धि हासिल नहीं कर पाते जबकि उसके लिये आवश्यक अनुभव वे खुद प्राप्त करने में समर्थ न हों। क्योंकि उनकी जो अन्तर्बोध सम्बन्धी विलक्षणता होती है वह उनको विशेष तौर पर निजी अवलोकन से सामान्य सत्य इकट्ठा करने में समर्थ बनाती है। उसके बाद अगर उन्हें दूसरे लोगों के अनुभव भी उसी तरह मिलने का मौका प्राप्त होता है जैसे पुरुषों को (मैं 'मौका' शब्द इसलिए प्रयोग कर रहा हूँ क्योंकि जहाँ तक जीवन की वृहद चिन्ताओं सम्बन्धी जानकारी का सवाल है, शिक्षित महिलाएँ केवल वे हैं जो स्व-शिक्षित

होती हैं) तब वे पुरुषों की अपेक्षा (अपनी विलक्षणता के) कुशल व सफल उपयोग में अधिक सक्षम होती हैं। अधिकतर शिक्षित पुरुष भी उपस्थित तथ्य को समझने में इतने कुशल नहीं होते। वे तथ्यों में वह तत्व नहीं देख पाते जो वाकई है बल्कि वह देखते हैं जिसकी अपेक्षा करना उन्हें सिखाया गया है। किसी भी योग्य महिला के साथ ऐसा कम ही होता है। अन्तर्बोध की उनकी क्षमता उन्हें इस बात से बचाती है। यदि समान अनुभव व समान सुविधाएँ मिलें तो महिलाएँ प्रायः पुरुष की अपेक्षा अपने समक्ष उपस्थित चीज को अधिक बेहतर समझ लेती हैं। अब, यह समझ वह प्रमुख गुण है जिस पर सिद्धान्त की अपेक्षा व्यावहारिकता अधिक निर्भर करती है। सामान्य सिद्धान्तों को खोजना सैद्धान्तिक योग्यता पर निर्भर करता है : उन्हें विशेष परिस्थितियों में समझना व विभाजित करना जिनमें वे लागू हो सकते हैं या नहीं हो सकते–यह व्यावहारिक क्षमता का काम है। और इसके लिये महिलाएँ जैसी वे अब हैं, विशेष झुकाव रखती हैं। मैं मानता हूँ कि अच्छे सिद्धान्तों के बिना उनका अच्छा व्यावहारिक उपयोग नहीं हो सकता और महिलाओं की काबिलियत में किसी चीज को समझने की शीघ्रता उन्हें अपनी समझ पर जल्दबाजी में किये गये सामान्यीकरण को हावी होने देने की प्रवृत्ति होती है लेकिन साथ ही समझ की वृहद रेंज होने पर उसे तुरन्त सुधार लेने की तत्परता भी होती है। लेकिन इस कमी को मानवजाति के अनुभव से ही सुधारा जा सकता है–सामान्य ज्ञान से, वह चीज जो शिक्षा ही प्रदान कर सकती है। एक महिला की गलतियाँ खासतौर पर उस चतुर स्व-शिक्षित पुरुष की गलतियों की तरह होती हैं जो अकसर वह देख लेता है जो एक ढर्रे पर शिक्षित पुरुष नहीं देख पाते लेकिन उन चीजों के बारे में जानकारी न होने से गलती कर बैठता है, जो बहुत पहले से ही ज्ञात हैं। बेशक, उसने पहले से ही मौजूद ज्ञान को खासा हासिल किया है अन्यथा उसे कुछ भी प्राप्त नहीं हो सकता था, लेकिन जो वह जानता है, वह उसने टुकड़े-टुकड़े में या अव्यवस्थित रूप से सीखा है, जैसा कि महिलाएँ करती हैं।

तत्काल उपस्थित, वास्तविक तथ्य व यथार्थ के लिए स्त्री मस्तिष्क की जो समझ है, चाहे इसमें कुछ गलतियाँ हो सकती हैं, फिर भी यह इसके विपरीत गलती का सबसे उपयोगी प्रतिकारक है। सहज अनुभूति और अन्तर्बोध वाले मस्तिष्क का प्रमुख भटकाव एक वस्तुपरक तथ्य की समझ में कमी ही होती है। इसी कमी के कारण, बाहरी तथ्य उनके सिद्धान्तों का जो अन्तरविरोध प्रस्तुत करते हैं, प्रायः वे उसे अनदेखा कर देते हैं और इस अन्तरबोध के वैध उद्देश्य से ही भटक जाते हैं और अपनी इस सामर्थ्य को ऐसे क्षेत्र में भटकने देते हैं, जिसमें वास्तविक लोग, सजीव, निर्जीव वस्तुएँ मौजूद नहीं होतीं, बल्कि तत्व मीमांसा से जनित भ्रमों के साए या सिर्फ शब्दों की उलझन से पैदा हुई आकृतियाँ होती हैं और वे इन्हीं को श्रेष्ठ दर्शन की चीज

समझने लगते हैं। उस पुरुष के लिए जो जानकारी व अवलोकन से ज्ञान नहीं प्राप्त करता बल्कि विचार प्रक्रिया के जरिये विज्ञान के व्यापक सत्य व व्यवहार के नियम जानने का प्रयास करता है, उसके लिये अपने इस चिन्तन व सहानुभूति को अपने से श्रेष्ठ महिला की संगत व आलोचना के साथ जारी रखने से कीमती चीज और कोई नहीं हो सकती। अपने विचारों को वास्तविक चीजों तक और प्रकृति के वास्तविक तथ्यों तक ही सीमित रखने के लिए इससे अच्छी कोई बात नहीं। कोई महिला एक काल्पनिक चिन्तन के पीछे शायद ही भटकती है। विषयों और चीजों को एक समूह नहीं बल्कि एक व्यक्ति के रूप में देखने की उसकी मानसिक आदत और (जो इस बात से बहुत निकट से सम्बन्धित है) लोगों की मौजूदा भावनाओं में उसकी अपेक्षाकृत अधिक रुचि, जिससे वह सर्वप्रथम इस बात की परवाह करती है कि उससे लोगों पर किस प्रकार का प्रभाव पड़ेगा—ये दो चीजें उसे इस प्रकार के किसी भी चिन्तन अथवा परिकल्पना में आस्था नहीं रखने देतीं जिसका सम्बन्ध व्यक्तियों से न होकर चीजों से ऐसा हो मानो वे किसी काल्पनिक अस्तित्व, किसी मस्तिष्क द्वारा रचित संसार के लाभ के लिए हों, जीवित लोगों की भावनाओं के लिए नहीं। इस प्रकार महिलाओं के विचार चिन्तनशील पुरुषों के विचारों को यथार्थता प्रदान करने में वैसे ही सहायक होते हैं जैसे पुरुषों के विचार महिलाओं के विचारों को विस्तार देने में। गहराई से सोचें तो मुझे शक है कि पुरुषों की तुलना में स्त्रियों को इस स्थिति में कोई नुकसान है।

यदि इस प्रकार महिलाओं की मौजूदा मानसिक विशेषताएँ चिन्तन प्रक्रिया में बहुत सहायक सिद्ध हो सकती हैं, तो वे चिन्तन कार्य सम्पन्न हो जाने के बाद इसे व्यवहार में लाने के लिए और अधिक उपयोगी होती हैं। जो कारण पहले बताये जा चुके हैं, उनके परिणामस्वरूप महिलाओं द्वारा वह गलती करने की कम सम्भावना होती है जो पुरुष सामान्यतः करते हैं; उस स्थिति में भी अपने नियमों पर अड़े रहने की, जिसकी विशेषता उसे या तो उस वर्ग से अलग कर देती है, जिसमें ये नियम लागू होते हैं, या जिस स्थिति को नियमानुसार ढालने की विशेष आवश्यकता होती है। अब हम चतुर महिलाओं की दूसरी सर्व स्वीकृत श्रेष्ठता की बात करते हैं—किसी भी चीज को समझने की तीव्रता। क्या यही एक मुख्य गुण नहीं है जो व्यक्ति को किसी भी बात को व्यवहार में लाने के योग्य बनाता है? कार्य करते हुए, हर बात निरन्तर तुरन्त व उचित समय पर निर्णय लेने पर निर्भर करती है। चिन्तन में कोई भी बात इस पर निर्भर नहीं करती। केवल एक विचारक प्रतीक्षा कर सकता है, सोचने में समय ले सकता है, अतिरिक्त प्रमाण जुटा सकता है; उस पर अपना दर्शन तुरन्त पूर्ण करने का बोझ नहीं होता कि कहीं अवसर ही हाथ से न निकल जाये। दर्शन में अपर्याप्त आँकड़ों से सर्वश्रेष्ठ परिणाम निकालने की सामर्थ्य वाकई व्यर्थ नहीं होती; सभी ज्ञात तथ्यों के अनुसार एक अस्थायी परिकल्पना की रचना आगे अन्वेषण करने का

आवश्यक आधार होती है। यह गुण दर्शन में उपयोगी तो है, मगर उसके लिये प्रमुख योग्यता नहीं। और सहायक अथवा प्रमुख कार्य के लिए एक दार्शनिक सुविधानुसार समय ले सकता है। उसे कोई भी कार्य शीघ्रता से करने की जरूरत नहीं होती; बल्कि उसे तो धैर्य की आवश्यकता होती है, अपूर्ण चीजों को धीरे-धीरे पूर्णता प्रदान करने की ओर कार्य करने के लिए, जब तक कि एक अनुमान एक पूर्ण प्रमेय में नहीं पक जाता। इसके विपरीत जिनका कार्य नाशवान और क्षणभंगुर चीजों—तथ्यों के प्रकार नहीं बल्कि निजी तथ्यों से सम्बन्धित है, उनके लिए विचारशीलता के बाद विचार की शीघ्रता बेहद आवश्यक गुण है। कार्य की तात्कालिकता के समक्ष जिस व्यक्ति के पास अपनी क्षमताओं पर तुरन्त नियन्त्रण नहीं है, इन क्षमताओं का उसके लिये कोई लाभ नहीं। इसी क्षेत्र में महिलाएँ और वे पुरुष जो बहुत कुछ महिलाओं की तरह हैं, श्रेष्ठ सिद्ध होते हैं। दूसरी प्रकार का पुरुष, चाहे उसकी क्षमताएँ कितनी ही प्रबल क्यों न हों, उनके पूर्ण प्रयोग व नियन्त्रण धीरे-धीरे कर पाता है, निर्णय लेने की शीघ्रता व निर्णयात्मक कार्य की तात्कालिकता—उन चीजों में भी जिन्हें वह सबसे अच्छी तरह जानता है, धीरे-धीरे और काफी प्रयास के बाद आती है।

सम्भवतः यह कहा जायेगा कि स्त्रियों की अपेक्षाकृत अधिक संवेदनशीलता घरेलू जीवन के अतिरिक्त किसी भी चीज को व्यवहार में लाने के लिए एक अयोग्यता ही है क्योंकि यह उन्हें गतिशील, परिवर्तनशील और मौजूदा क्षण से अत्यधिक प्रभावित बनाती है तथा निरन्तर कार्य करने में असमर्थ व अपनी क्षमताओं को इस्तेमाल करने में अनिश्चित भी। मुझे लगता है कि किसी भी गम्भीर कार्य के लिए महिलाओं की योग्यता पर जो सामान्य आपत्तियाँ उठाई जाती हैं—उपरिलिखित वाक्यों में उन्हीं का सार है। इस सबका अधिकतर भाग दरअसल अत्यधिक स्नायविक ऊर्जा की बरबादी ही है, और अगर इस ऊर्जा को एक निश्चित उद्देश्य में लगा दिया जाये तो यह सब खत्म हो जायेगा। इसका कुछ हिस्सा जानबूझकर या अनजाने में प्रोत्साहित की गयी प्रवृत्तियों का परिणाम है जैसा कि आजकल हम देखते हैं कि महिलाओं में 'हिस्टीरिया' और बेहोश होने के दौरे बिल्कुल लुप्त हो गये हैं क्योंकि अब वे फैशन में नहीं रहे। और फिर, जब लोगों का पालन-पोषण इस प्रकार किया जाता है जैसे उच्च वर्ग की अधिकतर महिलाओं का (हालाँकि हमारे देश में ऐसा दूसरे देशों की तुलना में कम मात्रा में होता है)—हॉट हाउस में पलते एक पौधे की तरह, बाहर की हवा व तापमान के उतार-चढ़ाव से पूर्णतः सुरक्षित माहौल में, उन कार्यों में पूर्णतः अप्रशिक्षित जो उनके संचरणतंत्र, विशेषकर भावनात्मक पक्ष में अप्राकृतिक रूप से क्रियाशील रहते हैं—ऐसी स्थिति में यह कोई हैरानी की बात नहीं कि उनमें से जो क्षयरोग से नहीं मरतीं, वयस्क होकर उनकी शारीरिक संरचना ऐसी नाजुक हो जाती है कि जरा से बाहरी या आन्तरिक कारण उन्हें अस्वस्थ कर सकते हैं। और

उनमें किसी भी उस शारीरिक या मानसिक कार्य को करने की ताकत नहीं होती जिसमें निरन्तर प्रयास की आवश्यकता हो। लेकिन जिन महिलाओं का पालन-पोषण इस प्रकार किया जाता है कि वे अपनी आजीविका कमा सकें, उनमें बहुत कम इस प्रकार के लक्षण जाये जाते हैं बशर्ते कि उन्हें अस्वस्थ हालात में एक ही कमरे में बन्द करके न रखा गया हो। जिन महिलाओं को बचपन में अपने भाइयों जितनी ही स्वस्थ शारीरिक शिक्षा और स्वतंत्रता मिली है और बाद में भी जिन्हें पर्याप्त शुद्ध वायु व व्यायाम मिला हो, वे बहुत कम ऐसी स्नायविक संवेदनशीलता दिखलाती हैं जो उन्हें किसी भी क्रियाशील व फुर्तीले कार्य के लिए अयोग्य सिद्ध कर सके। पुरुष व स्त्री–दोनों में कुछ लोग ऐसे निश्चित तौर पर होते हैं, स्नायु की अति संवेदनशीलता जिनकी शारीरिक संरचना का भाग होती है और इतनी प्रभावशाली होती है कि उनके पूरे व्यक्तित्व में एक महत्त्वपूर्ण भूमिका रखती है। शारीरिक संरचना का यह गुण भी अन्य शारीरिक लक्षणों की तरह आनुवांशिक होता है और पुत्रों व पुत्रियों में एक ही तरह से आता है। लेकिन यह सम्भव है कि स्वभावगत अधीरता या व्यग्रता पुरुषों की अपेक्षा स्त्रियों में अधिक आ जाती हो। हम इस तथ्य को मान लेते हैं; और तब मैं पूछता हूँ, क्या अधीर या जल्दी उत्तेजित हो जाने वाले पुरुषों को पुरुषों द्वारा किये जाने वाले कार्यों के लिए अयोग्य माना जाता है? स्वभाव की ये विशेषताएँ, निस्सन्देह, एक हद तक कुछ कार्यों में सफलता के मार्ग में बाधक होती हैं और कुछ कार्यों में सहायक भी। किन्तु जब व्यवसाय स्वभावानुकूल हो, या कभी-कभी यदि कार्य स्वभावानुकूल न हो तो भी अत्यधिक संवेदनशील पुरुषों द्वारा सर्वाधिक विलक्षण सफलता के उदाहरण लगातार दिये जाते रहे हैं। इसी कारण वे अन्य लोगों से अलग व विशेष हो जाते हैं। दूसरी प्रकार की शारीरिक संरचना वाले लोगों की अपेक्षा उनमें संवेदनशीलता अधिक होती है, अतः जब उनकी क्षमताएँ प्रोत्साहित होती हैं तो वे अन्य सामान्य लोगों की अपेक्षा अधिक कार्यकुशलता दिखलाते हैं और वे खुद से ऊपर उठकर ऐसे काम कर दिखलाते हैं जिनके लिये अन्यथा वे सक्षम नहीं होते। दुर्बल शारीरिक गठन वाले लोगों को छोड़कर यह प्रोत्साहन अथवा उद्दीपन महज एक क्षणिक कौंध नहीं होता जो बिना कोई स्थायी चिह्न छोड़े, तुरन्त गुजर जाये और किसी उद्देश्य के प्रति निरन्तर प्रयास में सहायक न हो। शीघ्र उद्विग्न होने वाले स्वभाव की यह खासियत होती है कि वह एक निरन्तर उद्दीपन की सामर्थ्य रखता है जो लम्बे व निरन्तर प्रयासों में शेष रह सके। जज्बा होने का यही अर्थ होता है। एक अच्छी नस्ल वाला रेस का घोड़ा अपनी गति धीमी किये बिना अन्तिम समय तक इसी वजह से दौड़ता रहता है। इसी जज्बे ने अनेक स्त्रियों को जोखिम के समय में सूक्ष्म स्थिरता बनाये रखने में ही समर्थ नहीं किया है बल्कि शारीरिक व मानसिक प्रताड़ना के लम्बे दौर में भी उन्हें स्थिरता बनाये रखने के काबिल बनाया है। यह तो स्पष्ट ही है कि इस

स्वभाव के लोग विशेषकर मानवजाति के नेतृत्व के उस विभाग के अनुकूल होते हैं जिसे कार्यकारी विभाग कहा जा सकता है। वे महान वक्ता, धर्मोपदेशक और नैतिक प्रभावों के प्रचारक हो सकते हैं। लेकिन मन्त्रिमण्डल के एक राजनेता या एक जज के लिए उनका स्वभाव कम अनुकूल समझा जा सकता है अगर उनके स्वभाव का आवश्यक परिणाम यह हो कि चूँकि वे जल्दी उत्तेजित हो जाते हैं अतः वे हमेशा उसी अवस्था में रहते होंगे। लेकिन यह तो पूर्णतः प्रशिक्षण का सवाल है। सशक्त भावनाएँ दृढ़ आत्म-नियन्त्रण का माध्यम भी हैं और आवश्यक तत्व भी। लेकिन उनका इस दिशा में पोषण होना चाहिये। और जब भावनाओं का इस प्रकार पोषण होता है तो वे आवेग का पालन करने वाले नायक ही नहीं बल्कि आत्म-विजेता नायकों का भी निर्माण करती हैं। इतिहास व अनुभव यह सिद्ध करता है कि प्रबल मनोवेग वाले लोग ही कर्तव्य भावना में बहुत सख्त होते हैं जब उनके मनोवेग का पोषण उसी दिशा में होता है। यदि एक केस में जज एक पक्ष में न्यायोचित निर्णय देता है जबकि उसकी गहन भावनाएँ दूसरे पक्ष के साथ हैं, तो वह न्याय के प्रति अपने उत्तरदायित्व की इसी निश्चित भावना से प्रेरणा लेता है जो उसे स्वयं पर विजय पाने में समर्थ बनाती है। इस विशेष उत्साह की क्षमता, जो मनुष्य को उसके रोजमर्रा के चरित्र से परे ले जाती है, इस चरित्र पर भी प्रतिक्रिया करती है। जब वह उत्साह की इस विशेष स्थिति में होता है तो वह अन्य समय में अपनी भावनाओं व क्रियाओं की तुलना इस स्थिति की अपनी आकांक्षाओं व योग्यता से करता है। उसके उद्‌देश्य विशेष उत्साह व उत्तेजना के इन क्षणों से बनते हैं व उन्हें समाहित भी करते जाते हैं। हालाँकि ये उद्‌देश्य, मनुष्य के शारीरिक स्वभाव के मद्‌देनजर, महज क्षणिक भी हो सकते हैं। जातियों व व्यक्तियों का अनुभव शीघ्र व्यग्र होने वाले स्वभाव के लोगों को, औसतन किसी भी चिन्तन या व्यावहारिक कार्य के लिए कम योग्य नहीं दर्शाता। फ्रांसीसी और इतालवी लोग स्वभावतः ट्यूटॉनिक जातियों से अधिक उत्तेजनशील हैं और कम से कम अंग्रेज लोगों की तुलना में उनका दैनिक जीवन अधिक भावनात्मक होता है; लेकिन क्या वे विज्ञान, सार्वजनिक कार्यों, वैधानिक व न्यायिक क्षेत्र या युद्ध में कम महान रहे हैं? इस बात का प्रचुर प्रमाण है कि प्राचीन ग्रीक लोग, जैसाकि उनके उत्तराधिकारी अब भी हैं, मानवजाति की सर्वाधिक उत्तेजनशील नस्लों में से रहे हैं। लेकिन यह पूछना बेमानी है कि मनुष्यों की ऐसी कौन सी उपलब्धि है जिसमें उन्होंने दक्षता व सफलता हासिल नहीं की। रोमन भी उतने ही दक्षिणी लोग थे और उनका मूल स्वभाव भी वैसा ही था लेकिन स्पार्टन लोगों जैसे दृढ़ अनुशासन वाले उनके राष्ट्रीय चरित्र ने उन्हें ग्रीक लोगों के विपरीत राष्ट्रीय चरित्र का उदाहरण बना दिया। लेकिन उनकी स्वाभाविक भावनाओं की प्रबलता जो उनके चरित्र की गहनता व दृढ़ता में लक्षित होती है, उनके मौलिक स्वभाव ने ही कृत्रिम भावना को प्रदान की। अगर

यह लोग इस बात का उदाहरण हैं कि उत्तेजनशील व संवेदनशील स्वभाव के लोगों को क्या बनाया जा सकता है तो आइरिश कैल्ट लोग इस बात का सबसे उपयुक्त उदाहरण हैं कि ऐसे लोगों को यदि खुद पर छोड़ दिया जाये तो क्या होता है (यदि उन लोगों को खुद के जिम्मे छोड़ा हुआ कहा जा सकता है, जो सदियों से बुरी सरकार के अप्रत्यक्ष प्रभाव में और कैथोलिक अनुक्रम व कैथोलिक धर्म में गहन आस्था के प्रत्यक्ष प्रभाव में रहे हैं)। इसलिए आइरिश चरित्र को एक प्रतिकूल उदाहरण मानना चाहिये। फिर भी, जब-जब किसी व्यक्ति की परिस्थितियाँ अनुकूल रही हैं तो किन लोगों ने सर्वाधिक विविध और बहुमुखी निजी श्रेष्ठता की क्षमता दिखलाई है? जैसे अंग्रेजों की तुलना में फ्रांसीसी, स्विस की अपेक्षा आइरिश, जर्मन नस्ल की अपेक्षा ग्रीक व इतालवी लोग, उसी तरह औसतन पुरुषों की अपेक्षा महिलाएँ भी एक ही कार्य को खास तरह की श्रेष्ठता में कुछ विविधता के साथ करती हैं। लेकिन यदि उनकी शिक्षा व पोषण उनके स्वभाव की दुर्बलताओं को प्रबल करने की बजाये उन्हें सुधारने के अनुकूल हो, तो वे समग्र रूप से भी उतना ही अच्छा कार्य करेंगी—इसमें मुझे जरा भी शक नहीं।

बहरहाल, अगर हम मान लें कि पुरुषों की अपेक्षा महिलाओं का मस्तिष्क अधिक चंचल होता है और निरन्तर प्रयास करने के लिए कम अनुकूल होता है, अपनी क्षमताओं को एक से अधिक कामों में प्रयोग करने के अधिक योग्य होता है, एक ही मार्ग पर निरन्तर चलते हुए उसके एक उच्च बिन्दु तक पहुँचने के लिए इतना उपयुक्त नहीं होता—महिलाएँ आज जैसी हैं—उनके बारे में यह सच हो सकता है (हालाँकि इसके अनेक अपवाद होंगे)। और सम्भवतः उन विचारों व व्यवसायों में, जहाँ पूरे चित्त की एकाग्रता सर्वाधिक आवश्यक होती है, उनमें श्रेष्ठ पुरुषों से पीछे रह जाने के लिए भी यही कारण हो सकता है। फिर भी, (स्त्री-पुरुष में) यह फर्क सिर्फ श्रेष्ठता के प्रकार का फर्क है, स्वयं श्रेष्ठता का या उसकी व्यावहारिक उपयोगिता का नहीं। और फिर अभी यह देखना बाकी है कि मस्तिष्क के एक भाग का यह विशिष्ट कार्य, एक विषय पर ही पूरी विचार प्रक्रिया का केन्द्रित होना, चिन्तन के उद्देश्य से भी मानवीय क्षमताओं की सामान्य और स्वस्थ स्थिति है या नही। मेरा मानना है कि एक विशेष विकास पर यह संकेन्द्रण, मस्तिष्क की जीवन के अन्य उद्देश्यों के लिए जो सामथ्यी है, उनमें खो जाता है और एक अमूर्त विचार-प्रक्रिया में भी, मेरा यह पक्का मत है कि मस्तिष्क द्वारा बार-बार उस समस्या पर लौटना बिना किसी बाधा के उस पर लगे रहने की अपेक्षा कहीं अधिक फायदेमन्द होता है। सभी तरह से किसी भी विचार को कार्यान्वित करने के उच्चतम विभाग से लेकर सबसे छोटे विभाग तक विचार के एक विषय से सरलतापूर्वक दूसरे पर चले जाने और इस बीच बौद्धिक क्षमता की सक्रियता का ह्रास न होने की क्षमता अधिक उपयोगी है और महिलाओं

के पास उसी चंचलता व गतिशीलता की वजह से यह क्षमता होती है, जिसका उन पर दोष लगाया जाता है। शायद उनमें यह क्षमता प्रकृति की देन है लेकिन शिक्षा व प्रशिक्षण से तो निश्चित तौर पर यह काबिलियत उनमें आ जाती है क्योंकि महिलाओं के लगभग सारे कार्य उन छोटी-छोटी अनेक चीजों के प्रबन्धन से सम्बन्धित होते हैं, जिनमें से हरेक पर वे एक मिनट से अधिक नहीं सोच सकतीं क्योंकि उन्हें दूसरी चीजों के बारे में भी सोचना होता है। और अगर किसी विषय पर लम्बे विचार की जरूरत है तो इसके लिए उन्हें समय निकालना पड़ता है। वाकई, उन परिस्थितियों व समय में महिलाओं के विचार कर लेने की क्षमता, जिनमें पुरुष न सोचने के लिए कोई न कोई बहाना बना देंगे, प्रायः देखी गयी है। और महिलाओं का दिमाग, चाहे वह छोटी-छोटी बातों में ही क्यों न व्यस्त हो, कभी खाली नहीं रहता, जैसाकि एक पुरुष का दिमाग रह सकता है जब वह उन कार्यों में व्यस्त न हो जिन्हें वह जीवन के महत्त्वपूर्ण कार्य समझता है। महिलाओं के सामान्य जीवन का काम साधारण चीजों से ही सम्बन्धित होता है और वह काम जब तक दुनिया चल रही है तब तक खत्म नहीं हो सकता।

लेकिन (ऐसा कहा जाता है) कि इस बात के शरीर-रचना सम्बन्धी प्रमाण उपलब्ध हैं कि पुरुष मानसिक रूप से महिलाओं से श्रेष्ठ होते हैं; उनका मस्तिष्क अपेक्षाकृत बड़ा होता है। मेरा उत्तर है, पहली बात तो यह तथ्य स्वयं में सन्देहास्पद है। यह किसी भी तरह से पूर्णतः स्थापित नहीं हुआ है कि महिलाओं का मस्तिष्क पुरुषों से छोटा होता है। यदि यह सिर्फ इस बात से अनुमानित किया जाता है कि महिलाओं की शारीरिक संरचना प्रायः पुरुषों की अपेक्षा छोटी होती है, तो ये मापदण्ड अजीब निष्कर्षों को जन्म देगा। इसके अनुसार तो एक लम्बा और चौड़ी हड्डियों वाला पुरुष अपेक्षाकृत छोटे पुरुष से कहीं अधिक बुद्धिमान होना चाहिये और एक हाथी या एक व्हेल को तो मानवजाति से कहीं अधिक श्रेष्ठ होना चाहिये। शरीररचनाशास्त्री कहते हैं, कि मनुष्य के मस्तिष्क का आकार शरीर के आकार या सिर के आकार की तरह छोटा-बड़ा नहीं होता और एक के आकार से दूसरे के आकार का अनुमान नहीं लगाया जा सकता। यह तो निश्चित बात है कि कुछ स्त्रियों का दिमाग पुरुषों जितना ही बड़ा होता है। यह भी मेरी जानकारी में है कि एक व्यक्ति जिसने बहुत से मानव-मस्तिष्कों का वजन तौला था, उसने कहा कि सबसे भारी मस्तिष्क, कुविये से भी भारी (उसका मस्तिष्क सबसे भारी दर्ज किया गया था) मस्तिष्क एक महिला का था। इसके बाद, मुझे यह तो कहना चाहिये कि मस्तिष्क और बौद्धिक क्षमताओं के बीच ठीक-ठीक क्या सम्बन्ध है—यह अभी ठीक से समझा नहीं गया है बल्कि काफी विवादास्पद विषय है। इन दोनों के बीच गहरा रिश्ता है—इसमें तो कोई शक नहीं हो सकता। निश्चित तौर पर मस्तिष्क विचारों व

भावनाओं का भौतिक अंग है और (मस्तिष्क के विभिन्न भाग विभिन्न क्षमताओं के लिए होते हैं—इस विवाद को अलग करते हुए) मैं मानता हूँ कि अगर इस अंग का आकार इसके कार्यों से कतई सम्बद्ध न हो तो यह एक अनियमितता और जीवन व व्यवस्था के ज्ञात सामान्य नियमों का अपवाद होगा। लेकिन यह अनियमितता व अपवाद और भी अधिक गहरा होगा अगर यह अंग सिर्फ अपने आकार के माध्यम से ही काम करे। प्रकृति के सभी जटिल व नाजुक कार्यों में, जिसमें जीवन की रचना सर्वाधिक जटिल है और इसमें स्नायुतंत्र की रचना तो और अधिक नाजुक मामला है—प्रभाव में अन्तर शरीर के अंग की गुणवत्ता पर भी उतना ही निर्भर करता है जितना कि उसके परिमाण पर : और अगर किसी अंग की गुणवत्ता उसके कार्य की कुशलता व नफासत से परखी जाती है तो स्त्रियों के मस्तिष्क व स्नायुतंत्र के पुरुषों से बेहतर होने के संकेत अधिक मिलेंगे। गुणवत्ता के अस्पष्ट अन्तर को, जिसकी पुष्टि करना कठिन है, खारिज करते हुए, एक अंग की कार्यकुशलता पूर्णतः उसके आकार पर नहीं बल्कि उसकी सक्रियता पर निर्भर जानी जाती है : और इसको उस ऊर्जा से मापा जा सकता है जिससे रक्त इसमें संचारित होता है क्योंकि उद्दीपक व सुधारात्मक बल देने का कार्य मुख्यतः रक्तसंचार पर ही निर्भर होता है। यह आश्चर्यजनक नहीं होगा—यह परिकल्पना स्त्री-पुरुष के मस्तिष्क में जो फर्क देखे जाते हैं उनके काफी अनुकूल लगती है—यदि औसतन पुरुषों को मस्तिष्क का आकार बड़े होने का लाभ है तो महिलाओं को मस्तिष्क में रक्तसंचार की सक्रियता का। इस सादृश्यता पर आधारित अनुमान के परिणाम हमें दोनों में जिन फर्कों की अपेक्षा की ओर ले जायेंगे—वे वही हैं जो प्रायः हमें दिखाई देते हैं। पहले तो, पुरुषों की मानसिक क्रिया धीमी होने की अपेक्षा की जा सकती है। वे महिलाओं की भाँति न तो विचार में न ही भावनाओं में इतने तीव्र होते हैं। बड़े आकार का शरीर हमेशा कार्य करने में थोड़ा समय लगाता है। दूसरी तरफ, जब वे सक्रिय हो जाते हैं तो पुरुषों का दिमाग अपेक्षाकृत अधिक काम कर सकता है। जिस कार्य को पहले शुरू किया वह उसी की निरन्तरता में अधिक कुशल होगा और एक प्रकार के कार्य से हटकर दूसरे प्रकार के काम को करने में उन्हें अधिक समय लगेगा। लेकिन जो काम वह पहले से ही कर रहा है, उसे वह बिना थके लगातार लम्बे समय तक कर लेगा। और क्या हम यह नहीं पाते कि जिन चीजों में पुरुष अधिकतर महिलाओं से श्रेष्ठ साबित होते हैं वे वही कार्य हैं जिनमें एक ही विचार पर लम्बे समय तक परिश्रम करने की आवश्यकता होती है जबकि महिलाएँ वे काम श्रेष्ठता से कर लेती हैं जिन्हें तुरन्त व शीघ्र करने की जरूरत होती है? एक महिला का दिमाग जल्दी थक जाता है; लेकिन थकान की मात्रा देखते हुए हमें उम्मीद करनी चाहिये कि वह जल्दी ही थकान से उबर भी जाता है। मैं दोहराता हूँ—कि यह चिन्तन पूर्णतः काल्पनिक है और इसका

उद्देश्य एक तरह के अन्वेषण का सुझाव देने से अधिक कुछ नहीं है। मैंने पहले ही इस मत का खण्डन किया है कि स्त्री-पुरुष दोनों की औसत मानसिक क्षमताओं अथवा दिशा में कोई निश्चित रूप से ज्ञात स्वाभाविक फर्क है और वह फर्क क्या है—यह भी निश्चित नहीं है। और जब तक चरित्र निर्माण के मनोवैज्ञानिक नियमों का सामान्यतः इतना कम अध्ययन रहेगा और विशेष केस में इनको वैज्ञानिक रूप से लागू नहीं किया जायेगा, तब तक यह जान पाना सम्भव भी नहीं है। जब तक व्यक्तित्व में भेद के स्पष्ट बाहरी कारणों पर ध्यान नहीं दिया जायेगा और प्राकृतिक इतिहास व मानसिक दर्शन के प्रचलित मतों द्वारा इन्हें हिकारत से देखा जाता रहेगा, तब तक वे, जो उस स्रोत को ढूँढ़ते हैं जो एक मनुष्य को भौतिक या मानसिक जगत में दूसरे मनुष्य से पृथक करता है, उन लोगों के मत को कमजोर मानने में सहमत होंगे, जो इन भेदों को समाज व जीवन के प्रति मनुष्य के विभिन्न सम्बन्धों के जरिये समझने को बेहतर समझते हैं।

महिलाओं के स्वभाव को लेकर व्यक्तिगत अनुभवों पर आधारित बिना किसी दर्शन या विश्लेषण के जो भी पहले उदाहरण मिले उन्हीं के आधार पर इतने हास्यास्पद मत बना लिये जाते हैं कि इसका लोकप्रिय विचार हर देश में उस देश के विचारों व महिलाओं के विकास अथवा अविकास की सामाजिक परिस्थितियों के अनुसार बदल जाता है। एक पूर्वी विचारक सोचता है कि महिलाएँ स्वभाव से विशेषतः कामुक होती हैं; हिन्दू लेखन में इसी आधार पर उनके उग्र अपमान को देखें। एक अंग्रेज प्रायः सोचता है कि स्त्रियाँ स्वभावतः ठण्डी और भावनाहीन होती हैं। महिलाओं की चंचलता के बारे में कहावतें अधिकतर फ्रांसीसी मूल की हैं; फ्रांसिस प्रथम की प्रसिद्ध उपाधि से लेकर उससे ऊपर तथा नीचे तक। इंग्लैण्ड में यह टिप्पणी आम इस्तेमाल होती है, महिलाएँ पुरुषों से कितनी ज्यादा स्थिर हैं। फ्रांस की अपेक्षा इंग्लैण्ड में महिलाओं की अपकीर्ति अस्थिरता को लेकर अधिक हुई है : और साथ ही अंग्रेज महिलाएँ अपने अन्तरतम स्वभाव से विचारों के समक्ष अपेक्षाकृत अधिक झुक जाती हैं। यह भी कहा जा सकता है कि विशेषकर अंग्रेज पुरुष यह फैसला करने के लिए प्रतिकूल स्थिति में हैं कि क्या प्राकृतिक है, क्या नहीं—सिर्फ महिलाओं में ही नहीं, पुरुषों में भी, या यूँ कहें पूरी मानवजाति में—अगर उनके पास केवल अंग्रेज अनुभवों का ही आधार है, तो। क्योंकि इंग्लैण्ड के अतिरिक्त ऐसी कोई जगह नहीं जहाँ मानव स्वभाव अपनी मूल विशेषता इतनी कम मात्रा में दर्शाता हो। अच्छे या बुरे दोनों अर्थों में, अन्य आधुनिक लोगों की अपेक्षा अंग्रेज लोग प्रकृति की अवस्था से अधिक दूर हैं। वे अन्य लोगों की अपेक्षा सभ्यता व अनुशासन की उपज ज्यादा हैं। इंग्लैण्ड ऐसा देश है जहाँ सामाजिक अनुशासन सर्वाधिक सफल रहा है, उसे जीतने में नहीं जिसके साथ इसका विवाद रहा हो, बल्कि उसे दबाने में। अन्य लोगों की अपेक्षा अंग्रेज लोग

नियमानुसार कार्य ही नहीं करते बल्कि वैसा महसूस भी करते हैं। दूसरे देशों में सिखाया हुआ मत या समाज की आवश्यकता दृढ़ ताकत हो सकती है लेकिन व्यक्तिगत स्वभाव के लक्षण इसके तहत भी दिखाई दे जाते हैं, प्रायः सामाजिक मत का विरोध करते हुए ही नजर आते हैं। सामाजिक नियम स्वभाव से अधिक ताकतवर हो सकता है लेकिन स्वभाव फिर भी मौजूद रहता है। इंग्लैण्ड में, बहुत हद तक नियम ने स्वभाव की जगह ले ली है। जीवन का ज्यादातर कारोबार नियम व शासन के तहत प्रवृत्ति का पालन करके नहीं बल्कि नियम का पालन करने के अतिरिक्त और किसी प्रवृत्ति की गैरमौजूदगी से ही चलता है। अब इसका एक अच्छा पक्ष तो निस्सन्देह है ही, लेकिन इसका एक काफी खराब पक्ष भी है। इस प्रकार एक अंग्रेज मानव स्वभाव की मूल प्रवृत्तियों पर अपने अनुभव के आधार पर निर्णय लेने के अयोग्य हो जाता है। अन्य जगहों के पर्यवेक्षक इस सन्दर्भ में जो गलतियाँ कर सकते हैं, वे भिन्न प्रवृत्ति की होती हैं। मनुष्य स्वभाव को लेकर एक अंग्रेज अज्ञानी होता है तो फ्रांसीसी पूर्वग्रह से ग्रसित। अंग्रेज व्यक्ति की गलतियाँ नकारात्मक हैं तो फ्रांसीसी व्यक्ति की सकारात्मक। एक अंग्रेज व्यक्ति कल्पना करता है कि चीजें मौजूद नहीं है क्योंकि उसने उन्हें कभी देखा ही नहीं लेकिन एक फ्रांसीसी सोचता है कि उन्हें हमेशा होना ही चाहिये क्योंकि उसने उन चीजों को देखा है। एक अंग्रेज व्यक्ति प्रकृति को नहीं जानता क्योंकि उसे जानने-समझने का उसे अवसर ही नहीं मिला; एक फ्रांसीसी सामान्यतः इस बारे में बहुत कुछ जानता है लेकिन प्रायः इस बारे में गलती करता है क्योंकि उसने सिर्फ परिष्कृत व विकृत प्रकृति को ही देखा है। समाज के द्वारा थोपी गयी कृत्रिम स्थिति चीजों की प्राकृतिक प्रवृत्तियों को दो प्रकार से छिपा देती है या फिर रूपान्तरित कर देती है। पहली स्थिति में अध्ययन के लिए सिर्फ प्रकृति के चन्द अवशेष ही दिखते हैं और दूसरी स्थिति में किसी और दिशा में विकसित प्रकृति नजर आती है, स्वतः व सहज विकसित रूप लक्षित नहीं होता।

मैं कह चुका हूँ कि यह अभी तक मालूम नहीं हो सका है कि पुरुष व स्त्री के बीच मानसिक भिन्नताएँ कितनी प्राकृतिक हैं और कितनी कृत्रिम, कि इन दोनों में कोई प्राकृतिक मानसिक भिन्नता है भी या नहीं, या अगर भिन्नता की सारी कृत्रिम वजहें हटा दी जायें तो कैसे प्राकृतिक चरित्र उभर कर आयेगा। मैं उस काम का प्रयास करने नहीं जा रहा हूँ जिसे मैंने पहले ही असम्भव करार दे दिया है। लेकिन सन्देह अनुमान लगाने का निषेध नहीं करता और जहाँ निश्चितता अप्राप्य हो वहाँ सम्भावना के किसी स्तर पर पहुँचने के साधन तो फिर भी हो सकते हैं। पहला मुद्दा, जिसे वाकई भिन्नताओं का मूल माना गया है, वह चिन्तन व अनुमान के सर्वाधिक करीब है; और मैं इस तक उसी मार्ग से पहुँचने की कोशिश करूँगा जिससे यहाँ पहुँचा जा सकता हैः बाहरी प्रभावों के मानसिक परिणामों का पता लगाकर। हम एक मनुष्य

को उसकी परिस्थितियों से अलग नहीं कर सकते, सिर्फ अपने प्रयोग से यह निश्चित करने के लिए कि वह अपने सहज स्वभाव में क्या होगा? लेकिन हम यह देख सकते हैं कि वह क्या है, उसकी परिस्थितियाँ क्या कर रही हैं, और क्या वह उन परिस्थितियों को बनाने में समर्थ रहा होगा।

तो फिर अगर हम सिर्फ शारीरिक ताकत की बात छोड़ दें तो पुरुषों से महिलाओं की हीनता के मात्र एक विशिष्ट केस को लेते हैं। दर्शन, विज्ञान या कला का कोई भी श्रेष्ठ काम महिला द्वारा नहीं किया गया है। इसकी वजह सिवाय यह मान लेने के और क्या हो सकती है कि महिलाएँ स्वभावतः ये काम करने में असमर्थ हैं?

पहली बात तो, हम यह सवाल कर सकते हैं कि क्या अनुभव ने इस बात का पर्याप्त आधार हमें दिया है? बहुत दुर्लभ अपवादों को छोड़ दिया जाये तो अभी तीन ही पीढ़ियों से महिलाओं ने दर्शन, कला या विज्ञान के क्षेत्र में अपनी क्षमता दिखानी शुरू की है। मौजूदा पीढ़ी में ही उनके ये प्रयास बहुलता में दिखाई पड़ते हैं : लेकिन अब भी यह बहुत कम है–इंग्लैण्ड और फ्रांस के सिवाय हर कहीं ऐसी महिलाएँ कम ही हैं। यह एक महत्त्वपूर्ण प्रश्न है कि क्या चिन्तन या रचनात्मक कला में अव्वल श्रेणी की कुशलता वाला मस्तिष्क इतना समय बीतने के बाद या इस दौरान, उन महिलाओं में केवल संयोग से ही पाया जा सकता था जिनकी रुचि व सामाजिक स्थिति उन्हें इन कार्यों को करने के अनुकूल थी। फिर भी उन सभी चीजों में, जिनके लिये समय था–केवल श्रेष्ठता के चरम बिन्दु को छोड़कर, खासकर उस क्षेत्र में जिसमें वे बहुत अरसे से शामिल रही हैं मसलन साहित्य (गद्य व पद्य दोनों) में, महिलाओं ने काफी उपलब्धि व पुरस्कार हासिल किये हैं, जितना कि समयावधि व प्रतियोगियों की संख्या के मद्देनजर उनसे उम्मीद की जा सकती थी। यदि हम प्राचीन समय की ओर लौटें तो बहुत कम महिलाओं ने साहित्यिक प्रयास किये फिर भी उनमें से कुछ ने विशिष्ट सफलता भी प्राप्त की। ग्रीक हमेशा साफो को अपनी महान कवयित्री मानते थे और हम समझ सकते है कि मिर्टिस, जो कहा जाता है कि पिण्डर की गुरु रही और कोरिना, जिसने पाँच बार उससे काव्य पुरस्कार जीत लिया, उनमें इतनी पर्याप्त योग्यता तो रही होगी कि उनकी तुलना उस महान व्यक्ति से की गयी। अस्पासिया का दर्शन सम्बन्धी लेखन उपलब्ध नहीं है लेकिन यह एक स्वीकार्य तथ्य है कि सुकरात ने हमेशा उसके निर्देशों की सहायता ली और इसे स्वीकार भी किया।

यदि हम आधुनिक समय में महिलाओं के कार्यों को लें और पुरुषों के कार्यों के बरक्स रखें–चाहे साहित्यिक या कला के क्षेत्र में–तो स्त्रियों की सिर्फ एक खामी उभर कर आती है; लेकिन वह बहुत वस्तुपरक है; मौलिकता की कमी। यह भी विशुद्ध कभी भी नहीं; चूँकि मस्तिष्क की कोई भी ऐसी उपज जो सारगर्भित हो, उसकी अपनी

मौलिक विशेषता तो होती ही है—वह मस्तिष्क की अपनी संकल्पना होती है, किसी और की नकल नहीं। मौलिक विचार, किसी से लिये हुए नहीं बल्कि विचारक के अपने चिन्तन-मनन से निकले विचार महिलाओं के लेखन में प्रचुर मात्रा में हैं। लेकिन अब तक उन्होंने ऐसा नया व चमकदार विचार नहीं दिया जो विचार जगत में एक नये युग की शुरुआत कर दे या कला क्षेत्र में ऐसी मूलभूत अवधारणा नहीं दी जो पहले न सोचे गये नये आयाम खोल दे और नई विचारधारा की आधारशिला बने। उनकी रचनाएँ बहुधा मौजूदा विचार कोश पर ही आधारित होती हैं और उनकी रचनाएँ मौजूदा रचना शैली से अलग नहीं होतीं। इसी प्रकार की हीनता उनके कामों में प्रकट होती है। कार्यान्वयन में, विचारों को सूक्ष्मता से लागू करने और शैली के पूर्ण निष्पादन में कहीं कोई कमी परिलक्षित नहीं होती। संरचना व सूक्ष्म ब्यौरे के प्रबन्धन में जो हमारे सर्वश्रेष्ठ उपन्यासकार हैं, वे महिलाएँ हैं। आधुनिक साहित्य में मदाम डि स्टेल की शैली से अधिक विचारों की भावपूर्ण अभिव्यक्ति अन्यत्र उपलब्ध नहीं है और मादाम साँद के गद्य से श्रेष्ठ व कलात्मक श्रेष्ठता का नमूना भी नहीं दीख पड़ता। मदाम साँद की शैली का मस्तिष्क पर हेड्न या मोत्सार्ट की सिम्फनी जैसा प्रभाव पड़ता है। जैसा कि मैं कह चुका हूँ कि अवधारणा की उच्च मौलिकता की ही मुख्यतः कमी है। और अब यह विश्लेषण करते हैं कि क्या ऐसा कोई तरीका है जिससे इस खामी की वजह ज्ञात हो सके।

तब हमें याद रखना चाहिये कि विचार के सन्दर्भ में दुनिया के अस्तित्व के दौरान, सभ्यता के विकास के दौरान, जब केवल विलक्षणता के बल पर बिना अधिक अध्ययन या जानकारी इकट्ठा किये महान और नवीन सत्यों तक पहुँचा जा सकता था—उस सारी अवधि के दौरान महिलाओं का चिन्तन या विचारशीलता से कोई नाता न रहा। हिपेशिया के युग से रिफॉर्मेशन तक, विख्यात हेलोयसा शायद एकमात्र ऐसी महिला थी जिसके लिये इस प्रकार की कोई उपलब्धि सम्भव थी; और हम नहीं जानते हैं कि उसके जीवन के दुर्भाग्यों के फलस्वरूप मानवजाति उसके चिन्तन की कितनी महान क्षमता से वंचित रही। चूँकि बहुत कम महिलाओं ने तब से गम्भीर चिन्तन का प्रयास किया है, अतः विचारों की मौलिकता प्राप्त करना उनके लिए सरल नहीं रहा। केवल अपनी क्षमताओं के आधार पर जो विचार उपज सकते थे, वे बहुत पहले सोचे जा चुके हैं और मौलिकता, उच्च स्तरीय मौलिकता आज उन दिमागों द्वारा भी बहुत कम हासिल की जाती है, जो बहुत सुशिक्षित हैं और जिन्हें पूर्व विचारधाराओं व विचार प्रक्रियाओं का पूर्व ज्ञान है। मेरे विचार से श्री मॉरिस ने ही वर्तमान युग पर यह टिप्पणी की है कि इसके सर्वाधिक मौलिक विचारक वे हैं जो बहुत विस्तार से यह जानते हैं कि उनके पूर्ववर्तियों द्वारा क्या चिन्तन किया गया था—और अब ऐसी ही स्थिति रहेगी। अट्टालिका में इतने सारे पत्थरों के ऊपर नये पत्थर रखे जा

चुके हैं। मौजूदा स्थिति में जो भी इस कार्य में भाग लेना चाहता है, उसे अपना सामान लेकर बहुत ऊँचा चढ़ने की लम्बी प्रक्रिया से गुजरना पड़ेगा। ऐसी कितनी महिलाएँ है जो इस प्रक्रिया से गुजरी हैं? महिलाओं में सम्भवतः श्रीमती सॉमरनील ही एकमात्र ऐसी महिला हैं जो गणित के बारे में इतना जानती हैं जितना कोई नई गणितीय खोज करने के लिए आवश्यक है। क्या यह स्त्रियों की हीनता का कोई सबूत है कि वह अपने समकालीन उन दो-तीन लोगों में से नहीं रहा जिनका नाम विज्ञान की अद्‌भुत प्रगति से जुड़ा है? जब से राजनीतिक अर्थशास्त्र को विज्ञान बनाया गया है, दो महिलाएँ ऐसी हैं जो इस विषय पर इतना ज्ञान रखती हैं कि इस पर कुछ उपयोगी लिख सकें; उन अनेक पुरुषों जिन्होंने इसी समय में इस विषय पर लिखा, में से कितनों के बारे में वाकई इससे अधिक कहना सम्भव है? यदि कोई महिला एक महान इतिहासकार नहीं हुई तो किस महिला को इसके लिये आवश्यक ज्ञान मिला? यदि कोई महिला एक महान भाषाशास्त्री नहीं हुई, तो किस महिला ने संस्कृत और स्लावोनिक, उल्फिला की गोथिक तथा जेंदावेस्ता की फारसी का अध्ययन किया है? व्यावहारिक मामलों में भी हम सभी जानते हैं कि अप्रशिक्षित विलक्षण प्रतिभाओं की क्या कीमत होती है? इसका अर्थ है लगातार कई अन्वेषकों द्वारा खोजी गयी व विकसित की गयी एक चीज को फिर से उसके शुरुआती स्वरूप से ही खोजना। जब महिलाओं की भी वह तैयारी हो चुकेगी जिसकी विशेष रूप से मौलिक बनने के लिए पुरुषों को भी जरूरत होती है, तब मौलिकता के लिए महिलाओं की मूल क्षमता को परखने का उचित समय होगा।

निस्सन्देह यह प्रायः होता है कि एक व्यक्ति जिसने दूसरे के विचारों के एक विषय पर भलीभाँति व विस्तार से नहीं पढ़ा है, उसे स्वाभाविक विलक्षणता के परिणामस्वरूप एक आभास होता है जिसे वह सुझा तो सकता है पर सिद्ध नहीं कर सकता, लेकिन फिर जो परिपक्व होकर ज्ञान में एक महत्त्वपूर्ण कड़ी बन सकता है। फिर भी उससे तब तक न्याय नहीं किया जा सकता जब तक कि कोई दूसरा व्यक्ति, जिसके पास उपरिवर्णित जानकारी है, वह उसे अपने हाथ में ले, जाँचे-परखे, एक वैज्ञानिक या व्यावहारिक रूप दे और दर्शन या विज्ञान के मौजूदा तथ्यों में अवस्थित कर दे। क्या यह मान लिया जा सकता है कि ऐसे अद्‌भुत विचार महिलाओं को नहीं सूझते? हर बुद्धिमान महिला को ऐसे सैकड़ों विचार सूझते हैं। लेकिन अधिकतर वे विचार पति या एक ऐसे मित्र की कमी के कारण खो जाते हैं, जिसके पास यह दूसरा ज्ञान हो और वह उनके विचारों का ठीक-ठीक अनुमान लगाकर उन्हें दुनिया के सामने ला सके। और जब वे दुनिया के समक्ष लाये भी जाते हैं तो वे उसके (पुरुष के) विचार अधिक लगते हैं, उसके मूल लेखक के नहीं। कौन बता सकता है कि पुरुष लेखकों द्वारा व्यक्त किये गये कितने सर्वाधिक मौलिक विचार दरअसल एक महिला द्वारा

सुझाये गये थे और वे सिर्फ सत्यापित करने व उन पर काम करने के बाद ही उनके अपने विचार बने? अगर मैं अपने ही उदाहरण को लूँ—तो वाकई मेरे विचारों का एक बड़ा भाग ऐसा ही है।

यदि हम विशुद्ध अटकलबाजी चिन्तन से साहित्य व कला—शब्द के सीमित अर्थों में—की ओर मुड़ें, तो महिलाओं का साहित्य, अपनी सामान्य परिकल्पना व मुख्य गुणों में पुरुषों के साहित्य की नकल क्यों है—उसका एक बहुत स्पष्ट कारण है। रोमन साहित्य को, जैसा कि आलोचक सन्तोषजनक रूप से घोषणा करते हैं, मौलिक नहीं बल्कि ग्रीक साहित्य की नकल क्यों माना जाता है? सिर्फ इसलिए क्योंकि ग्रीक रोमनों से पहले हुए। यदि महिलाएँ पुरुषों से अलग अपने देश में रहतीं और उन्होंने पुरुषों का लेखन कभी नहीं पढ़ा होता, तो उनका अपना साहित्य होता। वैसे भी, उन्होंने ऐसे साहित्य की रचना इसलिए नहीं की चूँकि पहले ही से एक विकसित साहित्य विद्यमान था। यदि प्राचीन काल के ज्ञान का प्रलम्बन न हुआ होता, या अगर पुनर्जागरण गोथिक केथिड्रल बनने से पहले हुआ होता, तो उनका निर्माण कभी न होता। हम देखते हैं कि फ्रांस और इटली में प्राचीन साहित्य की नकल ने मौलिक विकास को इसके आरम्भ से पूर्व ही खत्म कर दिया। वे सभी महिलाएँ जो साहित्यिक लेखन करती हैं, महान पुरुष लेखकों की शिष्याएँ हैं। एक चित्रकार के शुरुआती चित्र, चाहे वह राफेलो ही क्यों न हो, अपने गुरु की शैली से बहुत मिलते-जुलते होते हैं। यहाँ तक कि मोत्सार्ट की आरम्भिक रचनाओं में भी उसकी प्रबल मौलिकता नजर नहीं आती। एक योग्य व्यक्ति के लिए वर्षों का वही अर्थ होता है जो पीढ़ियों का एक जनसमूह के लिये। यदि महिलाओं के साहित्य में पुरुषों से अलग कोई सामूहिक व्यक्तित्व होना है, जो उनकी स्वाभाविक प्रवृत्तियों पर निर्भर हो, तो पूर्व स्वीकार्य ढाँचों के प्रभाव से निकलने व अपनी प्रवृत्तियों द्वारा निर्देशित होने में उन्हें जितना समय अभी बीता है उससे कहीं अधिक समय लगेगा। लेकिन यदि, जैसा कि मेरा मानना है, महिलाओं में आम स्वाभाविक प्रवृत्तियाँ नहीं सिद्ध होंगी जो उनकी योग्यता को पुरुष की योग्यता से अलग बना सकें, तो भी उनमें से हर लेखक की अपनी निजी प्रवृत्तियाँ हैं, जो फिलहाल पूर्ववर्ती प्रभाव व उदाहरणों के प्रभाव में दबी हुई हैं। और तब उनकी वयैक्तिकता के पर्याप्त रूप से विकसित होने तथा उस प्रभाव से निकलने में और भी अधिक वक्त लगेगा।

कला के क्षेत्र में महिलाओं की मौलिक क्षमता की हीनता पहली नजर में ही सबसे ज्यादा प्रबल दिखाई देती है; क्योंकि विचार (ऐसा कहा जा सकता है) उन्हें इस हीनता से नहीं निकालता बल्कि इसे प्रोत्साहित करता है और उनकी शिक्षा, इसकी उपेक्षा करने की बजाय, समृद्ध वर्गों में तो खासतौर पर, इसी हीनता से बनी होती है। इस क्षेत्र में अन्य क्षेत्रों की अपेक्षा वे पुरुषों द्वारा प्राप्त प्रतिष्ठा से कहीं कमतर हैं।

बहरहाल, उनकी इस कमी की वजह चिरपरिचित तथ्य है, जो कला क्षेत्र में किसी और क्षेत्र की अपेक्षा बहुत खरा उतरता है। वह है नौसिखियों पर पेशेवर लोगों की श्रेष्ठता। शिक्षित वर्गों में लगभग हर जगह महिलाओं को किसी न किसी कला की शिक्षा दी जाती है, इसलिए नहीं कि वे इससे आजीविका चला सकें या सामाजिक प्रतिष्ठा हासिल कर सकें। सभी महिला कलाकार अव्यवसायी होती हैं। इसके अपवाद भी सिर्फ उसी प्रकार के होते हैं जो सामान्य सत्य की पुष्टि ही करते हैं। महिलाओं को संगीत सिखाया जाता है लेकिन संगीत की रचना करने के लिए नहीं बल्कि सिर्फ किसी रचना को गाने या बजाने के लिये। इसलिए बतौर संगीत रचनाकार पुरुष संगीत में महिलाओं से श्रेष्ठ होते हैं। एकमात्र कला, जिसका महिलाएँ व्यवसाय या आजीविका कमाने के साधन के रूप में करती हैं—वह है अभिनय कला और इसमें वे पुरुषों से श्रेष्ठ नहीं तो बराबरी की योग्य तो स्वीकार्य रूप से हैं ही। इस तुलना को न्यायसंगत बनाने के लिए यह तुलना महिला द्वारा कला के किसी भी क्षेत्र में की गयी रचना और उन पुरुषों की रचना के बीच होनी चाहिये, जिनके लिये यह कला व्यवसाय नहीं है। मसलन संगीत रचनाओं के क्षेत्र में महिलाओं ने निश्चित तौर पर अव्यवसायी पुरुषों जितनी ही अच्छी कृतियाँ रची हैं। अब कुछ ऐसी महिलाएँ भी हैं, हालाँकि वे बहुत कम हैं, जिन्होंने चित्रकला को व्यवसाय के रूप में अपनाया है और उन्होंने अपनी योग्यता अभी से दिखानी आरम्भ कर दी है। पुरुष चित्रकारों ने भी पिछली कुछ सदियों में कोई बहुत विलक्षण चित्र नहीं बनाया है और अभी काफी समय तक वे ऐसा नहीं कर पायेंगे। पुराने चित्रकार आधुनिक चित्रकारों से इतने श्रेष्ठ क्यों है—इसका कारण यह है कि उस समय बहुत श्रेष्ठ व विलक्षण पुरुषों ने इस कला को अपनाया था। चौदहवीं व पन्द्रहवीं शताब्दी में इतालवी चित्रकार अपने युग के सर्वाधिक प्रतिष्ठित व कुशल पुरुष थे। उनमें से महानतम तो अद्‌भुत क्षमताओं के स्वामी थे, ग्रीस के महान पुरुषों की तरह। लेकिन उनके समय में चित्रकला मनुष्य की भावनाओं व कल्पना में सर्वाधिक वैभवशाली चीज थी जिसमें मनुष्य अपनी श्रेष्ठता सिद्ध कर सकता था और इसके माध्यम से लोग वह बन जाते थे जो आजकल सिर्फ राजनीतिक या सैन्य विशिष्टता ही उन्हें बना सकती है मसलन शासकों के संगी व उच्चतम अभिजात वर्ग के समकक्ष। वर्तमान समय में, उसी काबिलियत के लोग चित्रकला से अपेक्षाकृत अधिक महत्त्वपूर्ण कार्य ढूँढ़ लेते हैं जो उनकी प्रसिद्धि व आधुनिक दुनिया में लाभ प्राप्ति के अनुकूल हों। ऐसा कभी-कभार ही होता है कि एक रेनॉल्ड या टर्नर (प्रतिष्ठित लोगों में जिनके स्थान पर मैं अपनी कोई राय रखने का दावा नहीं करता) उस कला में अपनी क्षमता का उपयोग करे। संगीत का सम्बन्ध चीजों की एक अलग व्यवस्था से है; इसके लिये मस्तिष्क की सामान्य क्षमताओं की इतनी आवश्यकता नहीं होती, यह प्रकृति की देन पर अधिक निर्भर प्रतीत होता है।

और यह हैरानी की बात लग सकती है कि महान संगीत रचनाकारों में से कोई भी स्त्री नहीं रही। लेकिन इस प्राकृतिक देन को भी, महान रचना करने के लिए अध्ययन की व व्यावसायिक समर्पण की आवश्यकता होती है। जर्मनी व इटली ही ऐसे देश हैं जहाँ महान पुरुष संगीतकार हुए। ये दोनों देश ऐसे हैं जहाँ विशेष व सामान्य संवर्द्धन की दृष्टि से महिलाएँ फ्रांस और इंग्लैण्ड की तुलना में बहुत पीछे रहीं। वे सामान्यतः (यह बिना अतिशयोक्ति के कहा जा सकता है) बहुत कम शिक्षित रहीं और उनमें मानसिक क्षमताओं का विकास न के बराबर रहा। और उन देशों में संगीत रचना के सिद्धान्तों को जानने वाले पुरुषों की संख्या सैकड़ों में या सम्भवतः हजारों में है लेकिन ऐसी महिलाओं की संख्या बहुत कम है; एक बार फिर, औसत के सिद्धान्त पर हम पचास प्रतिष्ठित पुरुषों पर एक प्रतिष्ठित महिला से अधिक की अपेक्षा नहीं कर सकते; और पिछली तीन सदियों में जर्मनी या इटली में पचास प्रतिष्ठित पुरुष संगीतकार भी नहीं हुए हैं।

जो कारण हम दे चुके हैं उनके साथ अन्य कारण भी हैं जो इस बात का खुलासा करते हैं कि स्त्री-पुरुष दोनों के लिए खुले कार्यों में स्त्रियाँ ही पुरुष से पीछे क्यों हैं। पहली बात तो, महिलाओं के पास इन सब कामों के लिए बहुत कम वक्त होता है। यह एक विरोधाभास लग सकता है : लेकिन यह एक ऐसा सामाजिक तथ्य है जिसमें कोई सन्देह नहीं। हर महिला के समय व विचार को व्यावहारिक चीजों की माँगों को पहले सन्तुष्ट करना पड़ता है। पहले तो परिवार व घरेलू खर्चे की देखरेख है, जो परिवार की कम से कम एक महिला को व्यस्त रखती है। सामान्यतः यह महिला अनुभवी व परिपक्व होती है बशर्ते कि परिवार इतना धनी न हो कि इस कार्य के लिए किसी एजेन्सी की मदद ले। चाहे इस तरह से धन कितना ही व्यर्थ हो या उसका दुरुपयोग हो। गृहस्थी की देखभाल चाहे कुछ अर्थों में श्रमशील न हो, विचारों के लिए एक उबाऊ काम होता है। इसमें लगातार चौकसी, हर सूक्ष्म बात को देख लेने वाली नजर की आवश्यकता होती है और दिन में हर वक्त ऐसे अपेक्षित व अनपेक्षित सवाल व समस्याएँ पैदा होती रहती हैं, जिनसे मुक्त होना, उनके लिये उत्तरदायी व्यक्ति के लिए लगभग असम्भव हो जाता है। यदि एक महिला की प्रतिष्ठा व परिस्थितियाँ उसे एक हद तक इन चिन्ताओं से मुक्त कर भी दें, तो परिवार के अन्य लोगों से सम्बन्ध के प्रबन्धन की जिम्मेदारी तो उस पर होती ही है। पहली जिम्मेदारी उस पर जितनी कम होती है, उतनी ही ज्यादा दूसरी जिम्मेदारी बढ़ जाती है; रात्रिभोज, संगीत समारोह, शाम की दावतें, सुबह आगन्तुकों का आना, पत्र लिखना वगैरह। और यह सब उस जिम्मेदारी के बाद जो समाज ने विशेष रूप से स्त्री पर ही थोपी है; स्वयं को आकर्षक व खुशनुमा बनाये रखने का जिम्मा। ऊँचे वर्ग की चतुर महिला को गरिमापूर्ण तहजीब और बातचीत की कला को निखारने व उसका पोषण करने में अपनी योग्यताओं को

व्यस्त रखने का रोजगार मिल जाता है। इस विषय के सिर्फ बाहरी पक्ष को ही देखें तो; जो महान व निरन्तर विचार प्रक्रिया महिलाएँ अच्छे व सुरुचिपूर्ण वस्त्र पहनने (महँगे नहीं बल्कि सुरुचिपूर्ण और स्वाभाविक व कृत्रिम रिवाज के अनुसार) में, अपनी वेशभूषा और शायद अपनी पुत्रियों की वेशभूषा में लगाती हैं, सिर्फ उसी चिन्तन से वे कला, विज्ञान या साहित्य में सम्मानीय फल पा सकती हैं। इस काम में उनका ज्यादातर समय व मानसिक ताकत जाया होती है जो वे अन्य किसी कला में लगा सकती थीं।[2] अगर यह सम्भव होता कि ये छोटी-छोटी रुचियाँ (जिन्हें उनके लिये बहुत अहम बना दिया गया है) उनके पास इतना समय या दिमागी स्वतंत्रता छोड़तीं कि वे इनका इस्तेमाल कला या चिन्तन में कर सकतीं, तो अनेक पुरुषों की अपेक्षा उनके पास सक्रिय योग्यता की बहुत अधिक आपूर्ति होती। लेकिन यही काफी नहीं है। वह सब कार्य जो एक स्त्री करती है, उसके अतिरिक्त उससे यह अपेक्षा की जाती है कि उसका समय व क्षमताएँ सभी के लिए हमेशा उपलब्ध रहें। यदि एक पुरुष के पास ऐसा व्यवसाय न हो जो उसे ऐसी माँगों से मुक्त कर सके, फिर भी उसके पास कोई काम रहता ही है, तो उसमें अपना समय लगाने से वह किसी को नाराज नहीं करता। ऐसी किसी सामान्य माँग को पूरा न करने के पीछे उसका व्यवसाय या काम एक ठोस बहाना माना जाता है। क्या महिला का कार्य या व्यवसाय, विशेषकर जो उसने स्वेच्छा से चुने हों, उन्हें कभी उसे सामाजिक उत्तरदायित्वों से मुक्त करने का कारण माना जाता है? उसे उसके सर्वाधिक आवश्यक कर्तव्यों के लिए भी छूट के तौर पर बहुत कम इजाजत मिलती है। परिवार में किसी की बीमारी या सामान्य ढर्रे से अलग कोई बात ही उसे इस बात का हक देती है कि वह अन्य लोगों की खुशी की अपेक्षा अपने कारोबार पर अधिक ध्यान दे। उसे हमेशा किसी न किसी की जरूरत के लिए उपस्थित रहना ही होता है। यदि वह कोई काम करती है या किसी विषय का अध्ययन करती है, तो उसे करने के लिए वह उस समय का प्रयोग करती है जो उसे अन्य घरेलू कार्यों के बीच संयोगवश मिल जाता है। एक प्रतिष्ठित महिला ने अपनी एक रचना में, जो मुझे उम्मीद है किसी दिन अवश्य प्रकाशित होगी, यह टिप्पणी की है कि एक महिला जो भी करती है वह अटपटे समय में ही करती है। तो क्या यह हैरानी की बात है कि वह उन चीजों में सर्वश्रेष्ठ प्रतिष्ठा हासिल नहीं करती जिनमें अपने जीवन की मुख्य रुचि के रूप में लगातार ध्यान केन्द्रित करने की जरूरत होती है। दर्शन भी ऐसा क्षेत्र है और कला भी जिसमें विचारों व भावनाओं को केन्द्रित करने के साथ ही हाथ को भी उच्च दक्षता हासिल करने के लिए लगातार कार्यरत रहना पड़ता है।

इन सबमें एक बात और जोड़नी चाहिये। विभिन्न कलाओं व बौद्धिक व्यवसायों में, इनसे आजीविका कमाने के लिए दक्षता की एक निश्चित मात्रा की आवश्यकता

होती है और उस रचना का सृजन करने के लिए और भी अधिक कुशलता चाहिये जो किसी नाम को मानव जगत में अमर बना देती है। पहले उद्‌देश्य को हासिल करने के लिए उन सभी में पर्याप्त प्रेरणा होती है, जो उस कार्य को व्यावसायिक तौर पर अपनाना चाहते हैं। दूसरा उद्‌देश्य उनके द्वारा कभी प्राप्त नहीं होता जिन्होंने अपने जीवन के किसी न किसी मोड़ पर प्रतिष्ठा हासिल करने की तीव्र इच्छा न की हो। स्वाभाविक रूप से महानतम प्रतिभा को भी उन कार्यों में प्रतिष्ठा हासिल करने के लिए धैर्यपूर्वक निरन्तर परिश्रम करना पड़ता है, जिनमें पहले से ही उच्चतम विलक्षण लोगों की उत्तम कृतियाँ मौजूद हैं। और इसके लिए तीव्र व उत्कट इच्छा से कम प्रेरणा पर्याप्त नहीं है। अब, चाहे यह कारण स्वाभाविक हो या कृत्रिम, महिलाओं में प्रसिद्धि की यह इच्छा कम ही होती है। उनकी महत्त्वाकांक्षा सामान्यतः बहुत छोटी होती है। वे उन पर अपना प्रभाव रखना चाहती हैं जो उनके बिल्कुल नजदीकी लोग हैं। उनकी इच्छा उन लोगों से प्रेम पाने, प्रशंसित होने की होती है, जिन्हें वे अपनी आँखों से देखती हैं। और इसके लिये पर्याप्त जानकारी, कलाओं व उपलब्धियों से वे लगभग हमेशा सन्तुष्ट हो जाती है। महिलाएँ जैसी हैं—उन्हें समझने में उनके व्यक्तित्व की यह खासियत समझना आवश्यक है। मैं यह बिल्कुल नहीं मानता कि यह विशेषता स्वाभाविक तौर पर महिलाओं में ही पायी जाती है। यह सिर्फ उनकी परिस्थितियों का स्वाभाविक परिणाम होती है। पुरुषों में प्रसिद्धि-प्रेम शिक्षा व विचारों द्वारा प्रोत्साहित किया जाता है; 'सुविधाओं को त्याग कर श्रमपूर्वक जीवन बिताना' 'उच्च मस्तिष्क' का काम माना जाता है, चाहे इसे उनका 'अन्तिम अवगुण' ही क्यों न कहा जाये। और चूँकि प्रसिद्धि से महत्त्वाकांक्षा की वस्तुएँ सहज उपलब्ध हो जाती हैं, जिसमें महिलाओं की चाहत भी शामिल होती है—इससे उनकी इच्छा और भी प्रबल हो जाती है। जबकि स्वयं महिलाओं के लिए ये सभी चीजें बन्द होती हैं और प्रसिद्धि की इच्छा ही बहुत साहसिक व नारी स्वभाव के प्रतिकूल समझी जाती है। साथ ही, ऐसा कैसे हो सकता है कि महिलाओं की रुचि उन लोगों को प्रभावित करने पर न केन्द्रित हो, जो उनके दैनिक जीवन में आते हैं, जब समाज ने उनके लिये यह निश्चित कर दिया है कि उनके सारे कर्तव्य इन्हीं लोगों के लिए होते हैं, और ऐसी व्यवस्था बनाई है कि महिलाओं की सारी सुविधाएँ व आराम इन्हीं लोगों पर निर्भर हों? अपने सहचरों का प्रेम व प्रशंसा पाने की इच्छा पुरुषों में भी उतनी ही प्रबल होती है जितना कि स्त्रियों में। लेकिन समाज ने ऐसी व्यवस्था की है कि सामान्य स्थिति में महिला द्वारा सार्वजनिक तौर पर सम्मान केवल उसके पति या उसके पुरुष सम्बन्धियों के माध्यम से प्राप्त किया जा सकता है, जबकि निजी तौर पर वह पुरुषों के अनुकूल बन कर ही सम्मान व महत्त्व की अधिकारी होती है। जो भी व्यक्ति पूरी घरेलू व सामाजिक परिस्थिति का एक मस्तिष्क पर पड़ने वाले प्रभाव का अनुमान

लगाने की जरा भी सामर्थ्य रखता है, वह उस प्रभाव में स्त्री व पुरुष के बीच लगभग सभी स्पष्ट विभिन्नताओं का कारण पहचान सकता है और वे लक्षण भी जो यह सिद्ध करते हैं कि स्त्री पुरुष से कमतर है।

जहाँ तक नैतिक भिन्नताओं का सवाल है, जो बौद्धिक भेदों से अलग मानी जाती हैं, तो ये भिन्नताएँ सामान्यतः स्त्रियों के पक्ष में ही होती हैं। उन्हें इस सन्दर्भ में पुरुषों से बेहतर माना जाता है। यह सिर्फ एक निरर्थक प्रशंसा है, जो किसी भी समझदार महिला के चेहरे पर एक कड़वी मुस्कुराहट ला सकती है क्योंकि जीवन में ऐसी कोई और स्थिति नहीं है जिसमें यह एक स्वाभाविक व अनुकूल व्यवस्था मानी जाये कि बेहतर व्यक्ति को बदतर व्यक्ति की आज्ञानुसार चलना चाहिये। यदि यह निरर्थक बात किसी भी तरह लाभप्रद है तो इसलिए कि पुरुष सत्ता के पतित करने वाले प्रभाव को स्वीकार करते हैं क्योंकि यह तथ्य, यदि यह एक तथ्य है तो, निश्चित तौर पर इसी सच्चाई को साबित करता है। यह सच है कि पराधीनता सिवाय तब, जब यह वाकई नृशंस हो, हालाँकि दोनों पक्षों के लिए भ्रष्ट करने वाली होती है, लेकिन फिर भी मालिकों की अपेक्षा गुलामों को कम भ्रष्ट करती है। निरंकुश सत्ता द्वारा नैतिक स्वभाव पर नियन्त्रण, बिना किसी अंकुश के निरंकुश सत्ता के उपयोग की अपेक्षा अधिक हितकारी होता है। ऐसा कहा जाता है कि महिलाएँ दण्ड-नियम के तहत कम ही पकड़ी जाती हैं और पुरुषों की अपेक्षा अपराध जगत में महिलाएँ बहुत कम होती हैं। नीग्रो दासों के बारे में भी यही बात कही जा सकती है—इसमें मुझे सन्देह नहीं। जो लोग दूसरे लोगों के अधीन होते हैं प्रायः अपराध नहीं करते, जब तक कि उनके मालिक का उद्देश्य व आदेश न हो। मैं विवेकहीनता का ऐसा कोई अन्य उदाहरण नहीं जानता जिसमें पढ़े-लिखे पुरुषों सहित दुनिया सामाजिक परिस्थितियों के प्रभावों की उपेक्षा कर महिलाओं की बौद्धिकता को हीन मानती है और उनकी नैतिकता की प्रशंसा करती है।

महिलाओं की श्रेष्ठ नैतिक अच्छाई के इस प्रशंसात्मक सिद्धान्त को उनके नैतिक पूर्वग्रह के उच्चतर दायित्व के सन्दर्भ में निन्दापूर्ण सिद्धान्त के साथ रखकर देखना चाहिये। हमें बताया जाता है कि महिलाएँ अपने व्यक्तिगत पक्षपात से ऊपर उठने में असमर्थ होती हैं; गम्भीर विषयों में उनके फैसले उनकी निजी सहानुभूति व वितृष्णा से प्रभावित होते हैं। ऐसा मान भी लें, तो यह सिद्ध करना अभी शेष रहता है कि पुरुष जितना अपने निजी हितों से निर्देशित होते हैं उससे अधिक महिलाएँ अपनी निजी भावनाओं से प्रेरित होती हैं। इस स्थिति में मुख्य भेद यही लगता है कि अपने फर्ज व सार्वजनिक हित से पुरुष स्वयं अपने हित में भटक जाते हैं, महिलाएँ (चूँकि उन्हें अपना निजी हित रखने की इजाजत नहीं है) किसी और के हित में ऐसा करती हैं। इस बात का भी ध्यान रखना चाहिये कि महिलाओं को समाज द्वारा जो

भी शिक्षा दी जाती है उससे उनमें यही भावना पैदा होती है कि जो लोग उनसे सम्बन्धित हैं, सिर्फ उन्हीं के प्रति उनका कर्तव्य बनता है—सिर्फ उन्हीं के प्रति, जिनके हितों की परवाह करना उनके लिये जरूरी है। जबकि, जहाँ तक शिक्षा का सम्बन्ध है तो किसी वृहद हित या उच्च नैतिक सन्दर्भ के लिए आवश्यक किसी भी बौद्धिक समझ के मूलभूत विचार से भी उन्हें दूर रखा जाता है। उनके खिलाफ शिकायत का सिर्फ यह अर्थ रह जाता है कि वे अपना वह कर्तव्य बहुत ईमानदारी से निभाती हैं, जिसकी उन्हें शिक्षा दी जाती है और सिर्फ जिसे निभाने की उन्हें अनुमति है।

बहुत कम ऐसा हुआ है कि विशेषाधिकार प्राप्त वर्ग द्वारा अधिकारविहीन वर्ग को दी गयी छूट के पीछे उनसे कुछ ऐंठने से बेहतर कोई उद्देश्य रहा हो। इसलिए एक पुरुष के विशेषाधिकार के खिलाफ किसी भी तर्क को सामान्यतः तरजीह नहीं दी गयी, जब तक कि वे स्वयं से यह कह सकें कि महिलाओं को तो इससे कोई शिकायत नहीं। यह तथ्य निश्चित तौर पर पुरुषों को एक अन्यायपूर्ण विशेषाधिकार को कुछ लम्बे समय तक रखने में समर्थ करता है; लेकिन उसे कम अन्यायपूर्ण नहीं बनाता। पूरब के किसी हरम की महिलाओं के बारे में भी ठीक यही कहा जा सकता है। वे यह शिकायत नहीं करतीं कि उन्हें यूरोपीय महिलाओं जितनी स्वतंत्रता प्राप्त नहीं है। उन्हें लगता है कि हमारी महिलाएँ अत्यधिक निर्भीक और स्त्री स्वभाव के विपरीत हैं। यह कितना कम होता है कि पुरुष भी समाज की सामान्य व्यवस्था के खिलाफ शिकायत करें और यह शिकायत और भी कितनी कम हो जाये, अगर उन्हें कहीं और किसी दूसरे तरह की व्यवस्था के बारे में न पता हो। महिलाएँ महिलाओं की सामान्य स्थिति पर कोई शिकायत नहीं करतीं; या वे करती भी हैं क्योंकि महिलाओं के लेखन में ऐसे करुण शोकगीत काफी पाये जाते हैं, पहले और भी दुखपूर्ण होते थे जब तक कि उनमें किसी व्यावहारिक लक्ष्य होने का शक नहीं किया जा सकता था—तो उनकी शिकायतें पुरुषों की ऐसी शिकायतों जैसी होती हैं जो पुरुष सामान्यतः मानवजीवन के असन्तोषजनक होने के बारे में करते हैं—उनका तात्पर्य किसी को दोष देना, या परिवर्तन की अपील करना नहीं होता। लेकिन, हालाँकि महिलाएँ पतियों की ताकत के खिलाफ नहीं बोलतीं, फिर भी हर महिला अपने पति या अपनी सहेली के पति के बारे में जरूर शिकायत करती है। पराधीनता के सभी मामलात में, कम से कम सुधारवादी आन्दोलन के आरम्भ में ऐसा ही होता है। खेतिहर किसानों ने भी अपने मालिकों का विरोध नहीं किया था बल्कि उनके अत्याचार की मुखालफत की थी। कॉमन्स ने शुरुआत कुछ नगर पालिका सम्बन्धी अधिकारों की माँग से की थी। उनकी अगली माँग थी बिना उनकी सहमति से उन पर कर लगाये जाने से छूट। लेकिन उस समय राजा की शासकीय सत्ता में भागीदारी का दावा करना

उन्हें बहुत बड़ा पूर्वानुमान लगा होगा। अब महिलाओं का विषय एकमात्र ऐसा मामला है जिसमें स्थापित नियमों के खिलाफ आवाज उठाने को उसी नजर से देखा जाता है जैसे पहले प्रजा द्वारा अपने राजा का विरोध करना था। यदि एक महिला किसी ऐसे आन्दोलन में शामिल होती है जो उसके पति को नापसन्द है, तो वह सन्त बनने से पहले ही शहीद बन जाती है, क्योंकि पति कानूनन उसके प्रचारकार्य को खत्म करवा सकता है। महिलाओं से अपेक्षा नहीं की जा सकती कि वे महिला उद्धार के प्रति समर्पित हों, जब तक कि काफी संख्या में पुरुष इस कार्य में उनका साथ देने के लिए तैयार न हों।

नोट :

1. यह विशेषकर एशिया व यूरोप के बारे में सच है : यदि एक हिन्दू रियासत का शासन आर्थिक रूप से, सीमाओं इत्यादि पर दृढ़ रूप से शासित है; यदि वहाँ की व्यवस्था बिना शोषण किये सुचारु रूप से चलती है; यदि कृषि फलफूल रही है और लोग समृद्ध हो रहे हैं—तो ऐसी चार रियासतों में से तीन में महिलाएँ शासन करती हैं। यह तथ्य, जो मेरे लिये काफी अनपेक्षित था, मैंने हिन्दू सरकारों की लम्बी जानकारी से प्राप्त किया। ऐसे बहुत से उदाहरण हैं—हालाँकि हिन्दू प्रथाओं के अनुसार, एक महिला शासन नहीं कर सकती। वह उत्तराधिकारी के नाबालिग होने तक उसकी वैध संरक्षक होती है; और नाबालिग उत्तराधिकारी होना वहाँ आम बात है क्योंकि पुरुष शासक आलस्य व ऐयाशी के फलस्वरूप असमय ही मृत्यु को प्राप्त होते हैं। जब हम देखते हैं कि ये राजकुमारियाँ कभी सार्वजनिक रूप से सामने नहीं आतीं, अपने परिवार के पुरुषों के अतिरिक्त और किसी से पर्दे के बगैर बात नहीं करतीं, वे पढ़ती नहीं हैं, अगर वे पढ़ भी सकती हैं, तो उनकी भाषा में ऐसी कोई पुस्तक नहीं, जो उन्हें राजनीतिक मामलात में छोटे से छोटा सुझाव भी दे सके; इसके बावजूद प्रशासन की जो क्षमता उन्होंने दिखाई है, वह अद्‌भुत है।

2. "यह शायद मस्तिष्क का एक ही उचित पक्ष होता है जो एक पुरुष को आभूषणों और कला के अपेक्षाकृत अधिक स्थिर सिद्धान्तों से सम्बन्धित सत्य या क्या सही है—इसका एक विचार बनाने में सक्षम बनाता है। इसमें पूर्णता का एक ही केन्द्र होता है, हालाँकि यह अपेक्षाकृत छोटे वृत्त का केन्द्र होता है। वेशभूषा के फैशन द्वारा इसका खुलासा करने के लिए—इसमें अच्छी या बुरी रुचि होती है। एक वेशभूषा के तत्व बड़े से लघु, छोटे से लम्बे में निरन्तर बदलते रहते हैं; लेकिन उसका आकार आमतौर पर एक सा रहता है, जिसे तुलनात्मक रूप से बहुत हल्के आधार पर तैयार किया जाता है। लेकिन फैशन इसी पर आधारित होता है। एक व्यक्ति जो बहुत सफलतापूर्वक सुरुचिपूर्ण नई वेशभूषा की ईजाद करता है, वह सम्भवतः उसी कुशलता को इससे बड़े उद्‌देश्य में लगाये तो उसी उचित रुचि के आधार पर कला में भी उच्च स्तरीय दक्षता हासिल कर लेगा।"—सर जोशुआ रेनॉल्ड्स के डिस्कोर्स

अध्याय चार

जिन प्रश्नों पर पहले ही विचार-विमर्श किया जा चुका है, उतना ही महत्त्वपूर्ण एक और प्रश्न अभी शेष है जो उन हठी लोगों द्वारा पूछा जायेगा, जिनकी आस्था मुख्य मुद्दे पर थोड़ी डगमगाई है। हमारे रिवाजों व प्रथाओं में जो परिवर्तन सुझाये गये हैं, उनसे किस भलाई की उम्मीद की जा सकती है? यदि महिलाएँ स्वतंत्र हों तो क्या मानवजाति अब से बेहतर स्थिति में होगी? यदि नहीं, तो फिर उनके दिमागों को विचलित करके एक अस्पष्ट व काल्पनिक अधिकार के नाम पर सामाजिक क्रान्ति लाने का प्रयास क्यों किया जाये? यह सवाल सम्भवतः विवाह में महिलाओं की स्थिति में परिवर्तन के लिए सुझाये गये विचारों के सन्दर्भ में ही पूछा जायेगा। एक पुरुष के अधीन होने से स्त्री के जीवन में कष्ट, अनैतिकताएँ व सभी तरह की बुराइयों के जो अनेक मामले दिखाई देते हैं, वे इतने भयानक हैं कि उनकी उपेक्षा नहीं की जा सकती। जो लोग विचारशील नहीं हैं, निष्पक्ष नहीं हैं वे केवल ऐसी अति की स्थितियों को या उन स्थितियों को जो जग-जाहिर हो जाती हैं–गिनकर कहेंगे कि इस संस्था में बुराई तो सिर्फ अपवाद है; लेकिन कोई भी उनके अस्तित्व से, या अनेक मामलों में उनकी गहनता से तटस्थ नहीं रह सकता। और यह भी पूरी तरह स्पष्ट है कि सत्ता के रहते सत्ता के दुरुपयोग को रोका नहीं जा सकता। यह वह सत्ता है जो भले या सम्माननीय पुरुषों को नहीं बल्कि सर्वाधिक क्रूर और निर्दयी–सभी पुरुषों को दी गयी है। उन पर सिवाय विचार व मत के और कोई नियन्त्रण नहीं है और सामान्यतः क्रूर अथवा निर्दयी पुरुष तक उन्हीं जैसे लोगों के विचारों की ही पहुँच होती है, अन्य की नहीं। अगर ऐसे पुरुषों ने उस एक व्यक्ति पर निरंकुश अत्याचार नहीं किया होता, जिसको कानून सब कुछ सहने के लिए बाध्य करता है, तो समाज पहले ही एक सुखमय व आदर्श स्थिति में पहुँच गया होता। तब पुरुष की दुष्ट प्रवृत्तियों को नियन्त्रित करने के लिए कानून बनाने की जरूरत नहीं होती। एस्ट्रिया न सिर्फ धरती पर वापस आ जाती, बल्कि सबसे बुरे पुरुष का हृदय उसका मन्दिर बन गया होता। विवाह में पराधीनता का कानून आधुनिक दुनिया के सभी सिद्धान्तों के कतई विपरीत है और उस समस्त अनुभव के विपरीत भी जिसके जरिये धीरे-धीरे और कठिनाईपूर्वक इन सिद्धान्तों तक पहुँचा गया। नीग्रो-दासता के उन्मूलन के बाद अब यही एक ऐसा

क्षेत्र बचा है जिसमें एक मनुष्य पूरी तरह से दूसरे मनुष्य की दया पर निर्भर होता है, इस उम्मीद में कि वह व्यक्ति अपने अधीन व्यक्ति के हित में ही अपनी सत्ता का इस्तेमाल करेगा। हमारे कानून में विवाह ही एक वास्तविक दासता है। हर घर की मालकिन के सिवाय अब कोई कानूनी रूप से दास नहीं रहा। इसलिए, इस पक्ष पर प्रश्न पूछे जाने की सम्भावना नहीं है। हमें यह बताया जा सकता है कि बुराई अच्छाई पर भारी पड़ जायेगी, लेकिन अच्छाई की वास्तविकता पर कोई विवाद नहीं। वहाँ वृहद स्तर पर इस प्रश्न के सन्दर्भ में महिलाओं की वर्जना को हटाना, नागरिकता के हर पक्ष में पुरुषों से उनकी समानता, सभी सम्मानजनक रोजगारों को उनके लिये खोलना, उस शिक्षा व प्रशिक्षण के अवसर उनके लिये उपलब्ध कराना, जो उन्हें इन रोजगारों के योग्य बना सकें। ऐसे अनेक लोग हैं जिनके लिये यह काफी नहीं है कि असमानता का कोई न्यायसंगत बचाव नहीं होता। उन्हें यह बताने की जरूरत पड़ती है कि असमानता को हटाने के क्या फायदे होंगे। इसका पहला जवाब यह है कि इसका सबसे बड़ा फायदा मानव सम्बन्धों में सर्वाधिक शाश्वत सम्बन्ध का अन्याय की बजाय न्याय से नियमन है। मानव स्वभाव को इससे जो महान लाभ होगा उसको अन्य किसी प्रकार नहीं समझाया जा सकता। जो भी शब्दों के नैतिक अर्थ को महत्त्व देता है, वह सिर्फ इसी कथन से इसकी महत्ता समझ जायेगा। मानवजाति में जो भी स्वार्थ, आत्म-मुग्धता और आत्म-केन्द्रित होने की प्रवृत्ति व्याप्त है उसका स्रोत व पोषण स्त्री-पुरुष के सम्बन्धों की मौजूदा संरचना में ही निहित है। जरा सोचिये, कि एक ऐसा लड़का होना कैसा होता होगा, इस विश्वास के साथ वयस्क होना कि बिना किसी अपने गुण या प्रयत्न के, सिर्फ इस तथ्य की बिना पर कि वह पुरुष है, चाहे वह सबसे अज्ञानी और मूर्ख व्यक्ति ही क्यों न हो, वह अपने जन्म के कारण ही पूरी आधी मानवजाति से श्रेष्ठ हो जाता है। जिनमें वे भी शामिल हैं जिनकी श्रेष्ठता वह रोज, हर घण्टे खुद महसूस कर सकता है। यदि वह अपने पूरे व्यवहार में आदतन एक महिला के निर्देशों का ही पालन करता है, फिर भी, अगर वह लड़का मूर्ख है, तो भी वह सोचता है कि वह सामर्थ्य व फैसला लेने की क्षमता में उसके बराबर नहीं है, न ही हो सकती है। और अगर वह मूर्ख नहीं है, तो वह और भी बुरा महसूस करता है—वह यह देख लेता है कि वह स्त्री उससे श्रेष्ठ है और उसमें यह विश्वास बनता है कि उसकी श्रेष्ठता के बावजूद उसे आदेश देने का अधिकार है और स्त्री आदेश मानने को बाध्य है। इस पाठ का उसके व्यक्तित्व पर क्या प्रभाव पड़ता है? और शिक्षित वर्गों के पुरुष भी प्रायः इसके प्रति सचेत नहीं होते कि अधिकतर पुरुषों में यह बात कितनी गहरे पैठी होती है, क्योंकि भली प्रकार पोषित और उचित बातों को समझने वाले लोगों से असमानता जितना सम्भव हो उतनी दूर रखी जाती है : बच्चों से तो बहुत दूर। लड़कों द्वारा माँ के प्रति भी उतनी ही आज्ञाकारिता की अपेक्षा होती

है जितना पिता के प्रति। उन्हें अपनी बहनों पर रोब जमाने की अनुमति नहीं दी जाती, न ही उन्हें यह देखने की आदत होती है, बल्कि इसके विपरीत, दुर्बल-भावना की क्षतिपूर्ति को प्रमुख बनाकर पराधीनता को पृष्ठभूमि में रखा जाता है। जिनका पालन-पोषण भलीभाँति और उचित रूप से होता है वे बाल्यावस्था में इस स्थिति के प्रभाव से बच जाते हैं और इसका अनुभव उन्हें तभी होता है, जब वे बड़े होकर तथ्यों से उसी प्रकार रू-ब-रू होते हैं जैसे वे वास्तव में हैं। ऐसे लोगों को इस बारे में जानकारी नहीं होती कि जब एक लड़के का पालन-पोषण अलग तरह से होता है तो एक लड़की से अपनी श्रेष्ठता का ख्याल उसके दिमाग में कब आता है : वह कैसे उसके साथ बढ़ता है और उसकी बढ़ती ताकत के साथ कैसे यह प्रबल होता जाता है; कैसे स्कूल के एक लड़के से यह दूसरे तक संचारित होता है; कितनी जल्दी एक युवक अपनी माँ से स्वयं को श्रेष्ठ समझने लगता है, शायद उसकी सहिष्णुता के कारण, लेकिन सच्चा आदर नहीं; और इस सबसे ज्यादा, वह उस महिला पर कितनी सूक्ष्म व सुल्तान जैसी श्रेष्ठता का अनुभव करता है जिसे वह अपनी जीवनसंगिनी बनने का सम्मान प्रदान करता है। क्या यह कल्पना की जा सकती है कि यह सब एक पुरुष के अस्तित्व को—एक व्यक्ति के रूप में और एक सामाजिक प्राणी के रूप में विकृत नहीं करता? यह स्थिति उस स्थिति के ठीक समान्तर है जिसमें विरासत में मिले राजपद से ही राजा स्वयं को अन्य लोगों से श्रेष्ठ समझने लगता है या एक कुलीन भी जन्मतः कुलीन होने के कारण खुद को श्रेष्ठ मानता है। पति व पत्नी के बीच का सम्बन्ध राजा व प्रजा के बीच सम्बन्ध के समान ही है, सिवाय इसके कि प्रजा की अपेक्षा एक पत्नी की आज्ञाकारिता अबाध व असीमित होती है। एक प्रजा का चरित्र अपनी अधीनता से बुरे या अच्छे के लिए कितना प्रभावित हो जाये, यह कौन देख सकता है कि मालिक का चरित्र (अपने शासक होने से) बुरे के लिए ही प्रभावित हुआ? क्या उसे यह विश्वास दिलाया गया कि उसकी प्रजा दरअसल उससे श्रेष्ठ है या यह महसूस कराया गया कि उसे अपने ही जैसे लोगों पर शासन करने के लिए उसके किसी गुण या श्रेष्ठता की वजह से नहीं रखा गया बल्कि, जैसा कि किगारो ने कहा है, महज जन्म लेने का कष्ट करने के कारण ही उसे यह कमान दी गयी है। एक राजा या एक सामन्त की आत्म-श्लाघा एक पुरुष जैसी ही होती है। इंसान बचपन से ही बिना उन्हें ओढ़े उन विशिष्टताओं के साथ नहीं पलता-बढ़ता, जो उसने खुद अर्जित नहीं कीं। जिन लोगों को यह विशेषाधिकार उनके अपने गुण के आधार पर नहीं मिला और वे स्वयं को इसके अयोग्य समझते हैं, और जिनमें यह भावना विनम्रता पैदा करती है—ऐसे लोग बहुत कम होते हैं और वही श्रेष्ठतम भी होते हैं। शेष केवल अभिमान द्वारा ही प्रेरित होते हैं, और यह सबसे खराब तरह का अभिमान होता है, जो अपनी उपलब्धि पर नहीं बल्कि संयोगवश मिले फायदे पर ही

पोषित होता है। इस सबसे ज्यादा, जब पूरी स्त्री जाति से श्रेष्ठ होने की भावना उनमें से एक व्यक्ति के ऊपर पूर्ण सत्ता व नियन्त्रण की भावना से मिलती है तो यह स्थिति अगर विवेकी एवं प्रेमी व्यक्ति के लिए विवेकपूर्ण एवं प्रेमपूर्ण सहनशीलता की पाठशाला होती है, तो दूसरे प्रकार के लोगों के लिए उच्छृंखल व रोबदाब में प्रशिक्षण पाने की अकादमी। यही अवगुण यदि अपने बराबर के पुरुषों के सम्बन्ध में विरोध होने की निश्चितता के कारण नियन्त्रित किये जाते हैं, तो उन सभी लोगों की तरफ फूट पड़ते हैं, जो इन्हें सहने को बाध्य हैं और प्रायः ऐसे पुरुष उस अनैच्छिक प्रतिबन्ध का बदला अपनी बदकिस्मत पत्नियों से लेते हैं, जिसके समक्ष उन्हें कहीं और घुटने टेकने पड़ते हैं। घरेलू जीवन की आधारशिला, एक ऐसे रिश्ते पर रख कर जो सामाजिक न्याय के पहले सिद्धान्त के ही विरुद्ध है, भावनाओं की जो शिक्षा दी जाती है उसका पुरुष स्वभाव पर इतना प्रबल दुष्प्रभाव पड़ता होगा कि अपने मौजूदा अनुभव के साथ अपनी कल्पना को उस अवधारणा तक ले जाना लगभग असम्भव है जिसमें इसको हटाने से आने वाले बेहतर परिवर्तन निहित हों। बल के नियम के चरित्र पर होने वाले प्रभावों को मिटाने के लिए और उसकी जगह न्याय के नियम को स्थापित करने के लिए शिक्षा व सभ्यता जो कुछ भी कर रही है, वह केवल सतही प्रयास है, जब तक कि शत्रु के किले पर हमला नहीं बोला जाता।

नीति व राजनीति में आधुनिक आन्दोलन का सिद्धान्त है कि चरित्र और केवल चरित्र ही सम्मान का अधिकारी है; कि मनुष्य इस आधार पर सम्मान का अधिकारी नहीं है कि वह क्या है, बल्कि इस आधार पर कि वह क्या करता है; कि जन्म नहीं बल्कि गुण का ही सत्ता व ताकत पर उचित अधिकार होता है। यदि एक व्यक्ति पर दूसरे की स्थायी सत्ता की इजाजत न हो, तो समाज एक हाथ से वे प्रवृत्तियाँ बनाने में व्यस्त न रहे जिन्हें दूसरे हाथ से रोकना पड़े। और तब पृथ्वी पर मानव अस्तित्व के लम्बे इतिहास में पहली बार एक बच्चे को वैसी ही शिक्षा दी जायेगी, जैसी दी जानी चाहिये और जब वह बड़ा हो जायेगा तो इस शिक्षा से भ्रष्ट होने का मौका भी नहीं मिलेगा। लेकिन जब तक ताकतवर द्वारा कमजोर पर राज करने का अधिकार समाज के केन्द्र में रहेगा तब तक कमजोर तबके को समान अधिकार दिलाना एक कठिन व दुस्तर प्रयास रहेगा, क्योंकि न्याय का नियम जो ईसाई धर्म का सिद्धान्त भी है, लोगों की अन्तरतम भावनाओं में घर नहीं करेगा। वे इसकी तरफ झुकते हुए भी इसके विरुद्ध काम करते रहेंगे। महिलाओं को उनकी क्षमताओं का मुक्त उपयोग करने, रोजगार के विकल्प खुले रखने और अन्य लोगों को उपलब्ध व्यावसायिक क्षेत्रों, पुरस्कारों व प्रोत्साहन को महिलाओं के लिए भी खोलने का दूसरा लाभ यह होगा कि मानवता की सेवा के लिए उपलब्ध मानसिक क्षमताएँ दुगनी हो जायेंगी। एक शिक्षक, या सार्वजनिक एवं सामाजिक क्षेत्र की किसी शाखा के प्रशासक के रूप में सामान्य

सुधार को प्रोत्साहित करने के लिये अब जहाँ एक ही व्यक्ति मानवता को लाभान्वित करने हेतु योग्य होता है, वहीं तब ऐसे दो व्यक्ति होने की सम्भावना हो जायेगी। आज किसी भी प्रकार की मानसिक श्रेष्ठता माँग से इतनी कम उपलब्ध है; किसी भी ऐसी चीज को श्रेष्ठतापूर्वक करने वाले लोगों की इतनी कमी है, जिसमें कुछ योग्यता की आवश्यकता होती है; कि लगभग आधी मानव जाति की योग्यताओं का उपयोग करने से इंकार करके दुनिया को गम्भीर नुकसान हो रहा है। यह सच है कि मानसिक क्षमता की इस राशि का पूरा-पूरा क्षय नहीं हुआ है। इसका बहुत सा भाग गृहस्थी की व्यवस्था में लगा हुआ है और लगा रहेगा। कुछ दूसरे व्यवसायों में भी, जो महिलाओं के लिए खुले हैं; और शेष मानसिक क्षमता से अनेक व्यक्तिगत मामलात में पुरुषों पर महिलाओं के प्रभाव से अप्रत्यक्ष लाभ प्राप्त होता है। लेकिन यह लाभ आंशिक ही है; और उनकी रेंज बहुत सीमित है। एक तरफ यदि, मानव बुद्धि के आधे भाग को स्वतंत्रता देने से प्राप्त सामाजिक ताकत के रूप में उन्हें स्वीकार करना होगा तो दूसरी ओर प्रतियोगिता से पुरुषों की बुद्धि को जो प्रेरणा मिलेगी, उसके लाभ भी जोड़ने होंगे; या (अधिक स्पष्ट रूप से कहें तो) उन पर वरीयता प्राप्त करने से पहले उसकी योग्यता प्राप्त करने की आवश्यकता लागू होने से जो लाभ होंगे वे भी जोड़ने होंगे। मानवजाति की महान बौद्धिक ताकत तक और इसके मामलात के कुशल प्रबन्धन हेतु उपलब्ध बुद्धि तक पहुँच महिलाओं की अपेक्षाकृत अधिक पूर्ण बौद्धिक शिक्षा के माध्यम से प्राप्त की जा सकती है, जो पुरुषों के साथ-साथ सुधरती जायेगी। सामान्यतः महिलाओं का पालन-पोषण इस तरह किया जायेगा कि वे भी अपने वर्ग के पुरुषों के समान ही कारोबार, सार्वजनिक मामलात व चिन्तन के उच्चतर विषयों को समझने में सक्षम हों। और स्त्री-पुरुष में से कुछ चुनिन्दा लोग, जो न सिर्फ यह समझ सकते हैं कि दूसरे लोगों द्वारा क्या किया अथवा सोचा जा रहा है बल्कि स्वयं भी कुछ विशेष करने के योग्य हों, उन्हें अपनी योग्यता को सुधारने व प्रशिक्षित करने की समान सुविधाएँ मिलेंगी। इस तरह, महिलाओं के कार्यक्षेत्र का विस्तार उनकी शिक्षा के स्तर को पुरुषों की शिक्षा जितना करने और पुरुषों में हुए विकास में महिलाओं की भागीदारी के माध्यम से सफलतापूर्वक हो जायेगा। लेकिन इससे अलग, सिर्फ बन्धन व सीमाओं को तोड़ने का ही उच्च शैक्षिक मूल्य होगा। सिर्फ इस ख्याल से ही मुक्ति कि विचार एवं कार्यों के सभी वृहद विषय, वे सभी चीजें जो सामान्य या व्यक्तिगत रुचि की हैं, सिर्फ पुरुषों के लिए ही हैं और महिलाओं को इनसे दूर रखना चाहिये—जिनमें से अधिकतर उनके लिये निषिद्ध है और जो उनके लिये खुली हैं, उनमें महिलाओं को प्रोत्साहित नहीं किया जाता, इस विचार से छुटकारा ही महिला को अन्य किसी भी इंसान की तरह बना देगा—उन सभी इंसानी चिन्ताओं में अपना प्रभाव डालने के काबिल, जो एक निजी मत से ताल्लुक रखती हैं चाहे वह उसमें वाकई हिस्सा ले या

नहीं, और अपने कार्य को चुनने के योग्य भी, जो उसके सामने उसी अभिप्रेरण के साथ प्रस्तुत होंगे जिसके साथ वे अन्य इंसानों के समक्ष उन्हें रुचिकर लगने के उद्देश्य से उपस्थित हैं—सिर्फ इसी से महिलाओं की क्षमताओं में बहुत विकास होगा और उनकी नैतिक भावनाओं की रेंज का विस्तार भी। मानवीय मामलात के संचालन के लिए उपलब्ध व्यक्तिगत योग्यता में बढ़ोत्तरी के साथ ही, जो मौजूदा समय में इतनी मात्रा में उपलब्ध नहीं है कि प्रकृति द्वारा अर्पित सम्भावनाओं के आधे हिस्से का भी उचित इस्तेमाल कर सके, महिलाओं का विचार उस वक्त सामान्य मानवीय भावनाओं व आस्थाओं के लिए बहुत प्रभावशाली होने की अपेक्षा अधिक लाभप्रद सिद्ध होगा। 'बहुत प्रभावशाली होने की अपेक्षा लाभप्रद' मैंने इसलिए कहा क्योंकि सामान्यतः विचारों पर महिलाओं का प्रभाव प्राचीन समय से ही काफी रहा है। अपने पुत्रों के आरम्भिक चरित्र पर माता का प्रभाव और युवतियों के समक्ष स्वयं को प्रभावशाली दिखाने की युवकों की इच्छा हर युग व समय में चरित्र निर्माण का एक महत्त्वपूर्ण माध्यम रही है और कुछ स्थितियों में सभ्यता के विकास के क्षेत्र में कुछ महत्त्वपूर्ण कदमों का निधारिक तत्व भी। होमरिक युग में भी महान हेक्टर के कार्यों के पीछे यही एक प्रबल प्रेरणा रही थी। महिलाओं का नैतिक प्रभाव दो प्रकार से काम करता है। पहला तो, इसका प्रभाव बहुत कोमल रहा। जिन लोगों की हिंसा का शिकार होने की सम्भावना होती है, उन्होंने अपनी पूरी कोशिश की है कि वे हिंसा को सीमित व इसकी ज्यादतियों को कम कर सकें। जिन लोगों को युद्ध की शिक्षा नहीं दी गयी, जाहिर है उनका झुकाव किसी भी विवाद को युद्ध के अतिरिक्त अन्य तरीकों से सुलझाने की तरफ रहा। सामान्यतः जो लोग स्वार्थी उन्माद के अत्यधिक शिकार रहे हैं, वही ऐसे किसी भी नैतिक नियम के समर्थक रहे हैं जो इस भावना को नियन्त्रित करने का जरिया हो सके। उत्तरी विजेताओं को ईसाई धर्म अपनाने के लिए सर्वाधिक प्रेरणा महिलाओं ने ही दी क्योंकि इससे पहले का कोई धर्म महिलाओं के इतने अनुकूल नहीं रहा। एंग्लो-सैक्सन व फ्रैंक का धर्म-परिवर्तन, कहा जाता है कि ऐथलबर्ट और क्लोविस की पत्नियों द्वारा ही किया गया। एक दूसरे क्षेत्र में भी महिलाओं का मत महत्त्वपूर्ण रहा है—पुरुषों में उन गुणों को प्रोत्साहित करने में, जिनमें खुद उनका प्रशिक्षण नहीं हुआ था, इसलिए यह आवश्यक था कि वे अपने रक्षकों में उन गुणों को पोषित करें। साहस व सैन्य गुणों का श्रेय सामान्यतः पुरुषों में महिलाओं की प्रशंसा पाने की इच्छा को जाता है। इन प्रमुख गुणों के अतिरिक्त इस प्रेरणा का प्रभाव काफी आगे तक जाता है। उनकी स्थिति के स्वाभाविक प्रभाव के परिणामस्वरूप महिलाओं की प्रशंसा व चाहत को पुरुषों ने हमेशा काफी तवज्जो दी है। इस प्रकार, महिलाओं के इस दोहरे प्रभाव से पुरुषों में शौर्य की भावना पैदा हुई—जिसकी खासियत है उच्चस्तरीय लड़ाकू गुणों का एक बिल्कुल अलग प्रकार के

गुणों से मिश्रण—यानी उदारता, कोमलता और आत्म-त्याग—सामान्यतः असहाय व असैन्य वर्गों के प्रति और महिलाओं के प्रति एक विशेष समर्पण एवं श्रद्धा। महिलाएँ अन्य असहाय वर्गों से इस अर्थ में भिन्न थीं कि वे अपनी प्रशंसा व प्रेम स्वेच्छा से उसको दे सकती थीं जो उनको जबरन अपने अधीन करने की बजाय उसे पाने का प्रयास करे। हालाँकि शौर्य के सिद्धान्त का स्तर बहुत ऊँचा था और व्यवहार में यह दुखद रूप से सिद्धान्त से कम मात्रा में ही लक्षित हुआ, जैसा कि सामान्यतः होता है—सिद्धान्त से व्यवहार कमतर ही होता है, लेकिन फिर भी यह गुण मानव जाति के नैतिक इतिहास के सबसे बहुमूल्य स्मारकों में से एक रहा है। यह एक सर्वाधिक अव्यवस्थित समाज का अपनी सामाजिक परिस्थितियों व प्रथाओं से आगे के एक नैतिक आदर्श को जारी रखने के समायोजित व व्यवस्थित प्रयास का अद्‌भुत उदाहरण रहा है। हालाँकि यह अपने मुख्य उद्‌देश्य की प्राप्ति में पूर्णतः असफल रहा लेकिन कभी भी पूरी तरह प्रभावहीन नहीं रहा और आने वाले समय के विचारों व भावनाओं पर इस गुण ने सर्वाधिक विवेकशील छवि छोड़ी। शौर्य का आदर्श मानवजाति के नैतिक पोषण पर महिलाओं के प्रभाव का चरम रहा है और अगर महिलाओं को अधीनस्थ स्थिति में ही रहना है तो यह गहरे दुख का विषय है कि शौर्यता का गुण धीरे-धीरे लुप्त हो गया क्योंकि यही ऐसा तत्व था जो उस स्थिति के निरुत्साहित करने वाले प्रभावों को कम करने की सामर्थ्य रखता था। लेकिन मानवजाति की सामान्य स्थिति में आये परिवर्तन ने शौर्य के आदर्श की जगह एक बिल्कुल दूसरे आदर्श को अपरिहार्य बना दिया। शौर्य समाज की एक ऐसी अवस्था में नैतिक तत्वों को बढ़ावा देने का प्रयास था, जिसमें हर चीज व्यक्तिगत सामर्थ्य के निजी कोमलता व उदारता के प्रभाव में अच्छे या बुरे होने पर निर्भर करती थी। आधुनिक समाज में सभी चीजें, यहाँ तक कि युद्ध सम्बन्धी मामले भी व्यक्तिगत प्रयासों से नहीं वरन अनेक लोगों के मिले-जुले कार्य से निर्धारित होते हैं। नये जीवन की आवश्यकताओं के लिए भी उदारता के गुण उतने ही महत्त्वपूर्ण हैं जितना कि प्राचीन समय में था लेकिन अब यह पूर्णतः इन्हीं पर निर्भर नहीं हैं। आधुनिक समय में नैतिक जीवन के मुख्य आधार निस्सन्देह न्याय व विवेक हैं; प्रत्येक में दूसरे के अधिकारों के प्रति सम्मान और हरेक में दूसरे की परवाह व देखभाल करने की क्षमता। पूरे समाज में जो भी अदण्डित व अनुचित व्याप्त था उसमें से शौर्य बिना किसी वैध नियन्त्रण के खत्म हो गया। प्रशंसा व चाहत को प्रोत्साहित करके शौर्य से केवल कुछ लोग ही गलत की अपेक्षा उचित कार्य करने के लिए प्रेरित होते थे। नैतिकता की असली निर्भरता उसके दण्ड विधान पर होनी चाहिये—बुराई को हटाने की इसकी ताकत पर। समाज की सुरक्षा सिर्फ उचित व सही को सम्मानित करने पर ही नहीं टिक सकती क्योंकि यह उद्‌देश्य कुछ स्थितियों को छोड़ कर प्रायः तुलनात्मक रूप से काफी कमजोर है और यह अनेक

लोगों पर कारगर भी नहीं होता। आधुनिक समाज बुराई को जीवन के सभी क्षेत्रों में एक श्रेष्ठ दृढ़ता व ताकत के साथ दबाने में समर्थ है, जो सभ्यता ने उसे दी है। इस प्रकार समाज के कमजोर तबके (जो अब निस्सहाय नहीं बल्कि कानून द्वारा संरक्षित है) को उन लोगों की शौर्यता पर निर्भर नहीं रहना पड़ता जिनके पास उन पर अत्याचार करने की सत्ता है। एक शौर्यतापूर्ण चरित्र का सौन्दर्य व गरिमा पहले जैसी ही है लेकिन कमजोर लोगों के अधिकार व मानव जीवन की सामान्य सुविधाएँ अब अपेक्षाकृत एक अधिक निश्चित व ठोस सहारे पर आधारित हैं। या, कह सकते हैं कि वैवाहिक सम्बन्ध को छोड़कर जीवन के हर सम्बन्ध में यह स्थिति है। आज महिलाओं का नैतिक प्रभाव कम वास्तविक नहीं है लेकिन अब उसका स्वरूप उतना निश्चित नहीं है। यह लगभग सार्वजनिक मत के प्रभाव में विलीन हो गया है। सहानुभूति व महिलाओं की नजरों में चढ़ने की पुरुषों की इच्छा--दोनों के माध्यम से उनकी भावनाएँ शौर्य के आदर्श का जो कुछ भी शेष है, उसे बचाये रखने में बड़ा योगदान देती हैं--भावनाओं और उदारता की परम्परा को पोषित कर। इन मुद्दों पर उनका स्तर पुरुषों से ऊँचा है लेकिन न्याय के सन्दर्भ में कुछ कम।

निजी जीवन में सम्बन्धों के सन्दर्भ में सामान्यतः यह कहा जा सकता है कि कुल मिलाकर उनका प्रभाव कोमल गुणों को प्रोत्साहित करता है और कठोर को हतोत्साहित। हालाँकि इस कथन को व्यक्तिगत चरित्र के हिसाब से किये गये बदलावों के साथ लेना चाहिये। जीवन के सभी क्षेत्रों की वृहद कसौटी पर जहाँ मूल्य व नैतिकता को परखा जाता है—हित व सिद्धान्त के बीच संघर्ष—में महिलाओं के प्रभाव का स्वरूप बहुत मिला-जुला होता है; जबकि सम्बन्धित सिद्धान्त उन चन्द में से एक हो जो उनमें धार्मिक व नैतिक शिक्षा के जरिये पोषित किये जाते हैं, वे सद्गुणों के प्रबल सहायक होते हैं; और उनके पति व पुत्र प्रायः इन्हीं के कारण आत्म-त्याग के कार्यों के लिए उद्यत होते हैं जिनको अन्यथा वे बिना किसी प्रोत्साहन के कभी नहीं करते। लेकिन महिलाओं की मौजूदा शिक्षा व स्थिति में उनको सिखाये गये नैतिक सिद्धान्त आदर्शों के क्षेत्र का एक छोटा सा भाग होते हैं और मुख्यतः नकारात्मक होते हैं, जो कुछ कामों का निषेध करते हैं लेकिन विचारों व उद्देश्यों की सामान्य दिशा से उनका ज्यादा सम्बन्ध नहीं होता। मुझे डर है कि यह जरूर कहा जायेगा कि जीवन के सामान्य व्यवहार में तटस्थता—उन उद्देश्यों में अपनी ऊर्जा को लगाना जो परिवार के निजी फायदे से सम्बन्धित नहीं है—वह महिलाओं के प्रभाव द्वारा शायद ही प्रोत्साहित किया जाता है। यह उन पर एक छोटा सा दोष है कि वे उन बातों को हतोत्साहित करती हैं जिनका लाभ समझना उन्हें सिखाया ही नहीं गया और जो उनके पुरुषों को उनसे व उनके परिवार से अलग करती हैं। इसका परिणाम यह है कि महिलाओं का प्रभाव प्रायः सार्वजनिक आदर्श के अनुकूल

नहीं माना जाता। बहरहाल, जब से उनका कार्यक्षेत्र थोड़ा विस्तृत हुआ है और जब से काफी संख्या में महिलाओं ने खुद को अपने परिवार व गृहस्थी से परे की चीजों को प्रोत्साहन देने में लगाया है, तब से सार्वजनिक नैतिकताओं को वे कुछ हद तक प्रभावित करने लगी हैं। आधुनिक यूरोपीय जीवन के दो महत्त्वपूर्ण पक्षों पर महिलाओं का प्रभाव अहम रहा है—युद्ध के प्रति वितृष्णा व लोकोपकार के प्रति प्रेम। ये दोनों बहुत अच्छे लक्षण हैं लेकिन दुखद बात यह है कि अगर इन भावनाओं को सामान्यतः प्रोत्साहित करने में महिलाओं का प्रभाव बहुमूल्य रहा है, तो इन्हें दिशा देने के विशेष क्षेत्र में यह कम से कम उतना ही अनिष्टकारक भी रहा है जितना फायदेमन्द। लोकोपकार के क्षेत्र में महिलाओं द्वारा पोषित दो मुख्य भाग रहे हैं—धर्मप्रचार व दानशीलता। अपने देश में धर्मप्रचार धार्मिक विद्वेष को बढ़ाने का ही दूसरा नाम है; और विदेश में धर्म प्रचार प्रायः एक वस्तु के लिए इसके घातक अनिष्ट को जाने बगैर या उस पर ध्यान दिये बगैर एक अन्धी दौड़ होता है—यह धार्मिक उद्देश्य व अन्य वांछित उद्देश्यों के लिए भी घातक होता है—जो इसमें प्रयोग किये जाने वाले साधनों से ही पैदा हो सकता है। जहाँ तक दानशीलता का सवाल है तो यह एक ऐसा मामला है जिसमें प्रत्यक्ष रूप से प्रभावित व्यक्ति और सामान्य कल्याण में इसके अन्तिम परिणाम—दोनों के बीच पूर्णतः विरोध रहने की सम्भावना होती है। जबकि जो शिक्षा महिलाओं को दी जाती है—समझ विकसित करने की अपेक्षा भावनाओं की शिक्षा—और उनके पूरे जीवन द्वारा उनमें पोषित लोगों पर हो रहे फौरी प्रभाव को देखने और एक वर्ग के लोगों पर उसके दूरगामी परिणाम को न समझने की आदत से न तो वे देख पाती हैं और न ही यह स्वीकार करती हैं कि दान या परोपकार की जो सहानुभूतिपूर्ण भावना उन्हें उचित लगती है, वह अन्ततः एक बुरी प्रवृत्ति है। अशिक्षित और अदूरदर्शी उदारता का निरन्तर बढ़ता समूह, जो लोगों की देखभाल को अपने हाथ में लेकर और उनके अपने कार्यों के परिणाम से उन्हें छुटकारा देकर आत्म-सम्मान, आत्म-सहायता व आत्म-नियन्त्रण के उस आधार को ही दुर्बल बना देता है जो निजी समृद्धि और सामाजिक सदाचार की आवश्यक शर्तें हैं—उदार भावनाओं और संसाधनों का यह व्यर्थ व्यय महिलाओं के योगदान से तुरन्त बढ़ जाता है और उनके प्रभाव द्वारा प्रोत्साहित भी होता है। ऐसा नहीं है कि यह गलती महिलाओं से नहीं होगी, जहाँ उनके हाथ में परोपकारी योजनाओं का व्यावहारिक प्रबन्धन होता है। कभी-कभी ऐसा होता है कि जो महिलाएँ सार्वजनिक दान संस्थाओं को सम्भालती हैं—मौजूदा तथ्य को समझते हुए और उन लोगों के मन व भावनाओं की समझ रखते हुए भी जिनके सीधे सम्पर्क में वे रहती हैं—जिसमें सामान्यतः महिलाएँ पुरुषों से बेहतर होती हैं—तब वे दिये गये दान अथवा सहायता के भ्रष्ट करने वाले प्रभाव को स्पष्ट समझती हैं और इस विषय पर अनेक राजनीतिक

अर्थशास्त्रियों को सीख भी दे सकती हैं। लेकिन वे महिलाएँ जो केवल पैसा देती हैं और इसके प्रभाव से रूबरू नहीं हो पातीं, तो उनसे यह अपेक्षा कैसे की जा सकती है कि वे इन प्रभावों का पूर्वानुमान लगा लेंगी? एक महिला को, जो महिलाओं की मौजूदा स्थिति में जन्मी है और इससे सन्तुष्ट है, वह आत्मनिर्भरता सिखाई नहीं जाती–हर चीज दूसरों से लेना ही उसकी नियति है तो जो चीज उसके लिये अच्छी है वह गरीबों के लिए बुरी कैसे हो सकती है? अच्छाई से उसका आशय उससे श्रेष्ठ व्यक्ति द्वारा उसे प्रदान की गयी सुविधा है। वह भूल जाती है कि वह आजाद नहीं है और यह कि निर्धन लोग आजाद हैं : कि अगर उन्हें उनकी जरूरत की चीज बिना उनके श्रम किये दे दी जाये तो उन्हें उसे कमाने के लिए बाध्य नहीं किया जा सकता; कि हरेक की देखभाल नहीं की जा सकती लेकिन लोग–खुद अपनी देखभाल करें–इसके लिये कोई न कोई प्रेरणा होनी चाहिये; कि उन्हें स्वयं अपनी सहायता करने के लिए मदद देना, यदि वे शारीरिक रूप से इसके लिए समर्थ हैं, यही अन्त में असली दान होता है। ये बातें दर्शाती हैं कि महिलाएँ सामान्य विचार की रचना में जो उपयोगी भाग लेती हैं, और जिन चीजों को उनका विचार प्रभावित करता है उनका व्यावहारिक ज्ञान उनके राजनीतिक व सामाजिक उद्धार के माध्यम से वृहद कल्याण हेतु बेहतर बनाया जा सकता है। लेकिन प्रत्येक महिला अपने परिवार पर जो प्रभाव रखती है, उसमें सुधार और भी दर्शनीय होगा। ऐसा प्रायः कहा जाता है कि जो वर्ग प्रलोभन के गर्त में अधिक सरलता से गिर सकते हैं, उनमें एक पुरुष की पत्नी व बच्चे उसे ईमानदार व सम्माननीय बनाये रखते हैं। ऐसा पत्नी के प्रत्यक्ष प्रभाव और उसके हृदय में उनके भविष्य के प्रति चिन्ता के कारण होता है। ऐसा उन लोगों के साथ हो सकता है और बेशक होता है जो दुष्ट होने की अपेक्षा कमजोर होते हैं। यह लाभप्रद प्रभाव समान कानूनों के तहत संरक्षित रहेगा और दृढ़ भी बनेगा; यह स्त्रियों की अधीनता पर निर्भर नहीं करता, बल्कि ठीक इसके विपरीत, उस तिरस्कार से घट जाता है जो निम्न वर्ग के पुरुष प्रायः उन लोगों के प्रति महसूस करते हैं जो उनकी सत्ता के अधीन हैं। लेकिन ज्यों-ज्यों स्तर आगे बढ़ता है, हम बिल्कुल अलग किस्म के प्रेरक बलों को सामने पाते हैं। जहाँ तक सम्भव होता है, पत्नी का प्रभाव पति को उन स्तरों से नीचे गिरने से रोकता है जिसे उस देश में स्वीकृति मिली हुई है। लेकिन यह साथ ही उसे इस स्तर से ऊपर उठने से भी रोकता है। पत्नी सामान्य सार्वजनिक मत का पूरक होती है। एक पुरुष जिसका विवाह बुद्धि में उससे कम महिला से होता है, उसे वह एक बोझ पाता है या उससे भी बुरा, सार्वजनिक मत में वह जो है, उससे बेहतर बनने की उसकी हर आकांक्षा में वह अपनी पत्नी को बाधा मानता है। इस तरह के बन्धन में जो व्यक्ति है उसके लिये एक उदात्त सदाचार प्राप्त करना लगभग असम्भव है। यदि समूह से

उसका मत भिन्न है—यदि वह उस सत्य को देख लेता है जिसका उन्हें आभास नहीं हुआ है, या अगर उनके द्वारा मान्यता प्राप्त सत्यों को दिल से महसूस करते हुए, वह उन सत्यों पर उतनी कर्तव्यनिष्ठा से चलना चाहता है जितना कि सामान्यतः मानव जाति नहीं चलती--इन सभी विचारों व इच्छाओं के लिए विवाह सबसे बड़ी कमजोरी है, जब तक कि वह इतना खुशकिस्मत न हो कि उसकी पत्नी का बौद्धिक स्तर उसी की तरह सामान्य स्तर से कहीं ऊँचा हो। क्योंकि, पहले तो, हमेशा निजी हित के त्याग की आवश्यकता होती है; या तो सामाजिक पक्ष के या आर्थिक पक्ष के हित की या कई बार जीवन निर्वाह के साधनों को भी जोखिम में डालना होता है। यह त्याग वह स्वयं तो कर सकता है लेकिन अपने परिवार पर भी इनका बोझ डालने से पूर्व वह ठिठकेगा। इस स्थिति में उसके परिवार से आशय उसकी पत्नी व पुत्रियों से है, क्योंकि उसकी हमेशा उम्मीद रहती है कि उसके पुत्र वही महसूस करेंगे जो वह महसूस करता है और जिन चीजों के बगैर वह काम चला सकता है, उनके बगैर वे भी काम चला सकते हैं। लेकिन उसकी बेटियाँ—उनका विवाह उस पर निर्भर कर सकता है; और उसकी पत्नी जो उन विषयों व उद्‌देश्यों को समझने में असमर्थ है जिनके लिये यह त्याग किये जा रहे हैं, जो अगर यह सोचती है कि यह उद्‌देश्य किसी त्याग के योग्य है, तो वह ऐसा केवल अपने पति के लिए और उस पर अपने भरोसे के लिए करेगी और जो पति के किसी भी उत्साह व आत्म-अनुमोदन में भाग नहीं ले सकती, जबकि वे चीजें जिनका वह त्याग करना चाहता है उसके लिये बहुत अहम हैं; क्या सर्वश्रेष्ठ और सबसे स्वार्थहीन पुरुष उसको ऐसी स्थिति में लाने से पहले लम्बे समय तक सकुचायेगा नहीं? यदि दाँव पर जीवन की सुविधाएँ नहीं बल्कि सिर्फ सामाजिक लिहाज ही लगा हो, तब भी यह बोझ उस पर काफी होता है। जिसकी भी एक पत्नी और बच्चे हैं वह श्रीमती ग्रण्डी के बन्धक के समान हो जाता है। उस अधिपति की मंजूरी के प्रति पति चाहे तटस्थ हो लेकिन पत्नी के लिए यह बहुत महत्त्वपूर्ण होती है। एक पुरुष किसी मत से ऊपर हो सकता है या उन लोगों के विचारों में क्षतिपूर्ति कर सकता है, जो उसी की तरह सोचते हैं। लेकिन जो महिलाएँ उससे सम्बन्धित हैं, उनके लिये वह कोई क्षतिपूर्ति प्रस्तुत नहीं कर सकता। सामाजिक लिहाज के समकक्ष ही अपने प्रभाव को रखना लगभग बिना किसी अपवाद के पत्नी की प्रवृत्ति होती है और कभी-कभी महिलाओं पर इसका दोष भी लगाया जाता है और इस प्रवृत्ति को उनके चरित्र की दुर्बलता व बचकानेपन का लक्षण माना जाता है; निस्सन्देह यह बहुत अन्यायपूर्ण है। समाज एक महिला के पूरे जीवन को, एक निरन्तर आत्म-बलिदान की प्रक्रिया बना देता है, विशेषकर निम्न वर्गों में। समाज उसकी सभी सहज प्रवृत्तियों पर निरन्तर प्रतिबन्ध लगाता है और उसकी इस शहादत के

बदले समाज उसे केवल सम्मान प्रदान करता है। उसका सम्मान आवश्यक रूप से उसके पति के साथ जुड़ा होता है और इसकी पूरी कीमत चुकाने के बाद, वह पाती है कि उसे वह लिहाज व सम्मान खो देना है बिना ऐसी किसी वजह के, जो उसके अनुसार बहुत महत्त्वपूर्ण हो। उसने अपना पूरा जीवन इसके लिये बलिदान कर दिया पर उसका पति उसके लिये अपनी एक सनक, एक अमूर्त विचार का भी त्याग नहीं करेगा; एक ऐसी चीज जिसे दुनिया की मान्यता भी नहीं प्राप्त है और जिसे गलत समझने में दुनिया उससे सहमत होगी, अगर वह उससे बदतर नहीं सोचती है तो! यह दुविधा उन योग्य पुरुषों पर सर्वाधिक कठिन होती है, जिनके पास अपने विचार से सहमत लोगों में प्रतिष्ठा हासिल करने की योग्यता नहीं है, फिर भी वे अपने विचार पर दृढ़ रहते हैं और उसी विचार के पालन से अपनी प्रतिष्ठा व ईमान के साथ बँधे होते हैं, अपनी आस्था को ही व्यवसाय बना कर उसके लिये अपना समय, श्रम व साधन जुटाते हैं। इसमें सबसे बुरी स्थिति तब होती है जब कि ऐसे पुरुष उस वर्ग व श्रेणी के हों, जो उन्हें न तो उन्हें सर्वश्रेष्ठ समझे जाने वाले समाज से बाहर रखती है न ही उसमें शामिल; इस सर्वश्रेष्ठ समाज में उनका प्रवेश इस बात पर निर्भर करता है कि व्यक्तिगत तौर पर उनके बारे में क्या सोचा जाता है—और उनका पालन-पोषण व आदतें कितनी भी विशिष्ट क्यों न हों, जब उनकी पहचान उन विचारों व सार्वजनिक आचरण से जुड़ जाती है जो समाज को स्वरूप देने वाले लोगों के लिए अस्वीकार्य है—तो यह तथ्य ही उन्हें (सर्वश्रेष्ठ समाज) से बाहर रखने के लिए पर्याप्त होता है। बहुत सी महिलाएँ यह सोच कर खुश होती हैं (गलती से दस में से नौ बार) कि उसे व उसके पति को अपने पड़ोस की उच्चतम सोसायटी में रहने से कोई नहीं रोक सकता—उस समाज में जहाँ उसके परिचित और उसी वर्ग के लोग मुक्त रूप से विचरण करते हैं—लेकिन दुर्भाग्य से उसका पति सामाजिक असन्तोष के विचार रखता है और निम्न उग्रपरिवर्तनवादी राजनीति में सक्रिय होने के लिए विख्यात है। वह सोचती है कि यही वजह है जॉर्ज को कमीशन या कोई पद नहीं मिल पाया, या कैरोलीन को एक बढ़िया वर नहीं मिला और जिसके कारण उसे व उसके पति को वे निमन्त्रण और शायद वे सम्मान प्राप्त नहीं हो पाते जिनके लिये वे भी अन्य लोगों की तरह योग्य हैं। हर घर में इस प्रकार का प्रभाव या तो सक्रिय रूप से कारगर होता है या फिर चूँकि उस पर इतना जोर नहीं दिया जाता इसलिए वह और भी प्रबल हो जाता है—ऐसी स्थिति में इसमें क्या हैरानी है कि सामान्यतः लोग सम्मान योग्य सामान्य योग्यता में ही फँसे रहते हैं जो आधुनिक समय का एक खास लक्षण बन गयी है? और यह बहुत हानिकारक पक्ष है जिसमें प्रत्यक्ष रूप से महिलाओं की अक्षमता नहीं बल्कि वह गहरी खाई जो यह अक्षमता महिलाओं की शिक्षा व चरित्र तथा पुरुषों की

शिक्षा व चरित्र के बीच बना देती है—उस पर ध्यान देना आवश्यक है। वैवाहिक जीवन के आदर्श में विचारों व प्रवृत्तियों की जो एकता मानी जाती है, उसके प्रतिकूल इससे अधिक और कुछ नहीं है।

दो अति विभिन्न लोगों के बीच अन्तरंग सम्बन्ध एक व्यर्थ स्वप्न है। विपरीत स्वभाव आकर्षित कर सकता है लेकिन यह स्वभाव की समानता ही है जो सम्बन्ध को कायम रखती है; और स्वभाव की समानता के समानुपाती ही दो व्यक्तियों की एक-दूसरे को खुशहाल जीवन देने की अनुकूलता होती है जब महिलाएँ पुरुषों से इतनी अलग हैं, तो यह अजूबा नहीं है कि स्वार्थी पुरुषों को निरंकुश सत्ता अपने हाथ में रखने की जरूरत महसूस हो ताकि वे जीवन-पर्यन्त अपने स्वभावों के छोटे से छोटे विवाद को अपने पक्ष में हल कर सकें। जब लोग परस्पर बहुत भिन्न होते हैं तो दोनों की अभिरुचियों में कोई वास्तविक समानता नहीं हो सकती। प्रायः विवाहित लोगों के बीच किसी गम्भीर कर्तव्य को लेकर जबर्दस्त मतभेद रहता है। जहाँ ऐसा होता है वहाँ वैवाहिक मिलन का क्या अर्थ है? फिर भी यह कहीं भी असामान्य बात नहीं है, जब महिला में व्यक्तित्व की कोई गम्भीरता होती है; और कैथोलिक देशों में यह वाकई सामान्य बात है कि उसके विरोध का एकमात्र दूसरी सत्ता, जिसके सामने उसे झुकना सिखाया गया है, यानी समर्थन करती है—पादरी। अब जिस सत्ता को अपने प्रतियोगी को पाने की आदत नहीं है उसी के साथ प्रोटेस्टेन्ट और लिबरल लेखकों ने महिलाओं पर पादरियों के प्रभाव की प्रायः आलोचना की है, इसलिए नहीं कि यह प्रभाव स्वयं में बुरा है बल्कि इसलिए कि यह पति की सत्ता की प्रतिद्वन्द्वी सत्ता है और उसके अमोघत्व के खिलाफ विद्रोह खड़ा करने में सहायक है। इंग्लैण्ड में ऐसे ही मतभेद तब पैदा होते हैं जब एक इवेंजलिकल पत्नी का विवाह अलग तरह के पति से हो जाता है, लेकिन सामान्यतः विरोध के इस स्रोत से महिला की बुद्धि को इतना निष्क्रिय कर छुटकारा पा लिया जाता है कि श्रीमती ग्रंडी के विचारों के सिवाय उनका अपना कोई मत नहीं रहता, या उन विचारों के अतिरिक्त जिनको उसके पति की सहमति प्राप्त है। जब विचारों में कोई भेद न हो तो सिर्फ अभिरुचियों में फर्क वैवाहिक जीवन की खुशी में काफी बाधा डाल सकता है। हालाँकि यह पुरुषों में कामुकता को तो प्रेरित कर सकता है, लेकिन वैवाहिक सुख को बढ़ाने में सहायक नहीं होता। स्त्री-पुरुष में जो भी मूल फर्क है, शिक्षा का अन्तर उसे और बढ़ा देता है। यदि विवाहित दम्पति सुसंस्कृत और अच्छे संस्कार वाले लोग हैं, तो वे एक-दूसरे की रुचियों के प्रति सहनशील होते हैं लेकिन क्या विवाह में लोग परस्पर सहनशीलता की ही उम्मीद रखते हैं? प्रवृत्तियों व रुचियों का यह अन्तर, यदि प्रेम या कर्तव्य द्वारा नियन्त्रित न किया जाये तो लगभग हर घरेलू मुद्दे पर दोनों में अलग-अलग इच्छाओं को जन्म देता है। उस समय में कितना फर्क होगा जिसमें वे दोनों रहते हैं या रहना

चाहते हैं। प्रत्येक की इच्छा होगी कि वे अपनी ही रुचि वाले के सम्पर्क में आयें; जो एक व्यक्ति को अच्छा लगेगा, दूसरा या तो उसके प्रति तटस्थ होगा या उसे नापसन्द करेगा। फिर भी ऐसा कोई भी व्यक्ति नहीं हो सकता जो दोनों को पसन्द आये। क्योंकि लुई पन्द्रहवें के शासनकाल की तरह आजकल विवाहित लोग मकान के अलग-अलग हिस्सों में नहीं रहते और न ही उनसे मिलने आने वाले लोगों की सूची अलग-अलग होती है। अपने बच्चों के पालन-पोषण के बारे में भी उनकी अलग-अलग इच्छाएँ होती हैं : प्रत्येक अपनी रुचि व भावनाओं की प्रतिछवि बच्चों में देखना चाहता है : फिर या तो समझौता होता है और दोनों में से एक पक्ष को आधा ही सन्तोष होता है, या पत्नी को झुकना पड़ता है—प्रायः उसे काफी कष्ट भी होता है और चाहे अनचाहे पत्नी का प्रभाव, पति के उद्देश्यों के विरुद्ध काम करना ही रहता है। बेशक यह सोचना बहुत बड़ी गलती होगी कि भावनाओं व प्रवृत्तियों में यह भेद सिर्फ इसलिए है कि महिलाओं का पालन-पोषण पुरुषों से अलग होता है और अन्य किन्हीं भी परिस्थिति में, जिनकी कल्पना की जा सकती है, अभिरुचियों में यह फर्क नहीं होगा। यह कहना तो अनुचित नहीं है कि पालन-पोषण में फर्क इन भेदों को और भी बढ़ा देता है और उन्हें बिल्कुल अपरिहार्य बना देता है। यदि स्त्री-पुरुषों का लालन-पालन उसी तरह होता रहे, जैसे होता है, तो उनमें दैनिक जीवन की चीजों की रुचियों व इच्छाओं में शायद ही कभी सहमति हो। उन्हें सामान्यतः अपने दैनिक जीवन में वैसा अन्तरंग व समान सम्बन्ध बनाने के प्रयास को नाउम्मीद होकर छोड़ना पड़ेगा जो ऐसे समाज का मान्यताप्राप्त बन्धन होता है। यदि एक आदमी ऐसा सम्बन्ध बनाने में सफल भी होता है तो ऐसी महिला को पत्नी के रूप में चुनकर जो नितान्त शून्य होती है और उससे जो भी कहा जाये वह उसको सहज मान लेती है। इस गणित के भी असफल होने की सम्भावना होती है; मन्दमति होना या उत्साह न होना, उस समर्पण की गारण्टी नहीं है जिसकी उनसे उम्मीद की जाती है। और अगर यह गारण्टी होती भी, तो क्या विवाह का यही आदर्श है? उस स्थिति में पुरुष को एक नौकर, नर्स या घर की देखभाल करने वाली स्त्री के अलावा और क्या प्राप्त होता है? इसके विपरीत, जब दोनों व्यक्तियों में से प्रत्येक कुछ न होने की बजाय कुछ है; एक साथ एक जैसी चीजों को करते हुए, तो अपनी सहानुभूति के सहयोग से धीरे-धीरे एक व्यक्ति में उन चीजों में रुचि लेने की सामर्थ्य पैदा होने लगती है, जो पहले-पहल सिर्फ दूसरे व्यक्ति को ही रुचिकर लगती थीं। धीरे-धीरे एक-दूसरे में सुधार लाने की नासमझ कोशिश लेकिन इससे अधिक दोनों के स्वभावों में संवर्द्धन के जरिये उन्हें अपनी निजी रुचियों के साथ-साथ एक-दूसरे की रुचियाँ व विशेषताएँ अच्छी लगने लगती हैं। दो स्त्रियों या दो पुरुषों के बीच मित्रता में प्रायः ऐसा होता है जो अपने रोजमर्रा के जीवन में एक-दूसरे के अधिक सम्पर्क में रहते हैं; और यह

विवाह में भी एक आम स्थिति हो सकती है। यदि स्त्री-पुरुष की शिक्षा की बिल्कुल अलग विधियाँ विवाह को एक अच्छा व आदर्श सम्बन्ध बनाना असम्भव कार्य न बनायें। अगर इसमें सुधार हो जाता, तो निजी रुचियों में जो भी अन्तर होते, दोनों के बीच जीवन के बड़े व वृहद विषयों में कम से कम एका और सहमति होती। यदि दो लोग बड़े उद्देश्य की परवाह करते हैं और एक-दूसरे के लिए मददगार व प्रेरणा होते हैं तो वे छोटे-छोटे मुद्दे जिनमें उनकी रुचियाँ अलग-अलग हो सकती हैं, ज्यादा मायने नहीं रखते और दोनों के बीच मित्रता का ठोस व स्थायी आधार होता है जिसे और कोई चीज नहीं बना सकती। उनके लिये एक दूसरे को सुख देना स्वयं सुख प्राप्त करने से अधिक सुखकर हो जाता है।

अभी तक मैंने विवाह के उन सुखों व फायदों की बात की जो पति व पत्नी के बीच भेद होने पर निर्भर करते हैं; लेकिन इसके बुरे प्रभाव बहुत अधिक हो जाते हैं अगर यह भेद हीनता या कमतरी हो। एक-दूसरे से अलग होना जब इसका आशय अलग-अलग गुणों का होना हो, तो यह सुविधाओं में कमी होने की बजाय दोनों के परस्पर विकास में अपेक्षाकृत अधिक लाभदायक हो सकता है। जब प्रत्येक दूसरे के विशेष गुणों इच्छाओं और प्रयासों को सीखने-समझने का प्रयास करता है तो दोनों के बीच का फर्क रुचियों की विविधता नहीं बल्कि उनकी पहचान पैदा करता है और एक को दूसरे के लिए अधिक मूल्यवान बनाता है। लेकिन जब एक-दूसरे से मानसिक क्षमता में बहुत हीन होता है और दूसरे की सहायता के लिए उसके स्तर तक उठने का सक्रिय प्रयास नहीं करता तो जो श्रेष्ठ है, उस पर इस सम्बन्ध का पूरा प्रभाव काफी अवनतिकारक सिद्ध होता है; एक सुखद विवाह में ऐसा दुर्भाग्यपूर्ण विवाह की अपेक्षा अधिक होता है। बौद्धिक क्षमता में श्रेष्ठ व्यक्ति यदि खुद को अपने से कमतर व्यक्ति के साथ बन्द कर लेता है, और उसी को अपना साथी व अन्तरंग सम्बन्धी चुनता है--तो उसके दुष्प्रभाव से वह बच नहीं पाता। कोई भी समाज या सम्बन्ध अगर सुधर नहीं रहा है तो जाहिर है कि उसका ह्रास हो रहा है, जितना अधिक ऐसा होता है, उतना ही वह निकट और परिचित होता जाता है। एक वाकई श्रेष्ठ व्यक्ति का पतन तभी शुरू हो जाता है जब वह आदतन (जैसा कि कहा जाता है) अपनी संगत का खुद ही राजा होता है। एक ओर उसकी आत्मसन्तुष्टि बढ़ती जाती है तो दूसरी तरफ वह अनजाने ही चीजों को देखने व महसूस करने का वह तरीका खुद में पोषित करने लगता है, जो उसकी अपनी श्रेष्ठता के समक्ष काफी सीमित व हीन होता है। अभी तक जिन भी बुराइयों पर हमने विचार किया है, यह उनसे बहुत अलग है क्योंकि यह लगातार बढ़ती जाती है। दैनिक जीवन में महिला व पुरुष का सम्पर्क अब पहले से कहीं पूर्ण व घनिष्ठ है। पहले पुरुषों का मनोरंजन व व्यवसाय पुरुषों के साथ, पुरुषों के बीच होता था; उनकी पत्नियाँ उनके जीवन का

एक छोटा सा हिस्सा होती थीं। मौजूदा समय में सभ्यता के विकास व मनोरंजन और मौज के लिए की गयी उन ज्यादतियों के विरुद्ध विचारों का प्रचलन जो पहले फुरसत के क्षणों में पुरुषों को व्यस्त रखती थीं और इसके साथ ही (यह जरूर कहा जाना चाहिये) आधुनिक जीवन में पुरुषों में उस कर्तव्य के प्रति अधिक जागरूकता, जो उन्हें अपनी पत्नी से बाँधता है--इन सबने पुरुष को अपने निजी व सामाजिक मनोरंजन व सुख के लिए घर एवं परिवार के सदस्यों पर अधिक निर्भर बना दिया है; जबकि महिलाओं की शिक्षा में जिस मात्रा में और जिस प्रकार का सुधार हुआ है, उससे वे कुछ हद तक पुरुष के विचार तथा मानसिक रुचियों को समझने व उनमें सहभागी होने के काबिल हुई हैं जबकि ज्यादातर स्थितियों में वे अब भी पुरुषों से कमतर होती हैं। इस प्रकार मानसिक संवाद की उसकी इच्छा एक ऐसे संवाद से सन्तुष्ट हो जाती है जिससे वह कुछ सीख नहीं पाता। और यह साथ जिसमें न तो कोई विकास होता है और न ही कोई प्रेरणा मिलती है, वह उस संगत की जगह चुनता है जो उच्च उद्देश्य की प्राप्ति में उसके साथ कन्धे से कन्धा मिलाकर सहयोग करती। इसी कारण हम देखते हैं कि बहुत होनहार युवकों में भी विवाह करते ही विकास रुक जाता है और चूँकि विकास नहीं होता इसलिए अपरिहार्य रूप से उनका ह्रास होने लगता है। यदि पत्नी उसे आगे नहीं बढ़ाती तो निश्चित तौर पर वह उसे पीछे खींच कर रखती है। वह उन चीजों की परवाह नहीं करता जिन चीजों की परवाह उसकी पत्नी नहीं करती और अब वह उन लोगों की संगत की इच्छा नहीं करता बल्कि उसे नापसन्द करने लगता है जो पहले उसकी आकांक्षाओं के अनुकूल थी और जिनके सामने अब उसे अपनी अवनति पर शर्मिन्दगी होगी। उसके दिल व दिमाग की उच्च क्षमताएँ निष्क्रिय हो जाती हैं। परिवार द्वारा उसमें जो स्वार्थी रुचियाँ पैदा होती हैं उसके साथ जब ये बदलाव मिलते हैं तो कुछ ही सालों बाद उसमें व उन लोगों में कोई फर्क नहीं रह जाता जिन्होंने सामान्य सुविधाओं व आडम्बरों के अतिरिक्त और किसी भी चीज की इच्छा नहीं की। उन दो व्यक्तियों के बीच विवाह कैसा हो सकता है, जो परिष्कृत क्षमताओं के स्वामी हैं जिनके विचार व उद्देश्य समान हैं, जिनके बीच बेहतरीन किस्म की समानता, सत्ता और सामर्थ्य की समानता होती है ताकि दोनों एक-दूसरे की सहायता का सुख उठा सकें और विकास के मार्ग पर क्रमशः एक-दूसरे के नेतृत्व का सुख ले सकें--इसका वर्णन करने का प्रयास मैं नहीं करूँगा। जो इसकी कल्पना कर सकते हैं, उन्हें बताने की जरूरत नहीं और जो नहीं कर सकते उन्हें यह अति-उत्साही व्यक्ति का स्वप्न लग सकता है। लेकिन मेरा दृढ़ विश्वास है कि यही और सिर्फ यही विवाह का आदर्श है, और वे सभी मत, रिवाज व प्रथाएँ जो किसी अन्य विचार का पक्ष लेती हैं या इनसे सम्बन्धित अवधारणों व आकाँक्षाओं को किसी अन्य दिशा में बदल देती हैं, चाहे किसी भी रंग में इसे रँग दिया जाये,

वे आदिम काल की बर्बरता के ही अवशेष हैं। मनुष्यता का नैतिक पुनरुद्धार वास्तविक रूप से तभी आरम्भ होगा, जब सामाजिक सम्बन्धों का सर्वाधिक मूलभूत यह रिश्ता समान न्याय के नियमों के तहत स्थापित किया जायेगा और जब मनुष्य अपनी प्रबलतम सहानुभूति को अपने समान अधिकारों व परिष्कार वाले व्यक्ति के साथ पोषित करना सीखेंगे।

अब तक, ऐसा लक्षित हुआ है कि लिंगभेद को विशेषाधिकारों के लिए अयोग्यता व पराधीनता का चिह्न न बनाकर दुनिया को जो लाभ होंगे वे व्यक्तिगत होने की अपेक्षा सामाजिक अधिक हैं; जिनमें सामूहिक विचार व कार्यशक्ति में इजाफा और स्त्री-पुरुष सम्बन्धों की सामान्य स्थितियों में सुधार शामिल हैं। लेकिन यदि सबसे प्रत्यक्ष लाभ की बात न की जाये तो यह इस केस की सबसे गम्भीर न्यूनोक्ति होगी—वह है मानवजाति के मुक्त हुए आधे भाग की निजी खुशी में अवर्णनीय फायदा; दूसरों की इच्छा के अधीन जीवन और बौद्धिक स्वतन्त्रता के जीवन के बीच का फर्क। भोजन व कपड़े की मूल आवश्यकता पूरी हो जाने के बाद मानव स्वभाव की प्रबलतम व प्रथम इच्छा होती है—स्वतन्त्रता। यदि मानवजाति अव्यवस्थित है तो अव्यवस्थित, कानूनविहीन स्वतन्त्रता की इच्छा। जब वे कर्तव्य व तर्क की महत्ता व अर्थ समझ जाते हैं तो उनकी प्रवृत्ति अपनी स्वतन्त्रता में इनके द्वारा निर्देशित होने की होती है; किन्तु इस कारण वे स्वतन्त्रता की इच्छा नहीं करें या कम करें—ऐसा नहीं होता; वे दूसरे लोगों को इन मार्गदर्शक सिद्धान्तों का प्रतिनिधि या व्याख्याता मान कर दूसरों की इच्छा को स्वीकार नहीं करते। इसके विपरीत, जिन समाजों में तर्क व बुद्धि सर्वाधिक रही है और सामाजिक कर्तव्य का विचार सर्वाधिक प्रबल रहा है, ये वही समाज हैं जिन्होंने एक व्यक्ति की कार्यसम्बन्धी स्वतंत्रता पर सर्वाधिक जोर दिया है—अपने व्यवहार को कर्तव्य की अपनी भावनानुसार—और उन्हीं नियमों व सामाजिक नियन्त्रण के द्वारा संचालित करने की आजादी, जिनसे उसका विवेक सहमत हो। जो व्यक्तिगत स्वतन्त्रता को खुशी व सुख के तत्व के रूप में उचित प्रकार से समझता है, वह उसके मूल्य को समझेगा, चूँकि वह उसकी स्वयं की खुशी का कारण भी है। ऐसा कोई विषय नहीं है जिस पर एक मनुष्य के अपने लिए किये गये व दूसरों के लिए किये गये निर्णय में फर्क न हो। जब वह दूसरों की यह शिकायत सुनता है कि उन्हें कार्य व्यवहार की स्वतंत्रता नहीं है—कि उनकी अपनी इच्छा का चीजों की व्यवस्था व नियमन पर पर्याप्त प्रभाव नहीं है, तो उसका स्वाभाविक प्रश्न होगा, कि उनकी अपनी शिकायतें क्या हैं? उन्हें क्या नुकसान होता है? और वे ऐसा क्यों समझते हैं कि उनके मामलों का प्रबन्धन सुचारु रूप से नहीं चल रहा? और अगर वे इन सवालों का ठीक-ठाक जवाब देने में असफल हो जाते हैं तो उसे अगर वह उचित केस लगता है, तो भी वह उस पर ध्यान नहीं देता और उनकी शिकायत को

उन लोगों का झगड़ालूपन समझ लेता है जिन्हें कोई चीज सन्तुष्ट नहीं कर सकती। लेकिन जब वह खुद अपने लिये यह निर्णय ले रहा होता है तो उसके मापदण्ड बिल्कुल अलग होते हैं। तब, उसके अभिभावक यदि उसके हितों को बहुत सुचारु रूप से भी सम्भालें तब भी उसे सन्तोष नहीं होता; निर्णायक सत्ता में उसका न रहना ही उसकी सबसे बड़ी शिकायत होती है जिससे कुप्रबन्धन के सवाल पर बात करना तो बेमानी हो जाता है। देशों के साथ भी ऐसा ही होता है। कौन से स्वतन्त्र देश का नागरिक अपनी स्वतन्त्रता के बदले अच्छे व कुशल प्रशासन की बात सुनना चाहेगा? अगर वह यह मान भी ले कि कुशल प्रशासन उन लोगों का ही हो सकता है जिनका शासन उनकी इच्छा से इतर कोई और चलाये, तो भी सार्वजनिक मामलात के संचालन की कमियों की क्षतिपूर्ति क्या उसके अपने नैतिक उत्तरदायित्व के भरोसे खुद अपनी नियति का निर्माण करने की भावना नहीं कर देगी? उसे निश्चिन्त हो जाना चाहिये कि इस मुद्दे पर जो वह सोचता है महिलाएँ भी ठीक वैसा ही सोचती हैं। हेरोडोतस के समय से लेकर वर्तमान तक मुक्त सरकार के उदात्त प्रभावों के बारे में जो भी कहा या लिखा गया है, सभी क्षमताओं को यह जो प्रोत्साहन प्रदान करती है, बुद्धि व अनुभव के समक्ष यह जितने वृहद व उच्च उद्देश्य प्रस्तुत करती है, सार्वजनिक जज्बों को जितना स्वार्थविहीन, शान्त बनाती है व कर्तव्य को जितनी वृहद दृष्टि देती है और एक व्यक्ति का नैतिक, अध्यात्मिक व सामाजिक स्तर सामान्यतः ऊँचा उठाती है—यह सब जो भी कुछ कहा गया है, क्या वह महिलाओं के लिए भी शब्दशः उतना ही सच नहीं है जितना पुरुषों के लिए? क्या ये चीजें व्यक्तिगत खुशी का महत्त्वपूर्ण भाग नहीं हैं? किसी भी पुरुष से यह याद करने को कहें कि लड़कपन से निकलकर स्नेहपूर्ण अभिभावकों के नियन्त्रण से निकलने और पुरुषत्व के उत्तरदायित्वों में प्रवेश करने में कैसा लगता है? क्या यह उस पर से एक भारी बोझ उठाना या एक बाधक और अन्यथा कष्टपूर्ण बन्धन से मुक्त करने जैसा नहीं होता? क्या उसे तब ऐसा नहीं लगता कि वह पहले से अधिक पूर्ण और सजीव इंसान है? लेकिन यह एक महत्त्वपूर्ण तथ्य है कि व्यक्तिगत अभिमान की सन्तुष्टि व दमन के सन्दर्भ में, हालाँकि अधिकतर पुरुषों में ऐसा अपने सम्बन्ध में कम होता है, दूसरे लोगों को इसके लिये कम छूट मिलती है और व्यवहार के औचित्य के आधार के रूप में इन पर अन्य इंसानी भावनाओं की अपेक्षा कम ध्यान दिया जाता है; शायद इसलिए क्योंकि पुरुष अपने सम्बन्ध में इन भावनाओं को अन्य अनेक गुणों के इतने सारे नाम दे देते हैं कि उन्हें इसका आभास ही नहीं होता कि उनके अपने जीवन में ये भावनाएँ कितना प्रबल प्रभाव रखती हैं। हम इस बारे में निश्चित तौर पर कह सकते हैं कि महिलाओं के जीवन व भावनाओं में भी ये उतनी ही महत्त्वपूर्ण भूमिका अदा करती हैं। महिलाओं को इन भावनाओं को सबसे स्वाभाविक व स्वस्थ दिशा में दबाने की शिक्षा दी जाती

है। लेकिन आन्तरिक सिद्धान्त तो शेष रहता ही है, उसका बाहरी रूप बदल जाता है। एक सक्रिय व ऊर्जावान दिमाग, यदि उसे स्वतंत्रता न मिले तो सत्ता हथियाने की कोशिश करता है; जब उसे अपने ही नियन्त्रण का अधिकार नहीं मिलता तो वह दूसरे को नियन्त्रित करने के प्रयास में अपने व्यक्तित्व को प्रदर्शित करता है। किसी भी इंसान को दूसरों पर निर्भरता के अतिरिक्त और किसी अस्तित्व की अनुमति न देना दूसरों को अपने उद्देश्य के लिए झुका लेने पर एक बहुत बड़ा प्रीमियम देना है। जहाँ स्वतन्त्रता की उम्मीद भी नहीं की जा सकती लेकिन सत्ता की उम्मीद रखी जा सकती है, तो सत्ता मानव इच्छा का एक बड़ा उद्देश्य बन जाती है। जिनको खुद उनके मामलात का संचालन करने की इजाजत नहीं होती, वे इसकी क्षतिपूर्ति अगर सम्भव हो तो, दूसरों के मामले में अपने उद्देश्यों के लिए दखलन्दाजी से करते हैं। अपने सौन्दर्य, वेशभूषा व प्रदर्शन के प्रति महिलाओं का आकर्षण और ऐयाशी व सामाजिक अनैतिकता की जो भी बुराइयाँ इस वजह से हैं, उनका कारण यही है। सत्ता प्रेम और स्वतन्त्रता के प्रति प्रेम हमेशा से परस्पर विरोधी रहे हैं। जहाँ स्वतन्त्रता सबसे कम हो, वहाँ सत्ता की इच्छा सबसे प्रबल व अनैतिक होती है। मानवजाति में सत्ताकांक्षा एक भ्रष्ट करने वाले माध्यम के रूप में तभी खत्म होगी, जब हममें से प्रत्येक बिना सत्ता के अपना काम चलाने में समर्थ हो। और यह तभी हो सकता है जब प्रत्येक की निजी चिन्ताओं में दूसरे की स्वतन्त्रता का आदर करना एक सुस्थापित सिद्धान्त हो जाये। किन्तु केवल व्यक्तिगत गरिमा की भावना के जरिये ही अपनी सामर्थ्य की मुक्त दिशा व प्रबन्ध ही व्यक्तिगत खुशी का स्रोत नहीं होता, और इसमें बँधा या सीमित होना दुख का—इंसानों के लिए और महिलाओं के लिए भी।

रोग, दारिद्र्य और अपराधबोध के बाद जीवन की खुशियों व सुख के लिए सर्वाधिक घातक होता है अपनी सक्रिय क्षमताओं को योग्य अभिव्यक्ति न मिल पाना। वे महिलाएँ जो परिवार की देखरेख करती हैं और इस दौरान उन्हें इसकी अभिव्यक्ति भी मिल जाती है और यह उनके लिये पर्याप्त होता है; लेकिन उन महिलाओं की तेजी से बढ़ती संख्या का क्या, जिन्हें इस कार्य को करने का अवसर ही नहीं मिला जो, उनका मजाक उड़ाते हुए कहा जाता है कि उनके लिये उचित है? उन महिलाओं का क्या—जिनके बच्चे मृत्यु ने छीन लिये हैं या वे उनसे दूर हैं, या बड़े हो गये हैं, विवाहित हैं और उनके अपने-अपने घर हैं? ऐसे पुरुषों के बहुत से उदाहरण हैं जो जीवन भर व्यवसाय में व्यस्त रहने के बाद जीवन का लुत्फ उठाने की और आराम करने की मंशा से रिटायर होते हैं लेकिन जो पुरानी अभिरुचियों के बदले नई रुचियाँ विकसित नहीं कर पाते तो निष्क्रियता के जीवन का यह बदलाव उनमें ऊब, उदासी और अन्ततः असमय मृत्यु का कारण बनता है। फिर भी कोई भी इन्हीं के समान्तर उन अनेक योग्य महिलाओं की स्थिति के बारे में नहीं सोचता जो, जैसा

कि उन्हें बताया जाता है, उसी प्रकार समाज के प्रति अपना ऋण चुकाने के बाद, एक परिवार को भली-भाँति पालने-पोसने के बाद, एक घर की तब तक देखभाल करने के बाद जब तक कि उसकी जरूरत थी—उसी कार्य द्वारा त्याग दी जाती हैं, जिसके अनुकूल उन्होंने स्वयं को जीवन भर बनाया था; और उनकी सक्रियता तो वैसी ही रहती है लेकिन उसके योग्य रोजगार शेष नहीं रहता, जब तक कि सम्भवतः उसकी कोई पुत्री या पुत्रवधू उनके पक्ष में अपनी नई गृहस्थी के कुछ काम उन्हें न सौंप दे। उन लोगों के लिए यह काफी दुर्भाग्यपूर्ण है, जिन्होंने उस काम को योग्यतापूर्वक किया, जब तक उन्हें वह काम दिया गया, जिसे दुनिया उनका एकमात्र सामाजिक कर्तव्य मानती है। ऐसी महिलाओं के लिए और उन अनेक महिलाओं के लिए, जिनके हवाले यह कर्तव्य किया ही नहीं गया—अनेक जीवन भर अपनी व्यर्थ हो गयी योग्यता व कार्यों के लिए तरसती रहती हैं, जिनके विस्तार का उन्हें अवसर नहीं मिला—सामान्यतः उनके लिये धर्म और दान—दो ही रास्ते बचते हैं। किन्तु उनका धर्म, हालाँकि वह भावना प्रधान हो सकता है, जिसमें वे सारे धार्मिक कृत्य सम्पन्न करती हैं, सक्रिय धर्म नहीं हो सकता जब तक कि वह दान के रूप में न हो। दानादि के लिए उनमें से अनेक उपयुक्त होती हैं, लेकिन उसका आचरण इस तरह करने के लिए कि वह फायदेमन्द साबित हो—शिक्षा, अनेक तरह की तैयारियों और एक प्रशासक जैसी जानकारी व विचार शक्ति की आवश्यकता होती है। सरकार के ऐसे कम ही प्रशासनिक कार्य हैं जिनके लिये वह व्यक्ति अनुकूल नहीं होगा जो दान सम्बन्धी कार्यों को कुशलतापूर्वक कर सकता है। इस क्षेत्र में और अन्य क्षेत्रों में भी (खासकर बच्चों की शिक्षा में) महिलाओं को जिन कार्यों की अनुमति है, वह तब तक ठीक प्रकार से नहीं किये जा सकते, जब तक उन्हें उचित प्रशिक्षण न दिया जाये। और इस प्रशिक्षण की अनुमति उन्हें नहीं है और यह समाज के लिए काफी नुकसानदेह है। और यहाँ मैं वह एकमात्र तरीका सामने लाना चाहूँगा जिसके जरिये महिलाओं की अक्षमता या अयोग्यता का सवाल प्रस्तुत किया जाता है—उन लोगों के द्वारा जिन्हें अपनी नापसन्दगी की चीजों को हास्यास्पद रूप में प्रस्तुत करना, उन तर्कों का जवाब देने की अपेक्षा काफी सरल लगता है। जब यह सुझाव दिया जाता है कि महिलाओं की कार्यान्वयन की योग्यता व व्यावहारिक सलाह कभी-कभी राज्य संचालन के क्षेत्र में काफी फायदेमन्द हो सकती है, तब मजाक उड़ाने वाले ये लोग दुनिया के सामने संसद में या मंत्रिमण्डल में बैठी किशोरियों या बाईस-तेईस साल की युवा पत्नियों की वैसी ही तस्वीर खींच देते हैं जैसे कि वह किसी बैठक से सीधे हाउस ऑफ कामन्स में उठाकर रख दी गयी हों। वे भूल जाते हैं कि सामान्यतः पुरुष भी इतनी छोटी आयु में संसद की सीट के लिए नहीं चुने जाते, या किसी गम्भीर राजनीतिक कार्य के लिए नियुक्त नहीं किये जाते। सामान्य विवेक उन्हें बता सकता है कि अगर महिलाओं

पर यह दायित्व डाला जायेगा तो वे ऐसी महिलाएँ होंगी जिन्हें वैवाहिक जीवन में कोई रुचि नहीं या अन्य किसी कार्य में अपनी क्षमताओं को लगाने की इच्छा नहीं, (जैसा कि आज भी अनेक महिलाएँ विवाह की अपेक्षा वे कुछ व्यवसाय करना ज्यादा पसन्द करती हैं, जो उनके लिये खुले हुए हैं) और जिन्होंने अपने जीवन के अनेक वर्ष उस कार्य को करने के लिए योग्य बनने में लगाये हैं जिसमें उनकी रुचि है; या शायद चालीस-पैंतालिस वर्षीया वे विधवाएँ इन कार्यों में नियुक्त की जायेंगी, जिन्होंने अपने परिवार में जीवन व प्रशासकीय क्षमता के बारे में काफी जानकारी प्राप्त कर ली है या जो उचित अध्ययन की सहायता से अपेक्षाकृत कम संकुचित स्तर पर उपलब्ध कराई जा सकती है। यूरोप में ऐसा कोई देश नहीं है, जहाँ योग्यतम पुरुषों ने निजी व सार्वजनिक दोनों उद्देश्यों की प्राप्ति के लिए चतुर महिलाओं के सुझावों व सहायता के मूल्य को समझा न हो। और सार्वजनिक प्रशासन के कुछ महत्त्वपूर्ण मामलों में ऐसी महिलाओं जितने योग्य कम ही पुरुष होते हैं। व्यय पर सूक्ष्म व विस्तृत नियन्त्रण इनमें से एक महत्त्वपूर्ण क्षेत्र है। किन्तु हम यहाँ इस विषय पर विमर्श नहीं कर रहे कि समाज को सार्वजनिक क्षेत्र में महिलाओं की सेवा की जरूरत है बल्कि उस उबाऊ व नाउम्मीद जीवन के बारे में बात कर रहे हैं जो समाज अन्ततः महिलाओं को देता है, उनकी व्यावहारिक योग्यता के इस्तेमाल को किसी भी वृहद क्षेत्र में निषेध करके, जो कुछ महिलाओं के लिए कभी भी खुला नहीं था और कुछ के लिए जो अब भी खुला नहीं है। यदि मनुष्यों के लिए कोई चीज अत्यधिक महत्त्वपूर्ण है, तो वह है—अपने मनपसन्द कार्य को करने का आनन्द। एक सुखद जीवन की यह आवश्यकता मानव जाति के एक बड़े हिस्से को बहुत अपूर्ण तरीके से दी जाती है या फिर बिल्कुल नहीं दी जाती; और इसकी अनुपस्थिति में अनेक वे जीवन असफल होते हैं जिन्हें प्रत्यक्षतः वे सब चीजें प्राप्त होती हैं जो सफलता के लिए आवश्यक हैं। लेकिन वे परिस्थितियाँ जिनको विजित करने में समाज अभी कुशल नहीं है और जो प्रायः ऐसी असफलताओं को अपरिहार्य बना देती हैं, उन्हें कम से कम समाज द्वारा दूसरों पर तो नहीं थोपना चाहिये। माता-पिता का अविवेकपूर्ण बर्ताव, एक युवक का अपना अनुभव या एक अनुकूल कार्य के बाहरी अवसरों की अनुपस्थिति और एक प्रतिकूल कार्य में उन अवसरों की उपलब्धता के कारण अनेक पुरुषों को अपना जीवन एक ऐसा काम अनिच्छा से करने में बिताना पड़ता है जो उन्हें पसन्द नहीं है और जिसे वे ठीक प्रकार करते भी नहीं, जब कि अनेक ऐसी चीजें होती हैं जिन्हें वे कुशलतापूर्वक व खुशी-खुशी कर सकते थे। किन्तु महिलाओं को यह सजा कानून द्वारा व कानून जितने ही प्रबल रीति-रिवाजों द्वारा दे दी जाती है। कुछ अज्ञानी व दकियानूसी समाजों में कुछ पुरुषों को रंग, नस्ल, धर्म और गुलाम देशों में, राष्ट्रीयता के कारण जो भुगतना पड़ता है, सभी स्त्रियों को महज स्त्री होने के कारण

वह सब भुगतना होता है—लगभग सभी सम्मानजनक व्यवसायों में अनिवार्य निषेध, सिवाय उन कार्यों के जो और कोई नहीं कर सकता, या जिन्हें अन्य लोग करने लायक नहीं समझते। इस तरह के कारणों से उपजे कष्टों को प्रायः इतनी सहानुभूति भी नहीं मिलती। एक व्यर्थ हुए जीवन की भावना से जन्में गहन दुख को प्रायः बहुत कम लोग ही जानते हैं। बढ़ते हुए विकास से यह स्थिति और भी आम हो जायेगी, क्योंकि इससे महिलाओं के विचारों व योग्यताओं तथा उनकी गतिविधियों के लिए समाज जितने विस्तार की अनुमति देता है—इनके बीच असंगति बढ़ती जायेगी। जब हम उस हानि के बारे में सोचते हैं जो मानवजाति के अयोग्य आधे हिस्से को उनकी अयोग्यता के कारण होती है—पहली सबसे प्रेरणादायक प्रकार की निजी खुशी में और उसके बाद जीवन से असन्तोष, चिन्ता व निराशा होने में—तो लगता है कि पृथ्वी पर अपनी अपरिहार्य अपूर्णता के विरुद्ध संघर्ष को जारी रखने के लिए मनुष्य को जो सबक सीखने आवश्यक हैं, उनमें सबसे अधिक महत्त्वपूर्ण है—एक-दूसरे पर ईर्ष्यापूर्ण व पूर्वग्रह ग्रसित प्रतिबन्ध लगाकर प्रकृति द्वारा रचित बुराइयों व हानियों में इजाफा न करना। उनके व्यर्थ भय उनसे भी अधिक बुरी चीजों का कारण बनते हैं जिनसे वे नाहक ही डर रहे होते हैं; जबकि उनके साथी मनुष्य के व्यवहार पर लगा प्रत्येक प्रतिबन्ध (उनके व्यवहार से जनित बुराई या क्षति पर लगे प्रतिबन्ध के अतिरिक्त) मानवीय सुख के मुख्य स्रोत को ही सुखा देता है और मानवजाति को उन सभी चीजों में थोड़ा कम समृद्ध कर देता है जो एक मनुष्य के जीवन को मूल्यवान बनाती हैं।

परिशिष्ट

जॉन स्टुअर्ट मिल : जीवनक्रम एवं प्रमुख कृतियाँ

1806 (20 मई)। पेण्टनविले, लन्दन में जन्म

1820 फ्रांस की यात्रा। अर्थशास्त्री जे.बी.से और सेंत सीमोन से मुलाकात

1822 'युटेलिटेरियन सोसायटी' का गठन किया।

1823 रिचर्ड कार्लाइल के पक्ष में *'मार्निंग क्रानिकल'* में कई पत्र लिखे
ईस्ट इण्डिया कम्पनी में जूनियर क्लर्क नियुक्त

1828 सैंत सीमोनवादी लेखक डि' आइश्थल से मुलाकात

1830 श्री जॉन टेलर की पत्नी श्रीमती हैरियट टेलर से पहली मुलाकात

1831 सैंत-सीमोनवादी निबन्धों की शृंखला 'दि स्पिरिट ऑफ एज' *'एक्ज़ामिनर'* में प्रकाशित

1835 कार्लाइल की *फ्रेंच रिवोल्यूशन* के प्रथम खण्ड की पाण्डुलिपि गुम होने के लिए जिम्मेदार
डि तोक्वील की *डेमोक्रेसी इन अमेरिका* के प्रथम खण्ड की समीक्षा

1836 *लन्दन ऐण्ड वेस्टमिंस्टर रिव्यू* के सम्पादक नियुक्त

1838 जेरेमी बेन्थम के विचारों पर निबन्ध

1840 सैमुअल टेलर कोलरिज के विचारों पर निबन्ध
डि तोक्वील की *डेमोक्रेसी इन अमेरिका* के दूसरे खण्ड की समीक्षा

1842 अलेक्जेण्डर बैन से मित्रता

1843 *सिस्टम ऑफ लॉजिक* का प्रकाशन

1844 *एसेज़ ऑन सम अनसेटेल्ड क्वेश्चंस ऑफ पोलिटिकल इकॉनमी* का प्रकाशन

1848 *प्रिंसिपल्स आफ पोलिटिकल इकॉनामी* (दो खण्ड) का प्रकाशन

1849 श्री जॉन टेलर का निधन

1851 मिल का श्रीमती टेलर से विवाह

1852 ईस्ट इण्डिया कम्पनी को भंग करने का विरोध करने के बाद इससे अवकाश ग्रहण

1858 पत्नी का निधन

1859 *ऑन लिबर्टी* (पत्नी को समर्पित)

थॉट्स ऑन पार्लियामेण्टरी रिफॉर्म

1861 *युटिलिटेरियनिज़्म* का *फ्रेज़र्स मैग्ज़ीन* में प्रकाशन

कनसिडरेशन ऑन रिप्रेज़ेण्टेटिव गवर्नमेण्ट

1863 *युटिलिटेरियनिज़्म* पुस्तक रूप में प्रकाशित

1865 *एक्ज़ामिनेशन ऑफ सर विलियम हैमिल्टन्'स फिलॉसफी*

ऑग्यूस्त कोम्त ऐण्ड पॉज़िटिविज़्म

वेस्टमिंस्टर से संसद सदस्य निर्वाचित

सेण्ट एण्ड्रयू यूनिवर्सिटी के लॉड रेक्टर निर्वाचित

1866 गवर्नर आयर को हत्या का दोषी ठहराये जाने के लिए प्रयासरत जमैका कमिटी के सक्रिय सदस्य। कार्लाइल आयर डिफेंस कमेटी में सक्रिय थे

1867 स्त्रियों को मताधिकार देने का प्रस्ताव हाउस ऑफ कॉमन्स में प्रस्तुत

दो आयरिश क्रान्तिकारियों को क्षमादान दिलाने के लिए सफल अभियान

1868 जमैका कमिटी भंग

नास्तिकतावाद के प्रचारक चार्ल्स ब्रैडलाफ के चुनाव खर्च में मिल द्वारा योगदान

संसदीय चुनाव में मिल पराजित

1869 *दि सबजेक्शन ऑफ विमेन* (1861 में लिखित) का प्रकाशन

1873 एवीन्यॉन (फ्रांस) में निधन। वहीं पत्नी की कब्र में दफनाये गये

●●●